Sophie
Scholl

1_ 1935년경 카를로. 1934년에 조피는 카를로가 이끄는 독일소녀연맹에 들어가 열렬히 활동했으며 카를로는 당시 조피의 우상이었다.

2_ 조피는 읽고 그림 그리고 꿈꾸는 것을 무엇보다 좋아했다.

3_ 독일소녀연맹 활동으로 무척 바빴지만 조피는 언제나 책과 함께했다. 1938년경.

1_ 울름 대성당 앞 광장. 개신교 청소년 단체가 히틀러 청년단에 통합되던 날. 1934년.
2_ 제3회 울름 노동절에서 갈고리 십자가를 든 청년단의 행진. 1939년.

3_ 제3회 울름 노동절. 5월의 나무 아래에서 밴더 춤을 추고 있는 독일소녀연맹 단원들. 1939년.

4_ 히틀러의 생일 축하 행진에 참가한 울름 히틀러 청년단. 중앙이 한스 숄 그룹이 제작한 깃발이다. 1937년.

1_ 조피는 점차 국가사회주의 세계관을 회의하기 시작했다. 1939년경.

2_ 단체 사진. 뒷줄 왼쪽 끝이 조피, 친구 주제 히르첼은 아랫줄 오른쪽 끝. 1940년경.

3_ 테오도어 해커. 재야 문화학자. 카를 무트의 동료. 조피는 해커 교수의 저서 『인간이란 무엇인가?』를 아주 흥미롭게 읽었다. 이 책은 국가사회주의를 격렬하게 비판하고 있다.

3

1 _ 크리스토프 프롭스트와 알렉산더 슈모렐. 한스의 의과대학
　　동기인 두 사람은 조피와 학생 시절부터 친하게 지냈다.

2 _ '슈릭' 이라 불렸던 알렉산더 슈모렐. 한스가 프랑스로 출
　　정할 때 부대에서 알게 되었다.

3 _ 백장미 단원 빌리 그라프. 열한 살 때 가톨릭 학생회에 가
　　입했으며 히틀러 청년단에 적대적인 생각을 품고 있었다.

4_ '크리스틀'이라 불렸던 크리스토프 프롭스트와 그의 아들 미샤. 크리스틀과 그의 아내 헤르타는 이미 두 아이의 부모 였다.

5_ 울름에서 소년 시절 국가사회주의 세력 확장에 기여했다는 죄책감 때문에 한스는 고뇌했다. 1942년.

1_ 루드비히 막시밀리안 대학의 본관 입구 홀. 1943년 2월 한스 숄과 조피 숄은 이곳 계단 위에서 히틀러 체제에 저항하는 전단을 뿌린 후 체포되어 사형 선고를 받게 된다. 사진은 숄 남매를 기리기 위해 열린 백장미 대회의 개회식 때 오틀 아이허가 상징적인 의미로 뿌린 전단이 흩날리는 장면이다.

2_ 민족법원의 재판장 롤란트 프라이슬러. 그는 한스와 조피에게 사형을 선고했다.

한스(왼쪽)가 동부전선으로 파견되어 떠나는 날, 조피와 크리스토프(오른쪽)가 작별인사를 하고 있다. 1942년.

사형 선고를 받고도 조피는 전혀 감정의 동요를 보이지 않고 의연했다. "다시 태어나도 똑같이 행동할 거야." 1943년.

조피 숄 평전

Sophie Scholl

조피 숄 평전

바바라 라이스너 지음 | 최대희 옮김

_S.S._

국가반역죄

"국가반역죄를 저질러 독일 민족의 명예를 더럽힌 세 명의 범죄자에 대한 사형이 집행되다." 1943년 2월 27일 토요일, 획일화된 모든 나치 신문에 똑같은 제목의 짤막한 기사가 실렸다. 물론 당국의 검열을 거친 기사였다. 기사는 울름 출신의 남매와 한 청년이 뮌헨에서 "국가 반역 모의 및 이적 행위로 시민권 박탈과 사형"을 선고받았다는 내용으로 시작되었으며, "사형은 선고 당일 집행되었다"고 씌어 있었다. 기사에 따르면 피고들은 "여러 건물들에 반국가적인 구호를 써서 붙이고, 반역적 내용을 담은 전단을 군인들에게 유포했으며, 파렴치한 방식으로 독일 국민의 정신을 손상시켰다"는 것이었다.

이 기사에 씌인 선동적인 어휘들은 당시 독일 국민들에게 특별히 거슬리는 것은 아니었다. 독일 국민들은 이미 국가사회주의자들의 공격적이며 격앙된 어투에 오래 전부터 익숙해져 있었다. 당시 독일은 제2차 세계대전을 치르고 있었다. 전쟁 초기에는 독일군이 계속 승리를 거두며 진군했다. 그러나 1943년 2월 초 스탈린그라드 전투가 종결되었을 때 아돌프 히틀러는 독일군의 참패를 인정하지 않을 수 없었다. 이어진 기사는 바로 이러한 상황을 염두에 두고 있었다. "독일 국민의 영웅적인 투쟁을 생각한다면 이런 죄인들은 즉각 극형에 처하는 것이 마땅하다."

뮌헨에서 사형을 집행했다는 소식을 전해 듣자마자 블룸베르크에 있던 힐데 쉴레는 엄청난 공포에 휩싸였다. 혹시 이 사건에 조피 숄과 한스 숄 남매가 관련된 것은 아닐까? 일 년 전 독일제국 노역대 활동에 참가했을 때 힐데는 조피와 나란히 방을 썼다. 힐데는 조피가 울름 출신이며 노역대 활동이 끝난 뒤 뮌헨에서 오빠와 함께 대학에 다니고 있었다는 사실을 알고 있었다. 조피는 정치에 전혀 무관심한 노역대의 다른 여자대원들과는 달리, 전쟁이 조국에 미친 영향에 대하여 자신만의 견해가 있는 듯했다. 거의 매일 독일군의 승전보가 줄을 이었지만 조피는 한번도 환호에 동참하지 않았다. 조피가 당시 독일 국민 대다수의 지지를 받고 있던 나치의 세계관에 전혀 동의하지 않았다는 것은 알 만한 사람들은 다 알고 있는 사실이었다. 무수히 반복된 정치 교육 시간에 조피가 던진 비판적인 질문이 조장을 곤경에 빠뜨린 적이 한두 번이 아니었다. 힐데가 자신의 소름끼치는 예감이 적중했다는 사실을 알게 된 것은 그로부터 한참 지난 다음이었다.

한편 울름에서는 조피 숄과 한스 숄이 처형되었다는 소문이 삽시간에 퍼졌다. 그러나 "국가 반역 모의 및 이적 행위"라는 죄목으로 사형되었다는 사실을 학교 친구들이 알게 된 것은 전쟁이 끝나고 난 다음이었다. 대부분의 친구들은 이 사실을 굉장히 의외로 받아들였다. 그들은 조피와 한스는 물론이고 숄 가의 나머지 형제들이 모두 광신에 가까울 정도로 아돌프 히틀러를 추종했던 것으로 알고 있었기 때문이다. 그들은 열성적인 국가사회주의자였던 이 젊은이들이 어떻게 해서 체제 반대자로 변모하여 히틀러의 주구들과 싸우는 데 자신들의 목숨을 던졌는지 이해할 수 없었다. 숄 가의 맏이인 잉에와 둘째인 한스는 히틀러 집권 후 몇 달 지나지 않아 히틀러 청년단(히틀러 유겐트)에 입단했다. 1933년에는 아직 어린 나이였지만 조피도 오빠와 언니를 따라 이 청년단에 입단했다. 얼마 지나지 않아 숄 가의 다섯 남매는 모두 청년단의 간부로 활약하게 되었다. 잉에는 울름 지역 독일소녀연맹의 창립회원으로 활약하기도 했다. 숄 가의 아이들은 하나같이 매우 성실했다. 그들은 새로운 국가의 정당성에 대해 확고한 신념을 갖고 히틀러 청년단에 지원했으며, 새로운 세계관을 확립하기 위해 젊은이다운 당당함으로 힘껏 싸우자고 친구들을 독려했다.

물론 숄 가와 친분이 있던 몇몇 사람들은 이들 다섯 남매가 끔찍한 운명을 맞게 되리라는 것을 예감하고 있었다고 말한다. 이들의 견해에 따르면 아이들을 '잘못된 방향'으로 빠지게 만든 근본적인 책임은 모두 아버지인 로베르트 숄에게 있다는 것이다. 남매가 처형되기 한 해 전 로베르트 숄은 이미 감옥형을 선고받았다. 전쟁이 시작된 이후 국가사회주의에 대한 비판은 어떤 것이든 반국가적인 행위로 간주되어 처벌받았다. 이처럼 말 한마디 한마디를 조심해야 하는 상황에서도 로베르트 숄은 히틀러에 대한 '비방'을 그만두지 않았다. 로베르트 숄이 자신의 견해를 드러내지 않았더라면 모든 것이 달라졌을 거라고 이들은 주장한다. 그러나 이러한 주장에 대해 숄 가와 가까웠던 다른 지인들은 반대 의견을 제시한다. 조피는 원래 앞뒤 계산하지 않고 자신의 의지대로 밀고 나가는 편이었으며, 자신의 행동이 초래할 결과가 어떨 것인지 전혀 고려하지 않고 행동하는 일이 잦았다는 것이다. 그러나 이러한 지적은 모두 추측에 불과하며 누군가에게 책임을 전가하고 싶은 생각에서 나온 것이다. 그들 중 당시 뮌헨에서 무슨 일이 일어났는지 아는 사람은 아무도 없었다. 어쨌든 사형 집행 이후 지인들 대부분은 숄 가 사람들을 피하게 되었다. 길거리에서 보더라도 마주치지 않으려고 일부러 길을 건너기도 했다. 가까이 있는 것만으로도 위험하다고 생각하는 사람들이 많았다. 마치 한센병 환자를 대하는 것처럼.

그러나 전쟁이 끝난 후 나치에 대한 저항운동을 전혀 다른 시각으로 바라보게 되면서 상황은 달라졌다. 젊은 저항운동가들의 친구를 자처하면서 조피 숄과 한스 숄의 행위를 칭송하는 사람들이 속속 등장했다. 이제 여론은 이 두 명의 대학생을 자신들의 안위를 생각하지 않고 악에 항거한 영웅으로 치켜세웠다. 미 군정은 로베르트 숄을 울름 시 시장으로 임명했고, 잉에 숄은 미래의 배우자인 오틀 아이허와 함께 문화 강연을 조직하기 시작했다. 얼마 지나지 않아 울름 시민학교가 세워졌고 잉에 숄은 오랫동안 이 시민학교의 책임 운영자로 일했다. 그녀는 파시즘과의 대결을 시민학교의 기본 이념 으로 삼았다. 그녀는 시민학교에서 여러 가지 학습 코스를 개발하고 강연회를 개최하여 울름 시민들이 사회민주주의적인 사회의 정당성 을 받아들일 수 있도록 노력했다.

두 동생의 삶과 죽음을 글로 써서 발표한 사람도 잉에 숄이다. 이 밖에도 잉에 숄은 저항운동에 참여했던 대학생들을 기념하기 위해, 다른 형제들의 도움을 받아 뮌헨 대학 내에 연례 행사를 조직했다. 이 행사의 일환으로 초청된 당대의 유명 인사들은 젊은 대학생들의 투쟁을 칭송하고 그들을 귀감으로 삼자는 내용의 강연을 했다. 이러 한 강연에서는 조피와 한스가 다른 여러 명의 친구들과 함께 나치의 범죄적 행위를 강력하게 비판하고 부당한 체제에 대항하여 정치적 인 사보타주를 촉구하는 내용의 전단을 유포했다는 사실을 주로 부 각하였다. 조피와 한스의 반나치 항쟁에 대한 첫번째 기록은 『백장 미』(잉에 숄 지음)라는 제목으로 출간되었다(국내에서는 『아무도 미워 하지 않는 자의 죽음』으로 번역 출간되었다—옮긴이). 이제 백장미는 전후 독일인의 의식에서 대학생의 저항운동과 동의어가 되었고 숄 남매는 자신의 생명을 돌보지 않고 불법에 저항한 독자적인 정치 행 동의 상징이 되었다. 이러한 일련의 추모 행사와 추앙 과정에서 숄 남매가 과거에 국가사회주의자였다는 사실은 거의 언급되지 않았다. 조피와 한스의 과거가 감추어진 것은 패전, 무수한 폭격 희생자와 전사자, 엄청나게 파괴된 도시, 유대인과 다른 인종들에 대한 가공할 만한 범죄의 폭로 등이 전후 독일의 지배적인 사회상을 구성하고 있었던 것과 무관하지 않다.

68학생운동이 일어나면서 백장미 추모 행사는 당시 독일 사회에 대한 저항운동을 상징하는 계기로 활용되었다. 다른 행사들과 마찬가지로 이 행사 역시 폭발적인 양상을 띠고 전개되었다. 대학생 중 일부는 숄 남매의 모범을 좇아 당시의 기성 사회에 대해 비타협적인 저항을 재현하고자 했다. 68세대 역사학자들은 나치 치하에서 누가 어떤 방식으로 저항을 했으며 누구를 현재의 모범으로 삼아야 하는지에 대해 좀더 구체적인 연구를 하기 시작했다. 저항운동에 대한 새로운 연구 성과들이 쏟아져 나왔다. 역사 연구의 영역이 확대되면서 나치에 대한 저항운동을 일상사적인 측면에서 접근하는 연구서가 나오기 시작했다. 이러한 움직임 모두가 68학생운동에 뿌리를 두고 있다.

그러나 백장미 혹은 조피 숄을 대상으로 한 이후의 연구들은 이전과 마찬가지로 저항 행위 자체에만 초점을 맞추고 있을 뿐, 이들 남매가 후대에 막대한 영향을 끼친 행동들을 하기까지 어떤 과정을 거쳐왔는지에 대해서는 그다지 관심을 기울이지 않았다. 그런데 당시의 역사적 사건들과 그 사건들 속에서 전개된 숄 남매의 개인사를 서로 연관시키면 체제에 저항하기까지의 과정을 총체적으로 이해할 수 있다. 숄 남매는 부모님의 가르침에 따라 가슴속에 품고 있던 진지한 도덕성을 드러내는 행위를 했지만, 한편으로는 히틀러 청년단에서 청년단원의 영웅적인 이상에 걸맞은 핵심 단원으로 활동하기도 했다. 그런 만큼 독일 사회에 새로운 열풍을 몰고 온 국가사회주의 운동을 구체적으로 살펴보아야만 한다. 또한 숄 남매의 저항을 제대로 자리매김하기 위해서는 다음과 같은 사실도 고려하지 않으면 안 된다. 전쟁이 끝나자 많은 사람들은 자신들이 의도하진 않았다 하더라도 결국 나치의 야만적 행위를 도와준 공범이 되고 말았다. 그리하여 그들에게는 이러한 죄를 씻을 수 있는 속죄 행위가 필요하다는 인식이 매우 강하게 퍼지고 있었다는 사실 말이다.

패전 후 50여 년이 지났다. 당시에는 공공연하게 드러내지는 않았지만 나치에 대한 공범 의식과 수치심을 느꼈던 많은 사람들이 뮌헨의 젊은 대학생 숄 남매에게서 속죄의 가능성과 후대를 위한 모범을 발견했다. 그러나 이제 이상과 우상으로서 이들을 높은 제단 위에 올려놓고 숭배하는 것은 더 이상 필요하지 않다. 오히려 비범한 행동가로서 조피와 한스가 느꼈던 일상의 감정, 회의, 기쁨과 고통을 속속들이 보여주는 것이 필요하며, 이들의 내면 깊은 곳에서 서서히 전개되었던 구체적 과정을 밝히는 것이 중요하다. 그렇게 해서 삶과 동떨어진 이상적 이미지를 버릴 때에만, 이들의 체험은 타인과 공유할 수 있게 되고, 타인의 공감을 불러일으킬 수 있다. 서로에 대한 이해가 가능해야만, 즉 내가 아닌 다른 사람에게서 스스로를 다시 인식할 수 있을 때에만, 인종 차별로까지 이어지곤 하는 배척이나 반감의 유령이 사라지는 것이다.

Sophie Scholl

1

| 언제나 분별력 있는 아이 |

1921~1930

감자불 놀이

조피 숄은 1921년 5월 9일 슈바벤 지방의 작은 마을인 포르흐텐베르크에서 태어났다. 조피가 태어났을 때 누구도 그녀가 만 스물두 살이 채 못 되는 젊은 나이에 처참한 최후를 맞게 되리라고는 상상하지 못했다. 당시 독일에서 아돌프 히틀러라는 이름은 전혀 알려져 있지 않았다. 독일 국가사회주의노동당(나치당)이 창당된 것도 불과 얼마 전의 일이었다. 조피가 태어나기 3년 전인 1918년, 11월 혁명의 소용돌이 속에서 제1차 세계대전이 종결되었다. 노동자, 병사, 농민위원회가 독일 전역에서 조직되었다. 황제가 퇴위했고 공화국이 선포되었다. 독일제국 최초로 민주주의적인 선거가 이루어졌고 여성도 남성과 동등한 참정권을 부여받았다. 동시에 파리에서는 승전국인 연합국 측의 회의가 열렸으며 곧이어 베르사유조약이 체결되었다. 독일은 몇 군데 지역을 상실하고 식민지를 모두 포기해야 했다. 뿐만 아니라 독일은 고액의 배상금을 지불해야만 했는데 이는 국가 경제에 커다란 부담이 되었다. 신생 바이마르 공화국에서 갓 태어난 민주주의는 토대가 아직 약했다. 민족주의자, 왕정주의자, 공산주의자들이 각기 분파를 형성하여 끊임없이 민주주의를 위협하였다. 폭동과 반역 기도가 나라 전체를 뒤흔들고 있었다.

포르흐텐베르크에서도 전쟁이 끝난 후 사회민주당원 교사들의 지도 아래 노동자 농민위원회가 결성되었다. 이미 오래 전부터 시장한테 불만을 품고 있던 시민들은 시장을 직위에서 쫓아냈다. 당시 포르흐텐베르크 주변 지역인 잉거스하임에서 군수로 재직하고 있던 조피의 아버지는 1919년 말 시행된 포르흐텐베르크 시장 선거에 출마하여 크지 않은 표차로 전임 시장을 누르고 후임 시장으로 선출되었다.

조피의 부모님은 두 자녀를 데리고 포르흐텐베르크로 이사했다. 그때 잉에는 겨우 세 살, 한스는 두 살이었다. 임신 중이던 조피의 어머니는 이사하자마자 세번째 아이인 엘리자베스를 낳았다. 이 밖에도 아직 어린 에른스트도 이 가족의 일원이었다. 에른스트는 어머니를 일찍 여읜 아이였는데 조피의 아버지가 에른스트의 대부였기 때문에 돌봐주고 있었다.

주로 리즐이라는 애칭으로 불렸던 엘리자베스와 마찬가지로 조피도 한 해 뒤에 시청 관사에서 태어났다. 당시에는 병원에서 출산하는 게 그리 흔한 일이 아니었다. 갓 태어난 조피를 맞이한 것은 활기로 가득 찬 대가족이었다. 부모님과 네 남매, 하녀 두 명이 신생

아의 탄생을 기뻐했다. 그리고 또 한 아이가 더 태어났다. 조피가 한 살 반이 됐을 때인 1922년 11월, 남동생 베르너가 태어났다.

포르흐텐베르크는 결코 부유한 도시가 아니었다. 밭농사나 포도 농사를 짓는 평범한 농민들이 대다수 주민을 구성하고 있었고 그 외에 몇몇 자영업자들이 소박한 삶을 영위하고 있었다. 가옥은 대개 짙은 색으로 칠해져 있었는데 낡아서 여기저기 칠이 벗겨져 있었다.

집마다 있는 조그만 뒷마당에는 여기저기 쓰레기 더미가 쌓여 있었고, 마당 구석에 있는 뒷간의 오물들을 그 쓰레기 더미 위에 버렸기 때문에 고약한 냄새가 진동했다.

조피가 포르흐텐베르크를 떠올릴 때 제일 먼저 기억나는 것은 교회 정원으로 통하는 계단이었다. 계단을 지나면 폭이 꽤 넓은 성벽이 무너져 내린 폐허가 있었는데 그곳에서 아이들과 어울려 놀았다. 성 안에는 깊은 지하실이 있었다. 그러나 그곳은 언제 무너질지 모를 정도로 위험했기 때문에 큰 아이들만 드나들 수 있었다. 아버지는 나중에 그곳을 완전히 막아버렸다. 조피가 두번째로 기억하는 것은 매혹적인 성문이다. 시청 아래쪽 길가에 있는 조그만 문이 특히 인상적이었다. 그 문을 통과해 걸어 내려가면 어머니가 채소를 가꾸는 텃밭으로 이어졌다.

숄 가의 살림살이는 항상 빠듯했다. 베르사유조약 체결 이후 독일의 경제 사정은 악화일로에 놓여 있었다. 배상금 지불 탓에 국가 경제는 무거운 부담을 안고 있었다. 여기에 인플레이션까지 더해졌고 화폐 유통량이 급속하게 늘어나 화폐 가치도 크게 떨어졌다. 1923

년에 화폐 가치는 달마다 바닥으로 곤두박질쳤다. 포르흐텐베르크 시의회는 그해 7월, 노동자의 최저임금을 5,000마르크로 동결하는 법안을 통과시켰다. 그렇지만 한 달 뒤에는 이미 최저임금이 20만 마르크에 달했다.

연말이 되자 상황은 더 악화되었다. 로베르트 숄은 11월의 시의회 의사록에서 한 가족이 경제생활을 하기 위해 필요한 최소 금액은 10억 마르크라고 기록하고 있다.

12월에 렌텐마르크(1923~1924년에 화폐 안정을 위해 렌텐 은행에서 발행한 화폐─옮긴이)가 발행되자 겨우 시장이 안정을 찾기 시작했다. 이 임시화폐는 일 년 후에 안정적인 금본위 화폐인 라이히스마르크(1924~1948년까지 유통된 화폐─옮긴이)로 바뀌었는데 그 지방에서 가장 부유한 농부조차도 인플레이션으로 인한 경제적 손실은 피할 수 없었다.

로베르트 숄은 한번도 부유한 적이 없었다. 대가족이 겨우 먹고 살 수 있을 정도의 봉급을 받았다. 물론 당시 많은 사람들처럼 숄 가의 식구들 역시 굶주리지는 않았다. 그러나 어머니는 매우 절약하면서 살림을 꾸려가야만 했다. 채소는 텃밭에서 직접 기르고, 두 군데 사과 과수원을 직접 가꾸고, 토끼를 몇 마리 길러서 가족의 식탁을 좀더 풍성하게 만들었다. 간간이 산림지기가 산토끼를 잡아 가져다 주기도 했다. 조피의 어머니는 조카들이 물려준 헌 옷을 딸들에게 입혔다. 다른 주부들처럼 매사에 한푼이라도 아껴서 생활하고자 애썼다.

아버지는 집안일에는 거의 신경을 쓰지 않았다. 자녀 교육을 비롯해 가사며 정원 일 모두를 부지런한 아내에게 전적으로 맡겼다. 로베르트 숄은 시장으로서 포르흐텐베르크와 그 주변 지역에 대한 관청 업무 전체를 책임지고 있었다. 그는 새로운 것에 대해 개방적인 자세로 임했으며 지역에서 긴급하게 해결되어야 할 시정 사항을 찾아냈다. 그는 낙후된 소도시를 변모시키려고 굳게 결심하고 있었다. 그리고 그는 일단 계획을 세우면 쉽사리 물러서거나 포기하지 않는 성격이었기 때문에 전력을 다해 관청 업무에 헌신했다.

숄 가족은 아버지의 집무실이 있는 시청 건물 뒤쪽 관사에서 살았다. 시청은 그 도시에서 가장 큰 건물로 18세기에 지었다. 넓고 어두운 계단이 일층과 이층을 잇고 있었으며 시청 사무실은 시의회의 회의장으로도 사용되었고 대로를 향해 있었다. 시청 뒤쪽에 위치한 관사는 크기는 했지만 살기 편한 집은 아니었다. 돌로 지은 건물은 오랫동안 손보지 않아서 창문이 잘 닫히지 않았고 위생 설비는 열악하기 짝이 없었다. 난방 시설은 거실에 있는 낡은 벽난로가 고작이었다. 벽난로 관리는 하녀 두 사람이 맡고 있었는데 이들은 아이들을 돌보는 일과 가사도 거들었다. 당시만 하더라도 가사를 해결하는 데는 시간과 품이 많이 들었다. 물론 침실에는 난방 시설이 전혀 되어 있지 않았다. 추운 겨울날에는 아이들이 동상에 걸리기도 했다.

온 가족이 식사 시간마다 모여 앉는 식탁은 부엌과 거실 사이에 놓여 있었다. 나이가 어린 아이들은 그곳에서 하루 종일 놀았다. 어두컴컴한 부엌으로 이어지는 문은 언제나 열려 있었다. 부엌에는 하녀 한 명이 언제나 바쁘게 움직이고 있었다. 아침 일찍 구식 화덕에 불을 지피고 아침식사 후에는 곧 점심 준비를 했다. 거실에 작은 아이들이 머무는 경우는 아주 드물었다. 거실에는 피아노가 한 대 놓여 있었는데 늘 큰 아이들이 연습을 했기 때문이다. 어느 정도 나이가 들면 모두 피아노 레슨을 받았다.

포르흐텐베르크의 거의 모든 아이들은 세 살쯤 되면 수녀들이 운영하는 유치원에 다녔다. 뷔텐베르크 주에서 두번째로 오래된 유치원은 시민들의 자랑거리였다. 잉에와 한스는 매일 아침 학교로 나섰고 리즐과 조피는 브룬넨토어 옆 유치원에 다녔다. 하얀 모자를 쓴 수녀는 아이들을 엄격하게 다루었다. 수녀는 누구의 도움도 받지 않고 혼자서 세 살에서 다섯 살 사이의 아이들 70여 명을 돌보았다. 아이들은 긴 탁자 앞의 자그마한 의자에 얌전히 앉아 있어야만 했다. 장난감도 거의 없었고 쌓기 놀이용 조각나무들만 몇 개 있을 뿐이었다. 수녀는 가끔씩 풍금을 두드리며 전래 민요를 아이들에게 가르쳐 주었다. 담으로 둘러싸인 마당이 아이들의 놀이터였는데 조그만 샘이 흐르고 있었고, 모래판과 그네가 마련되어 있었다. 유치원에는 말썽을 부린 아이들을 벌주고 감금하는 방도 있었다. 싸우거나 여자아이의 머리카락을 잡아당기면 그곳에 갇혀야 했다.

1925년에 숄 가의 막내딸 틸데가 태어났다. 바로 위의 어린 두 딸은 아기를 아주 좋아했다. 아기를 안고 우유를 먹이려고 서로 다투었다. 그러나 틸데는 돌도 되지 않아서 목숨을 잃고 말았다. 이듬해 1월의 추운 겨울날, 그만 홍역에 걸린 것이다.

아기를 조그만 관에 넣어 장례식을 치를 때 리즐과 조피, 베르너는 아직 어려서 무슨 일이 일어나고 있는지 이해하지 못했다. 어머니는 다시 아이를 가지려고 했으나 이미 사십대 중반을 넘긴 나이인지라 희망을 이룰 수 없었다. 그리하여 조피가 막내딸이 되었고 어머니는 잘 드러내진 않았지만 조피를 제일 사랑했다.

조피는 일곱 살 생일이 되기 직전에 초등학교에 입학했다. 교장은 시장 선거를 계기로 아버지와 친구가 된 사람이었다. 그래서 조피는 교장 선생님을 잘 알고 있었다. 조피는 오빠, 언니들과 함께 자랑스럽게 등교했다. 학교는 성벽 너머 비탈길에 있어서 한참 걸어 올라가야 했고 교실이 세 개나 되었다. 그 지역의 아이들은 모두 이 학교에 다녔다. 두 학년씩 교실이 배당되어서 한 교실에 학생이 40명 남짓 되었다. 교실에는 높낮이를 조절할 수 있는 긴 책상이 놓여 있었다. 앉는 순서는 성적과 품행에 따라 정해졌다. 성적이나 품행이 특별히 좋은 학생은 "책을 들고 한 자리 앞으로" 옮길 수 있었다. 그러면 앞자리 학생과 자리를 바꾸고 그 학생은 다시 한 자리 뒤로 물러나게 되는 것이다. 리즐은 친한 친구인 로레와 첫번째 자리를 두고 경쟁했고 번갈아가면서 그 자리에 앉았다. 조피는 로레, 리즐과 같은 교실을 썼다. 리즐이 하필이면 생일날 첫번째 자리를 빼앗기는 일이 생기자 조피는 이런 조치가 부당하다고 생각했다. 선생님한테 가서 리즐을 다시 첫번째 자리에 앉혀야 한다고 주장했다. 선생님은 조피의 부모님을 만났을 때 이 이야기를 했고 모두가 이 집 막내딸의 정의감과 논리적 태도에 흡족해했다. 물론 조피가 용감하게 나서서 제기한 요구 사항은 실현되지 않았다. 리즐은 다음번에 자리를 바꿀 때까지 계속 두번째 자리에 앉아 있어야 했다.

당시의 교사들은 엄격했다. 학생들은 학교에서 조용히 앉아 있어야 했고 얌전하게 행동해야 했다. 버릇없이 굴거나 교사에게 말대꾸를 하면 등나무 회초리로 맞았다. 그런데도 조피는 엄격한 선생님에게 용기를 내어 잘못을 얘기한 것이다. 조피는 다른 일에서도 자의식이 강한 편이었다. 그녀는 자신에 대해 다음과 같이 말했다. "나는 그렇게 얌전하지 않다. 제일 예쁜 아이가 되고 싶지도 않다. 그렇지만 나는 언제나 가장 분별력 있는 아이이다." 이 점은 가족들도 인정했다.

조피는 나이 많은 사람들이 시키는 일을 순순히 따르는 얌전한 아이는 결코 아니었다. 막내로서 방어 의식이 일찍부터 싹트기도 했지만, 어머니의 응석받이였고, 언제나 다른 형제들보다 조금 더 많은 사랑을 받았다. 막내를 대하는 어머니의 태도는 늘 조금 더 부드러웠다. 조피는 몸이 약해서 잔병치레가 잦았고 금방 열이 났다. 그래서 방학이 시작되기 이 주일 전부터는 집에서 쉬는 것이 허락되었다. 어머니는 항상 "이 아이는 쉬어야 해"라고 말하며 조피를 배려했고 손위 형제들도 이를 받아들였다.

다섯 남매 모두 예민하고 상상력이 풍부했지만 그중에서도 조피가 가장 감수성이 풍부했다. 고양이가 쥐를 잡아서 데리고 놀다가 끝내 잡아먹었을 때 조피는 괴로워했다. 슬픔에 못 이겨 깜짝깜짝 놀라며 밤잠을 설치기까지 했다. 당시에는 모든 집에 쥐가 있었다.

곡식 창고나 천장, 심지어는 사람들이 사는 공간까지 출몰하여 피해를 입히는 골칫거리여서 다들 쥐덫을 여기저기 놓아두었다. 조피는 쥐덫에 걸린 생쥐를 보면서 눈물을 흘리곤 했다. 고통받는 피조물에 대한 그녀의 연민은 평생 계속되었다.

조피는 조금 더 자라자 방과 후에는 다른 아이들과 함께 집 밖에서 놀았다. 잉에가 종종 자신의 어린 동생들과 동네의 다른 아이들을 데리고 놀아주었다. 잉에는 동화 속 이야기나 자신이 꾸민 이야기를 가지고 연극 놀이를 즐겨했다. 아이들은 해마다 되풀이되는 여러 가지 흥미로운 행사를 손꼽아 기다렸다. 조피는 그중에서도 가을에 벌어지는 감자불 놀이를 너무나 좋아했다. 감자를 캐고 난 뒤 밭에다가 감잣대를 차곡차곡 쌓아 더미를 만들어놓는다. 그 다음 긴장되는 순간이 시작된다. 아이들은 숨을 죽이며 조용히 감잣대 더미 주위로 모여든다. 어른들은 평소에 아이들이 성냥을 갖고 다니지 못하게 했지만 이때만은 허용했다. 모두 다 흥분을 누르면서 한스가 구석의 감잣대 하나에 조심스럽게 불을 붙이는 것을 구경한다. 그러면 첫 불꽃이 피어오르기 시작하고 더미 속에서 누런 연기가 자욱하게 솟아오른다. 바로 조피가 기다리고 기다리던 순간이다. 순간 긴장이 풀리고 아이들은 감잣대 더미 옆에서 소리 지르고 웃고 춤추고 깡충깡충 뛴다. 드디어 불이 활활 타오른다. 아이들은 실컷 불구경을 한 뒤 노래를 부르면서 시간을 보냈다. 그런 다음 밭에 남은 감자를 주워 불 위에 올려놓았다. 이제 불은 타오르지 않고 연기만 솔솔 하늘로 올라가고 있었다. 얼마 후 잘 익었는지 보려고 조그만 나뭇가지로 감자를 찔러보았다. 인내심을 갖고 진득하게 기다려야 새까맣게 숯이 묻은 감자를 끄집어내어 나눠 먹을 수 있었다. 김이 모락모락 피어나는 감자에선 그을음 냄새와 흙 냄새가 났다. 하지만 아이들은 이렇게 직접 불을 피워 익힌 감자가 세상에서 제일 맛있다고 했다. 사실이 꼭 그렇지는 않다고 하더라도 이 감자가 매일 저녁 식사로 먹는 우유죽보다 훨씬 더 맛있게 느껴졌던 것이다.

감자를 먹고 난 다음에는 젖은 감잣대를 더 가져와 더미 위에 얹었다. 자욱하고 누런 연기가 최대한 많이 피어나야만 했다. 들판에는 다른 아이들도 와서 감자불을 놓고 있었다. 아이들은 연기가 하늘에 닿을 만큼 큰 감자불을 피우려고 서로 경쟁했다. 심술궂은 바람이라도 불면 매운 연기 때문에 눈물이 나니까 아이들은 가능한 한 불을 크게 피워 올리려고 했다. 시간이 지나면서 점점 추워진다. 불꽃이 몸을 따뜻하게 해주지는 않기 때문이다. 그러나 아무도 춥다고 말하지 않았다. 아이들은 아이들끼리 모여 불을 지피는 것이 너무나 재미있어서 추위쯤에는 아랑곳하지 않았다. 아이들은 가능한 한 오랫동안 머물러 있었다. 한 해에 이날 딱 하루만 불을 지피는 것이 허용되었기 때문이다.

한 해 동안에는 많은 축일이 있다. 축일말고도 가족이나 친구의 생일도 있다. 기독교 축일이 돌아오면 어른들은 언덕 위 교회에 가서 예배를 보았다. 자연스럽게 아이들은 부모님을 따라 슈바벤 지방의 프로테스탄티즘 분위기에서 성장했다. 아버지는 점차 기독교에서 멀어져가고 있었다. 그는 교회에 가는 것에 큰 의미를 두지 않았지만 예배에는 매주 참석했다. 포르흐텐베르크 주민들이 교회 이층의 지역 유지 좌석에 시장이 앉아 있지 않으면 매우 언짢게 생각했기 때문이다. 어머니는 대개 아버지 옆에 앉았지만 '어린이 교회'로 불리던 어린이 예배에 참석하기도 했다. 아이들은 어린이 예배에 참석하여 예수의 어린 시절에 대한 성경 이야기를 듣거나 십계명을 외우고 찬송가를 불렀다.

어머니는 신앙심이 매우 깊었고 교회 축일을 가족을 위해 정성껏 준비했다. 아이들이 교회 마당에서 열심히 계란을 찾는 부활절도 중요한 축일이지만 당연히 성탄절이 일 년 행사 가운데 으뜸이었다. 어머니가 특별히 정성을 들였던 행사는 강림절이었다.

초저녁에 석양이 깔리고 밖이 으스스 추워지기 시작하면 온 가족이 촛불을 켜고 식탁에 모여 앉았다. 아이들은 크리스마스 트리 장식을 하고 피아노 반주에 맞추어 어머니와 함께 크리스마스 캐롤을 불렀다. 그 동안 부엌에서는 '브뢰델'이라는 과자를 만들어 구웠다. 성탄절 전야에는 빨간 사과로 장식한 거실의 크리스마스 트리 주변으로 온 가족이 모였다. 교황의 크리스마스 경축사에 귀를 기울이고 피아노와 플루트 반주에 맞추어 크리스마스 캐롤을 불렀다.

아이들이 어렸을 때 어머니는 유모 마틸데를 하얀 옷의 천사로 분장시켜 나타나게 했다. 어느 해 성탄절 저녁에 그만 한스가 "마틸데, 예쁜 잠옷을 입었네" 하고 소리쳤다. 순간 비밀이 탄로 나버렸다. 다음해 성탄절부터는 거실에 천사가 등장하지 않았다. 당시에는 요즘처럼 아이들이 선물을 많이 받지 못했다. 그러나 어머니는 가족 모두에게 줄 선물을 마련하기 위하여 바느질이나 뜨개질을 했고 어떤 때는 선물을 사기도 했다. 인형에게 입힐 새 옷말고도 아이들은 자기 옷 한 벌씩을 선물로 받았고 어떤 때에는 책을 받기도 했다. 남자아이들을 위해서 해마다 새로 장난감 기차를 만들었고, 여자아이들을 위해서는 인형 집의 방과 부엌을 만들었다. 그중 제일 신났던 일은 장난감 화덕에 알코올을 부어 불을 붙이고 음식을 만들어 인형에게 크리스마스 식사를 대접하는 것이었다.

인플레이션이 진정되고 경제 상황이 다시 호전되자 어머니는 성탄절을 맞이하여 가족만을 생각하지 않았다. 어머니는 개인적인 기부금에 시 당국의 지원금을 보태 가난한 사람들과 병든 사람들에게 선물을 나누어주었다. 어머니 막달레네 숄은 결혼하기 전에 간호사로 일했다. 그녀는 자신의 대가족을 돌보는 일말고도 포르흐텐베르크 지역의 간호사 노릇을 자처했다. 환자가 생기면 언제든 달려갔으며 가난하고 늙은 사람들을 도와주어야 한다고 생각했다. 환자의 병세가 위중하면 밤새 병상을 지키며 돌보기도 했다. 그래서 어머니에게는 언제나 할 일이 많았다. 집안일에다 밭일, 지역 사람들을 돌보는 일까지 아무리 일이 많아도 어머니는 아이들에게 전혀 소홀하지 않았다.

시장 선거
— 온전한 세상의 종말

　어머니와 달리 아버지는 아이들의 말을 귀담아 들어주거나 함께 놀아주는 사람이 아니었다. 아버지는 시의 일에만 전력을 기울였다. 늘 근엄했고 화를 내는 일도 잦았다. 이를테면 아버지가 일을 하고 있을 때 집 안은 늘 조용해야 했다. 만약 누가 소란을 피우거나 계단을 뛰어다니면 아버지는 화를 참지 못했다. 작은 지역이긴 했지만 시장이 해결해야 할 문제는 쌓여 있었다. 도로 사정은 형편없었다. 배수 시설이 제대로 되어 있지 않아서 비만 오면 도로가 진창으로 변했다. 상수도 시설도 빈약했다. 조피가 태어나던 해 여름에는 비가 너무 적게 내려 포르흐텐베르크 전체가 식수 부족에 시달렸다. 농산물 창고도 하나 더 지어야 했다. 그러나 시의 재정은 아버지의 숙원 사업인 체육관과 연회장 신축 공사를 실현하기에는 턱없이 부족했다. 게다가 시 의회를 좌지우지하는 보수적인 농민들은 젊은 시장의 새로운 안을 반대했다. 그래서 아버지는 자신의 안을 통과시키기까지 힘겨운 싸움을 해야만 했다. 이 사업을 추진하는 동안, 아버지는 일 년 내내 끊임없는 비난과 배은망덕한 언사들을 들어야 했다. 이것은 아버지에게 언제나 부담이었다.

로베르트 숄은 매사를 가볍게 받아들이는 소탈한 성격이 아니었다. 그는 열심히 일했고, 또 어떻게 하면 더 잘할 수 있을지 항상 고민했다. 더구나 그는 일과 후에 단골 술집에서 주민들과 맥주를 마시며 카드를 치는 것을 즐기는 사람도 아니었다. 여가 시간에는 진이라고 불리던 커다란 사냥개를 데리고 홀로 조용히 산책을 즐겼다. 가끔 지역의 명사들과 자리를 같이하는 일은 있었다. 조피의 부모님은 유대인 약사, 개신교 목사, 사회민주당원 교사와 친하게 지냈다. 이들은 조피의 아버지가 시장으로 선출될 때 적극적으로 후원을 해준 사람들이기도 했다. 그러나 포르흐텐베르크의 농민들은 시장을 가까이하기 어려운 사람이라고 생각했다. 농민들은 아무도 시장을 친근하게 여기지 않았다.

로베르트 숄은 1891년 4월 13일 11남매 중 다섯째로 태어났다. 로베르트가 태어났을 때 훗날 시장으로 선출되어 저명 인사가 되리라고 생각한 이는 아무도 없었다. 로베르트의 부모는 슈베비쉬할 서쪽에 위치한 마인하르터발트의 슈타인브뤽이라는 작은 마을에서 조그만 가게를 운영하는 농사꾼이었다. 마을 사람들은 밭을 일구고 과수를 재배하며 살았다. 그렇지만 수확이 그리 좋은 편은 아니었다. 농사를 짓기에 적합한 기후가 아닌데다 대부분의 땅이 구릉지대였기 때문이다. 이곳 주민들은 대대로 가난과 억압 속에 변화 없는 고달픈 삶을 살았다. 로베르트는 학습 능력이 뛰어났다. 그는 기숙사에 들어가지 않고 집과 학교를 오가면서 고등학교 졸업시험을 통과했다. 그후 6년 간 슈투트가르트에서 행정 및 법률 사무를 배우면서 국립행정학교에 다녔다. 1913년에는 고급공무원 시험에 좋은 성적으로 합격했다.

다음해 시에서 근무하게 되었는데, 그해에 제1차 세계대전이 일어났다. 모든 사람들이 전쟁에 환호를 보냈다. 젊은이들은 다투어 군에 자원 입대했다. 그러나 로베르트는 환호하지 않았고 자원 입대도 하지 않았다. 학교에서 공부를 하는 동안 그의 정치적 지향은 이미 결정되어 있었던 것이다. 로베르트는 단호하게 평화주의를 표방했다. 다른 사람을 향해 무기를 겨누는 짓을 결코 원하지 않았다.

그러나 당시 평화주의자는 인정받지 못했다. 그저 병역 기피자로 낙인찍힐 뿐이었다. 로베르트는 군에 입대하지 않을 수 없었다. 그가 배치된 곳은 루드비히스부르크 근교의 후방 야전병원이었다. 그곳에서 위생병이 되기 위한 훈련을 받았다.

조피의 어머니인 막달레네 뮐러는 이 병원에서 간호사로 일하고 있었다. 막달레네는 로베르트보다 열 살 연상이었다. 제화공이었던 막달레네의 아버지는 포르흐텐베르크의 유서 깊은 제화공 가문 출신이었다.

막달레네의 아버지는 어려운 과정을 거쳐 마이스터가 되긴 했지만 작은 규모의 수공업자가 도도한 산업화 과정에서 살아남을 수는 없었다. 결국 생계 유지를 위해 가까이에 있는 퀸첼자우의 피혁공장에 취직해야 했다. 조피의 어머니 막달레네는 아주 소박한 환경에서 세 명의 형제자매와 함께 성장했다. 막달레네는 초등학교를 졸업한 뒤 상급학교에 진학하여 교사가 되고 싶었다. 하지만 그녀의 꿈은 아버지의 반대로 실현될 수 없었다. 당시는 여자아이에게 직업은 필요 없다고 생각되던 시기였다. 여자아이들은 현모양처가 되기만 하면 족했다. 막달레네는 졸업 후 부모님과 같이 지내다가 잘 아는 집안의 가정부로 들어갔다. 얼마 뒤 막달레네는 가정부 일을 그만두었다. 그리고 슈베비쉬할의 한 빈민병원에서 수습 간호사로 일하기 시작했다.

수습 기간을 거친 후 막달레네는 마침내 간호사 자격시험에 합격했다. 그리고 간호사 양성 본부의 지시에 따라 뷔르템베르크의 여러 지역으로 파견되어 근무했다. 한때 그녀는 울름 변두리의 죄플링엔에서 유아원을 열어 운영 책임을 맡기도 했다. 제1차 세계대전이 발발하자 여러 곳의 요양소로 파견되어 근무하다가 루드비히스부르크로 오게 된 것이었다. 처음 만났을 때 로베르트는 스물다섯 살이었지만 막달레네는 서른다섯 살로 이미 결혼 적령기를 훌쩍 넘긴 나이였다. 그때 막달레네는 자신이 결혼을 해서 아이를 낳을 수 있으리라고는 전혀 생각하지 않았다. 병들고 힘든 사람들을 위해 일생을 바치겠다고 마음먹고 있었다. 그러나 로베르트 숄과 막달레네 뮐러는 만나자마자 사랑에 빠지고 말았다. 그리고 바로 전쟁이 일어났다. 로베르트는 전쟁 중에 그의 첫 부임지인 잉거스하임의 읍장으로 임명되었다. 1916년 11월에 로베르트와 막달레네는 잉거스하임에서 결혼식을 올리고 첫째와 둘째를 낳았다. 그후 로베르트는 포르흐텐베르크에서 시장으로 당선되었다. 부부는 새로 가게 된 임지에 대해 큰 희망을 품었다. 특히 로베르트에게 포르흐텐베르크 시장직은 출세를 위한 사다리에 이제 한 발 올려놓은 것을 의미했다.

로베르트 숄이 시장으로 있으면서 벌인 사업이 전부 성공을 거둔 것은 아니었다. 로베르트 숄은 포르흐텐베르크에 공장을 유치하기 위해 노력했다. 일자리가 없어 실직 상태에 빠진 젊은이들이 많았기 때문이었다. 이미 제1차 세계대전이 일어나기 전에 이 지역에 담배 공장을 유치하려는 시도가 있었는데 이 시도는 수포로 돌아가고 말았다. 1926년에는 편물공장을 이 지역에 들여오는 데 성공하지만 이 공장도 얼마 지나지 않아 파산하고 말았다. 그런 다음 온도계 제조 공장이 포르흐텐베르크에서 문을 열었다. 그러나 이 공장 역시 기대를 충족시키지 못하고 문을 닫고 말았다.

이러한 실패를 두고 이러쿵저러쿵 말이 많았고 여러 가지 나쁜 소문이 떠돌아다녔다. 로베르트 숄이 이루어낸 명백한 업적에 대해서도 딴죽을 거는 사람들이 생겨났다. 아버지가 포르흐텐베르크에서 수많은 어려움을 헤쳐나가야 했고 반대자들도 많이 있었다는 사실을 숄 가의 아이들도 잘 알고 있었다. 부모가 시장을 못마땅하게 생각하는 집의 아이들은 조피네 형제자매들과 가까이하려 하지 않았다. 어떤 때는 그런 아이들한테서 아버지 욕을 직접 듣게 되는 일도 있었다. 항상 그런 욕을 참고 들을 수만은 없었다. 한스가 참다못해 아버지 편을 들고 나서기라도 하면 말싸움이 벌어졌다. 그리고 이런 말싸움은 종종 주먹다짐으로 이어지곤 했다.

시장을 비난하고 험담한다고 시의 근본적인 문제가 사라지는 것은 아니다. 로베르트 숄이 적절하게 표현했듯이 포르흐텐베르크에서는 너무나 많은 사람들이 "궁핍한 목숨"을 연명하고 있었다.

조그만 도시에 너무나 많은 젊은이들이 빈둥거리고 있었다. 그들은 하루 종일 아무것도 할 일이 없었다. 그들은 그저 시의 빈민구제 기금에 의존하여 목숨을 연명하고 있었고 때로는 만취하도록 술을 퍼마셨다.

물론 높은 실업률이 포르흐텐베르크만의 문제는 아니었다. 소위 황금의 20년대라는 경제적인 호황에도 불구하고 독일뿐 아니라 유럽 전역에서 실업률은 1920년대 내내 매우 높았다. 게다가 취업을 한 사람들 역시 겨우 먹고 살 정도의 소득이 있었을 뿐이다. 많은 사업체들도 이윤을 남기지 못했다. 새로운 기계를 개발함으로써 대량 생산이 가능해졌지만 그로 인한 공급 과잉은 가격을 하락시키는 요인이 되었다. 농산물 가격이 떨어지자 농민의 수입은 더 하락했다. 1928년 말과 1929년 초에는 혹독한 추위가 몰아쳤고, 이미 세계 경제 공황의 전조가 나타나고 있었다. 1929년 2월, 독일 전역의 실업자 수는 320만 명에 달했다. 하지만 포르흐텐베르크 사람들은 늘 그랬듯이, 지역의 모든 문제를 시장 개인의 탓으로 돌렸다.

드디어 1929년 10월 24일 검은 금요일이 닥쳤다. 뉴욕 증권거래소의 증시가 곤두박질치고 세계 경제는 붕괴했다. 경제와 사회적 상황이 하루가 다르게 악화되고 있던 그해 말, 포르흐텐베르크 시장 선거가 치러졌다. 로베르트 숄은 자신에 대한 반감이 적지 않다는 사실을 알고 있었지만, 재선되지 못할 정도로 적은 표를 얻으리라고는 상상조차 하지 못했다.

무언가 심상찮은 분위기가 조성되고 있다는 사실을 경고하는 정황이 사전에 포착되었다. 일부 주민들이 로베르트에 맞세울 후보를 찾고 있었던 것이다. 그러나 요청을 받은 사람들 대부분이 자신의 경쟁 상대가 아이 여섯을 거느린 가장이라는 사실을 안 다음에는 후보로 나서기를 거부했다. 그러다가 마침내 슈투트가르트 출신의 젊은 후보가 시장 후보로 등록했다. 본격적인 선거전이 펼쳐지면서 여론 매체도 온통 선거 이야기로 들썩들썩했다. 중상모략과 볼썽사나운 짓거리도 서슴없이 감행되는 선거전이었다.

이 모든 상황에도 로베르트 숄은 포르흐텐베르크 주민들이 자신을 시장으로 재임시켜줄 거라는 기대를 버리지 않았다. 로베르트는 며칠에 걸쳐서 긴 연설문을 작성했다. 성탄절 이 주일 전, 체육관에서 거행될 공식 선거집회에서 선거유세를 하기 위해서였다. 이 연설에서 로베르트는 그 동안 자신이 이룬 성과에 대하여 진지한 평가를 내렸다. 지난 10년 간 이 "조그만 도시"가 새로운 시대로 도약할 수 있었던 것은 자신이 시행한 정책들 때문이라고 자랑스럽게, 때로 약간은 거만하게 주장했다. 물론 자신의 실패에 대해서도 빼놓지 않고 말했다. 동시에 상대방의 비난에 대해서도 방어했다. 포르흐텐베르크의 낙후성에 대하여 반어적인 표현을 사용하며 짧게 언급하는 것도 잊지 않았다. 전체적으로 보면 그가 열거한 업적은 매우 인상적이었다. 로베르트는 당시 어떤 전임 시장보다 자신이 포르흐텐베르크를 위해서 더 많은 것을 이루었다고 자부하고 있었다. 그는 이 선거가 자신과 가족의 생존에 관련된 일임을 포르흐텐베르크 시민들이 유념해달라는 부탁으로 연설을 끝맺었다.

1929년 12월 29일, 선거 날이 되었다. 날씨는 흐리고 추웠다. 그날 아침 아이들은 기대와 불안에 뒤섞여 심하게 긴장하고 있었다. 이런 날은 가능하면 부모님과 마주치지 않아야 했다. 하지만 이날은 어떤 놀이를 해도 즐겁지 않았다. 도무지 재미가 나지 않았고 한 가지 놀이에 오랫동안 집중할 수도 없었다. 한 군데 쪼그려 앉아 울적한 기분을 달래야 했다. 다른 때 같으면 이야기나 동화를 들려주었을 잉에도 이날만은 아무런 생각도 할 수 없었다. 하루 종일 사람들이 투표를 하러 시청을 들락거렸다. 아이들은 현관 계단 부근에서 사람들의 눈에 안 띄게 조용히 앉아 있었다. 그리고 사람들이 주고받는 이야기에 귀를 기울였다. 오후가 되자 갑자기 거리 한가운데로 트럭이 달려왔다. 짐칸에서 한 무리의 젊은이들이 왁자지껄하게 내렸다. 로베르트 숄 시장의 가장 강력한 반대자로 알려진 한 술집 주인이 상대 후보를 찍는 유권자에게 공짜 맥주를 돌리겠다고 약속하는 것이었다. 사람들이 아버지 욕을 해대자 아이들은 앉아 있던 자리에서 조용히 일어나 다른 곳으로 갔다.

이날은 해가 일찍 졌다. 오후 늦게 선거본부였던 아버지의 집무실이 닫혔다. 길 건너편에 사는 약사 가족이 숄 가족을 식사에 초대했다. 그 집의 어린 딸은 숄 가 여자아이들의 친구이기도 했다. 약사의 집에서 함께 선거 결과를 기다리기로 했다. 어른들은 거실에 앉아 있고 아이들은 옆에서 조용히 놀고 있었다. 리즐의 친구인 로레도 왔다. 점차 어른들의 말소리가 낮아졌다. 그때 얼마나 숨막히는 긴장이 온 집안을 휘감고 돌았던가! 창문 너머로 환히 밝힌 시청 사무실에서 선거함을 흔들어 터는 남자들의 윤곽이 비치고 있었다.

아이들도 함께 조용해졌다. 아이들도 어른들의 긴장을 감지하고 감히 아무런 소리도 내지 못했다. 제일 어린 베르너와 조피는 당시 일곱 살과 여덟 살이었고 잉에는 열두 살이었다. 선거전이 진행되면서 아이들은 아버지 개인뿐만 아니라 가족 전체의 운명이 바로 이날 이 순간에 결정된다는 것을 알게 되었다. 시간이 멈춰 선 것처럼 느껴졌다. 눈은 시계바늘만 따라가고 있었고 시계바늘은 이날따라 아주 느릿느릿 가는 듯했다. 계속 가슴이 두근거렸다. 그때 갑자기 상대 진영 쪽에서 지르는 커다란 환호 소리가 들려왔다.

아버지와 어머니는 서로 얼굴을 쳐다보았다. 아버지의 얼굴은 시체처럼 창백하게 변했고 어머니는 가슴을 움켜쥐었다. 상대 후보가 승리를 거두었다. 아버지는 실업자가 된 것이다. 한순간에 조피네 가족은 막다른 길에 서게 되었다. 조피는 눈물을 흘렸다. 이미 오래 전부터 미래에 대한 기대와 공포가 번갈아가면서 조피를 괴롭히고 있었다. 아마 부모님도 같은 고통을 겪었을 것이다. 조피는 아버지의 깊은 실망을 눈치챘다. 이제 우리 가족은 어떻게 될까? 고향을 떠나야 할까? 아무도 새로운 일자리를 구하지 못하는 이런 시절에 아버지는 새 직장을 얻을 수 있을까? 조피는 모든 것이 두렵기만 했다.

연말과 설날이 지나갔다. 아버지의 시장 선거 패배가 숄 가의 새롭게 시작되는 30년대의 머리를 장식했다. 부모님의 걱정을 아이들도 함께 느낄 수 있었다. 앞으로는 예전처럼 살지 못한다는 것을 잘 알고 있었다. 지금까지 살던 집에서 떠나야 할 뿐 아니라 이 도시에서도 떠나야만 했다. 이 도시는 리즐, 조피, 베르너가 태어나고 자란 고향이었다. 선거에서 지자 하룻밤 사이에 갑자기 이방인이 된 것 같았다. 로베르트 숄은 곧바로 시청에서 쫓겨나지는 않았다. 그렇지만 후임 시장이 가능한 빨리 관사를 비워달라고 했기 때문에 곧 이사를 가야 할 처지였다. 가장 견디기 힘든 것은 아버지가 실업자가 되었다는 사실이었다. 새로운 일자리를 찾지 못한다면 도대체 이 많은 식구들은 어떻게 살아가야 한다는 말인가?

선거는 끝났지만 로베르트 숄의 재임 기간은 아직 두 달이 더 남아 있었다. 그는 새로운 생계 수단과 머물 집을 찾기 위해 시 의회에 유급 휴가를 신청했다. 시장 재직 10년 만에 처음으로 신청한 휴가였다. 그러나 이번에도 역시 시 의회의 반대자들이 일을 아주 어렵게 만들었다. 결국 로베르트 숄은 모든 기대를 접고 무급 휴가를 내고 말았다.

슈투트가르트와 루드비히스부르크에는 여전히 아는 사람들이 있었다. 특히 주 정부의 상관은 로베르트를 능력 있는 사람으로 평가하고 있었다. 로베르트는 주의 수도인 슈투트가르트에 기대를 걸었다.

그러나 당시의 상황이 너무나 좋지 않았다. 뉴욕의 증시 폭락은 세계 경제를 끝없는 심연으로 몰아넣고 있었다. 신문에는 연일 미국의 은행들이 유럽에 빌려준 자금을 회수하고 있다는 기사가 실렸다. 상품 주문이 줄어들고 미국의 항구에는 주문자들이 가져가지 않은 물건들이 산같이 쌓여 있었다. 미국의 위기는 독일에 직접적인 영향을 미쳤다. 대출자금이 없어지자 많은 기업들이 생산을 중단했고 노동자들은 대량으로 해고되었다. 일자리가 없는 사람들은 육 개월 반동안 실업수당을 받을 수 있고 그 다음 일 년 동안 위기 극복을 위한 보조금을 받을 수 있었다. 그래도 일자리를 찾는 데 실패하면 지역에서 주는 복지 보조금을 받을 수 있었다. 하지만 그 돈으로는 생필품조차 구입하기 힘들었다. 많은 사람들이 극도의 궁핍 속에서 삶을 이어갔다. 실업 상태를 증명해주는 도장을 받기 위해 실업자들은 관청 앞에 늘어섰고, 그 대열은 점점 길어져만 갔다. 얼굴에 궁핍과 굶주림이 드리워진 사람들이 어른 아이 할 것 없이 점점 더 많아졌다.

루드비히스부르크에서의 새로운 출발

아버지는 늦봄이 되어서야 겨우 슈투트가르트의 한 페인트공 조합에 법률고문으로 취직할 수 있었다. 일단 취직이 되자 나머지 일은 아주 순조롭게 풀렸다. 루드비히스부르크에서 잘 알고 지내던 사람의 집에 세를 들었다. 집 가까이에 기차역이 있어서 아버지는 30분 정도 기차를 타고 슈투트가르트로 출퇴근을 하기로 했다.

이삿짐을 꾸려 루드비히스부르크로 옮겼다. 아이들은 정든 친구들과 작별 인사를 나누고 포르흐텐베르크를 떠났다. 아이들은 이제 대도시라는 낯선 환경에서 여러 가지 새로운 일들과 부딪치게 될 것이다. 루드비히스부르크는 정말로 크고 멋진 도시였다. 여태까지 아이들이 가본 곳이라고는 고향 인근의 퀸첼자우 정도였다.

위로 큰 아이 셋은 루드비히스부르크 실업 고등학교(Oberreal-schule. 독일의 학제는 4년 동안의 초등학교에 이어 대학 진학을 위한 인문계 고등학교인 김나지움과 실업 교육을 목적으로 하는 실업계 고등학교로 나뉘어 있다. 또 그러나 실업계 고등학교에도 대학 진학반이 있어서 학생의 의사와 능력에 따라 대학 진학이 가능하다―옮긴이)를 다녔다. 조피는 교회재단이 운영하는 여자초등학교에 다녔는데 한 반 학생이 50명이었다. 베르너는 여자초등학교와 맞붙어 있는 남자초등학교에 다녔다. 조피는 집에서 손위 형제자매와 같이 생활해온 터라 아이들과 어울려 지내는 데 별 어려움이 없었다. 조피는 대부분의 경우 자신이 어떻게 행동해야 하는지 정확하게 알고 있었다. 그래서 새로운 학교에 적응하는 데 아무런 문제가 없었다. 포르흐텐베르크에 있을 때와 마찬가지로 금방 성적이 좋아져 우등생 대열에 끼게 되었다.

루드비히스부르크는 포르흐텐베르크보다 규모가 크긴 했지만 길은 길게 뻗어 있지 않았다. 구시가지에는 이층짜리 가옥들이 줄지어 빽빽하게 들어서서 폐쇄적인 블록 구조를 형성하고 있었다. 집집마다 있는 푸르고 널찍한 뒷마당에는 과일나무들이 심어져 있었다. 도시 계획에 따라 만들어진 도시여서 도로는 정방형으로 뻗었다. 덕분에 아이들은 어렵지 않게 길을 익힐 수 있었다. 조피네 집은 시내 중심가에 있기 때문에 어디든지 걸어서 갈 수 있었다. 게다가 군부대 건물들이 군데군데 있어서 그것들을 지표로 삼으면 한결 길을 찾기가 쉬웠다. 루드비히스부르크에는 대규모 병영과 군 관련 관청이 많았던 것이다. 그 때문에 아이들이 길을 잃는 일은 한 번도 발생하지 않았다.

조피네 부모님은 아이들이 밖에서 노는 것을 좋아하지 않았다. 거리는 정당들의 시가행렬이 끊이지 않아 매우 위험했기 때문이다. 하지만 아이들로서는 포르흐텐베르크에서는 전혀 볼 수 없었던 새로운 풍경이었다. 선거 슬로건은 특히 인상적이어서 오랫동안 기억에 남았다. 어느 날 거지 분장을 한 사람이 커다란 종이판을 목에 걸고 시위를 했다. 종이판에는 "기호 4번을 찍읍시다. 안 그러면 여러분도 나처럼 됩니다"라고 적혀 있었다. 연사들은 메가폰을 들고 구호를 외치면서 시내 구석구석을 돌아다니거나 시끄러운 노래를 날마다 틀어댔다. 시가행렬과 선거집회를 할 때는 종종 분위기가 과열되어 패싸움이 벌어지기도 했다. 특히 국가사회주의당원과 공산당원들 간의 싸움에서는 칼부림이 나기도 했다. 양쪽 모두 사망자를 낸 경우도 적지 않았다.

루드비히스부르크에서 어머니는 누구의 도움도 없이 대가족을 혼자서 보살펴야만 했다. 어머니는 아침부터 저녁까지 쉬지 않고 바쁘게 움직였다. 시장을 보고 음식을 준비하고 청소와 빨래를 하고 양말이나 단추를 꿰맸다. 구멍 난 옷을 기우는 일도 빠뜨릴 수 없었다. 새 옷을 살 형편이 못 되었기 때문이다. 세탁기가 있는 것도 아니었고 일일이 손빨래를 해야 했던 만큼 빨래가 가장 힘들고 어려웠다. 빨래를 하는 날이면 큰 솥에 물을 가득 붓고 불을 지핀다. 특히 때가 많은 부분은 빨래판에 대고 손으로 애벌빨래를 한다. 물이 뜨거워지면 그 속에 비누를 풀어 넣는다. 그런 다음 빨래를 담그고 계속 저으면서 끓인다. 여러 번 빨래를 헹군 뒤 꽉 짜서 줄에 넌다. 빨래가 다 마르면 걷어서 개키고 다림질을 해야 한다. 이 모든 일을 다 하려면 오랜 시간을 들여야만 했다. 어머니는 점점 더 야위어갔고 쉬 피로를 느꼈다. 어머니가 아이들에게 도움을 청하는 횟수가 점점 더 늘어갔다는 것은 결코 놀랄 만한 일이 아니다. 잉에는 장녀로서 어머니를 제일 많이 도왔다.

아이들은 아버지의 얼굴을 보기 힘들었다. 아버지는 대개 슈투트가르트의 사무실에 있었다. 일을 마치면 기술대학에서 경제 강의를 듣거나 행정대학의 세미나에 참석했다. 그렇지 않으면 혼자 조용히 앉아서 공부를 했다. 재산관리사 및 회계사 자격증을 따기 위해서였다. 아버지는 조합에서 하는 일을 별로 마음에 들어하지 않았다.

10년 넘게 스스로 일을 구상하고 추진해오다가 마흔이 넘은 나이에 다른 사람한테 지시를 받아 일을 하자니 쉽지 않았다. 게다가 재산관리사라는 직업은 일의 독립성이 강했을 뿐만 아니라 좀더 나은 수입을 보장하는 것이었다. 이는 당시 일반적인 경제 상황이 어려워졌어도 마찬가지였다.

바이마르 공화국 시절에는 어떤 정부도 2년 이상을 지탱하지 못했다. 항상 새로운 선거가 치러졌다. 루드비히스부르크로 이사 오기 전인 1930년 3월, 출범한 지 얼마 되지 않았던 정부가 실업자 보험 문제를 둘러싼 대립 때문에 붕괴했다. 그후 중도파 정치가인 힌덴부르크 하인리히 브뤼닝 대통령이 수상으로 임명되었다. 그는 이 위기를 내핍 경제로 극복하고자 노력했다. 독일 정부는 기업에 주문을 줄이고, 실업자 보험과 빈민 보호금 지출을 삭감했으며, 임금을 낮

췄다. 그러나 그 결과로 구매력은 떨어졌고 실업자는 더욱 늘어났다. 브뤼닝의 정책은 제국의회에서 다수의 지지를 확보하지 못했다. 그러자 그는 그해 7월 '긴급조치'를 발동했다. 긴급조치는 헌법에 보장된 권리로서 대통령의 서명만 있으면 발효될 수 있었다. 그러나 이틀 후 제국의회 의원 다수가 이 법령에 반대했고 결국 긴급조치는 무효가 되었다. 그러자 브뤼닝은 대통령의 고유 권한을 이용하여 제국의회를 해산했고 새로운 선거가 시행되었다. 아이들이 경험한 선거전은 바로 이것이었다.

제국의회 선거는 1930년 9월에 치러졌다. 이 선거에서 국가사회주의당이 첫 성공을 거두었다. 그들의 성공은 굉장한 반향을 불러일으켰다. 국가사회주의당이 이전 선거에 비해 무려 열 배에 달하는 의원을 제국의회에 진출시킨 것이다. 독일의 시민사회는 장차 누가 독일을 통치할 것인지에 대해 근심스러운 질문을 던졌다. 브뤼닝은 수상으로 재선출되었다. 선거 결과는 그가 속한 정당에 상당히 불리했는데도 브뤼닝은 긴급조치와 엄격한 내핍 경제를 병행하는 정책 기조를 계속 유지하려 했다. 그러나 파업이 빈번해졌고 이는 국내 정치의 불안을 초래했다. 그 다음해에도 기대하던 경제적인 도약은 실현되지 않았다. 도리어 1931년 2월, 실업자 수는 약 5백만 명으로 증가했다. 그해 여름 다름슈타트 국립은행이 독일 은행 중에서는 최초로 고객에 대한 지불을 전면 중단했다. 다른 은행들도 파산 직전이었다. 예금주들은 자신들이 땀 흘려 번 돈을 돌려받지 못할까봐 불안에 떨었고 예금 반환을 요구했다. 이 사태를 진정시키기 위해 정부가 내린 조치는 이틀 동안 은행 문을 닫는 임시 처방에 불과했다.

그후에도 위기는 계속되었다. 실업자 수는 1932년에 6백만 명 이상으로 치솟았다. 여름이 되자 상황이 조금 나아지긴 했지만 여전히 실업자는 5백만 명을 넘었다. 임금은 공식적으로 산정한 최저생계비의 54퍼센트밖에 안 되었다. 갓 학교를 졸업한 사회 초년생들은 아무것도 할 일이 없었다. 일자리는 물론이고 견습생 자리조차 구할 전망이 전혀 없었기 때문이다. 위기감이 감도는 절망적 분위기가 엄습했고 범죄율은 날로 늘어나기만 했다.

1931년 로베르트는 울름의 한 재산 관리 사무소로부터 동업 투자자로 참여하지 않겠느냐는 제의를 받았다. 그는 직접 일을 해보면서 판단하려고 혼자 울름으로 갔다. 가족은 주말에만 보러 왔다. 마침내 아버지가 그 일을 마음에 들어하자, 1932년 초에 가족 전체가 다시 울름으로 이사를 갔다. 이제 막 새로운 환경에 익숙해진 아이들은 새로 사귄 친구들과 다시 작별을 하고 루드비히스부르크를 떠나야 했다.

2

| 새로운 지도자 히틀러 |

1932~1938

히틀러가 집권하면 반드시 전쟁이 시작된다!

울름에서 아버지는 두 가구가 살도록 만들어진 더블하우스의 한쪽 집에 세를 들었다. 이 집은 산 쪽에 있는 미헬스베르크에 있었다. 이 구역은 제1차 세계대전 이후에 집이 들어서기 시작한 곳으로 주변엔 아직도 새 집을 짓고 있는 곳이 많았다. 이 집에서는 유명한 울름 대성당은 물론이거니와 그 너머로 드넓은 도나우 평원도 한눈에 들어왔다. 거실 앞으로 지붕을 얹은 넓은 베란다가 나 있었는데 계단을 통해서 그쪽으로 갈 수 있었다. 새로 지은 집이어서 살기도 편했고 방도 많았다.

학교로 가는 길은 예전보다 좀 먼 편이었다. 한스는 올가 가에 있는 실업 고등학교에 다니고 베르너는 초등학교에 다녔다. 조피는 이미 루드비히스부르크에서 상급학교 진학 시험에 가볍게 합격한 터였다. 성적이 좋기는 다른 형제자매도 마찬가지여서 리즐은 한 학년을 월반하기도 했다. 그래서 울름에서 세 자매는 같은 여자 실업 고등학교에 다니게 되었는데 학교는 대성당에서 그렇게 멀리 떨어지지 않은 슈타인가쎄에 있었다.

아이들은 완전히 새로운 환경에 다시 적응해야만 했다. 이 도시의 심장이라 할 수 있는 고딕식 대성당은 꼭대기에 상당히 공을 들여 만든 첨탑이 있어서 도시 어디에서든 바라볼 수 있었다. 대성당 앞 광장 바닥에는 돌이 깔려 있었다. 이곳에서는 매주 두 번, 수요일과 토요일에 장이 섰다. 대성당에서 가게들이 늘어서 있는 도심을 따라가면 기차역이 나오는데 역 근처에 아버지 사무실이 있었다. 사무실 주변에는 최신 시설을 갖추고 매주 다른 영화를 상영하는 극장도 있었다. 구시가지는 좁은 골목으로 둘러싸여 있었는데 진흙 벽돌과 목조 기둥으로 만들어진 오래된 뾰족 건물이 전체 이미지를 만들고 있었다. 이러한 구시가지를 낡은 성벽과 성문이 에워싸고 있었다. 성벽 바깥쪽으로는 새로 들어선 시가지가 펼쳐져 있었다. 도시의 서쪽 외곽에 있는 죄플링엔은 어머니가 20년 전에 간호사로 근무하던 곳이기도 했다. 원래 농촌이었는데 노동자 거주 지역으로 변모하고 있었다. 화물차를 전문으로 생산하는 마기루스와 캐스보러 회사의 거대한 공장이 이 지역에 들어서 있었다.

도나우 강 남쪽으로는 바이에른 주에 속한 가톨릭 성향의 노이 울름이 있었다. 이곳은 뷔르템베르크 주에 속하면서 프로테스탄티즘이 지배적인 구도시 울름과 일종의 경쟁 관계에 있었다. 울름과 노이 울름은 19세기 독일제국의 국방을 강화하기 위하여 건설되었다.

성벽, 요새, 전진보루, 성채 등이 도시 전체와 그 주변의 구릉지대에 걸쳐 지어졌다. 수비 도시였던 울름에는 항상 많은 군대가 주둔하고 있었고, 따라서 이 지역의 경제는 군인에게 달려 있었다. 그러나 베르사유조약 이후 무장 해제되고 군대의 역할이 축소되면서 울름의 기업들은 큰 타격을 받았다. 따라서 민족주의자들의 재무장 요구는 다른 어느 지역보다 울름에서 가장 큰 지지를 얻었다. 이미 1930년 국가사회주의당이 이 지역에서 거둔 득표수는 독일 전역의 평균보다 더 높았다. 1931년 8월에 반전영화 「서부전선 이상 없다」가 상영되자 극장 앞에서 시위와 폭동이 며칠 동안 계속되기도 했다.

2년 뒤 나치당은 울름에서 뿌리를 내릴 수 있었다. 이미 울름에서는 군대와 유사한 조직을 갖춘 나치 돌격대가 거리를 누비는 것을 흔히 볼 수 있게 되었다.

조피도 갈색 셔츠를 입은 군단을 자주 보았다. 발맞추어 걷는 돌격대의 군화 소리가 거리에 쩡쩡 울렸다. 질서정연하게 행진하는 갈색 셔츠를 입은 단원들말고도 거리에서 흔히 볼 수 있는 사람은 실업자들이었다. 이들은 굶주림에 지친 창백한 얼굴로 낡은 잿빛 옷을 입고 일거리를 찾아 거리나 광장을 떠돌았다. 숄 가가 울름으로 이사 온 첫 해는 경제 사정이 더욱 악화되어 거의 절망적인 상태에 도달한 때였다.

직종을 불문하고 일자리를 구하기란 거의 불가능에 가까웠다. 남자들이 거리를 떠도는 이유는 집 안에서의 상황이 워낙 심각했기 때

문이다. 굶주리고 추위에 떠는 아이들이 빵을 달라고 외치는데도 그
들은 빵을 사줄 수 없었던 것이다. 이미 오래 전부터 생산직 노동자
들뿐만 아니라 사무원들까지도 닫힌 공장 문 앞에 줄을 서는 형편이
었다. 경제적 위기는 이미 중산층에게도 손을 뻗치고 있었다. 지난
몇 년 간 임금이 대폭 삭감되었다. 점잖게 옷을 차려입은, 아직 해
고되지 않은 사람들이라 할지라도 당장 내일 이 모든 것을 잃을지도
모를 일이었다. 그렇게 되면 그들도 다른 실업자들과 마찬가지로 일
자리를 얻기 위한 대열에 끼어야만 했다.

그러나 조피는 이제 겨우 열한 살이었고 나라의 경제 사정에 대
해서는 아무런 걱정도 해본 적이 없었다. 같은 반 학생들은 모두 아
버지가 상인, 관리, 자영업자 등인 중산시민 가정의 자녀였다. 물론
조피네 집처럼 대부분 근검절약하며 살아가고 있었다. 조피의 어머
니는 얼마나 알뜰한지 물건을 구입할 때도 몇 번이고 망설인 끝에
겨우 지갑을 열었다. 그렇다고 해서 조피네 집 아이들이 끼니를 잇
지 못할 정도는 아니었으며 다른 가난한 집 아이들처럼 신문 배달
같은 일을 해서 살림에 보태야 했던 것도 아니었다.

어머니는 노이 울름에 있는 조그만 밭을 빌려서 포르흐텐베르크
시절에 그랬던 것처럼 신선한 채소와 꽃을 가꾸었다. 그리고 슈바벤
지방의 전통 음식을 만들고 직접 빵 반죽을 했다. 아이들은 일주일
에 한 번 어머니가 전날 만들어둔 빵 반죽을 빵집 주인에게 갖다주
고 오후가 되면 구워진 빵을 가져왔다.

그들은 그렇게 온전한 가정 안에서 따뜻한 보살핌을 받으면서 어

려운 시절을 보냈다. 걸레질, 점심식사 후의 설거지, 금요일의 부엌 대청소 같은 집안일을 도와야 했지만 자신이 하고 싶은 일을 마음껏 하는 데는 어려움이 없었다. 리즐과 조피는 아직 아이들의 세계에 푹 빠져 있었다. 정원에서 인형놀이를 하고 친구 이름네 집에서 진짜 아기를 돌보며 놀았다. 학교에 가고 피아노 레슨을 받았으며 어머니를 도와주기도 하고 숙제를 하거나 독서에 몰두했다. 특히 모험소설이라면 읽지 않고는 못 배겼다. 아이들에게 정치란 아무런 의미도 없었다.

첫째와 둘째인 잉에와 한스는 당시 열다섯과 열네 살이었다. 둘은 그해 부활절부터 소속 교회인 수비대 교회에 정기적으로 나가면서 교리 학습을 했다. 남매는 지금까지와는 전혀 다른 눈으로 세상을 바라보기 시작했다. 울름은 루드비히스부르크보다 훨씬 큰 곳이었다. 날로 첨예화되는 사회적 갈등 관계를 더 분명하게 느낄 수 있었다. 계속되는 좌우 대립으로 인해 거리는 한층 불안해졌으며 잉에와 한스가 저녁에 도심으로 외출하려고 하면 부모님이 허락하지 않는 일이 점점 더 잦아졌다.

한스는 어떤 정치가 이러한 위기에서 벗어나는 올바른 길을 제시하는지 아버지와 토론을 하기도 했다. 아버지는 의회주의가 필요하다는 입장을 조금도 굽히지 않았고 자유주의적인 이념을 옹호했다. 그러나 그때까지 들어선 그 많은 정부들 가운데 어떤 정부도 좀더 나은 미래를 제시할 수 있을 것이라고 생각되지는 않았다. 대다수의 사람들은 의회를 수다나 떠는 장소 정도로 생각하고 있었다. 양대 정당의 의원들은 서로에 대한 비방만 늘어놓기 일쑤였기 때문이다. 깊은 절망감과 공포가 널리 확산되었다. 러시아에서 혁명이 성공했다는 소식이 전해졌지만, 극도의 궁핍과 살인과 참사에 대한 소문도 돌았다. 특히 민족주의적 성향인 사람들이 공포를 부추겼다. 이들은 공산당이 정권을 잡게 되면 러시아에서처럼 사유재산이 폐지되고 당과 유착된 질 나쁜 경제가 도입될 뿐만 아니라 국민을 희생시키면서 전체주의와 무신론을 옹호할 것이라고 주장했다. 심지어 교회가 폐쇄되고 성직자가 처형될 것이라고 주장하는 사람도 있었다. 그리하여 많은 사람들이 차선이나마 민족주의 정당을 공산당보다 나은 것으로 간주하게 되었다. 적어도 민족주의 정당들은 하느님을 부정하지 않았고 조국에 대한 경애를 표현하고 있다고 생각했기 때문이다.

아돌프 히틀러는 혜성처럼 부상했다. 그해 초 히틀러는 대통령 선거에 출마했다. 그는 비행기를 타고 여러 도시를 날아다니며 당시로서는 첨단적인 선전 수단을 동원하여 선거전을 펼쳤다. 그는 선거 집회에서도 청중을 사로잡았다. 많은 사람들이 이 사람이야말로 조국을 위기에서 구해낼 수 있을 거라고 믿었다. 물론 나치 돌격대(SA)와 친위대(SS)는 당시 일시적이지만 불법 단체로 규정되어 있었다. 국가사회주의당이 공산당과의 유혈 대립, 폭동, 총격전을 촉발시켰고, 심지어 살인까지도 불사했기 때문이다. 그런데도 1932년 7월 말 제국의회 선거에서 국가사회주의당은 총 608석 가운데 230석을 확보하여 제1당으로 부상할 수 있었다.

9월에 들어 새로 선출된 제국의회가 다시 해산되고 두 달 뒤 재선거가 실시되었다. 그러는 사이 아돌프 히틀러는 시민계층에서도 더 많은 지지 세력을 확보할 수 있었다. 사람들은 모든 문제를 한번에 해결해줄 '구세주'가 나타나기를 열망하고 있었고, 사람들이 내심 듣고 싶어했던 모든 것을 입으로나마 약속했던 사람이 바로 히틀러였다. 공산당은 유산 계급을 노동자 계급의 적으로 규정하고 기존의 소유 관계를 혁명으로 전복하겠다는 구호를 전면에 내세웠기 때문에 조금이라도 재산을 갖고 있는 사람들에게는 엄청난 공포심을 심어주었다. 그러나 나치당은 민족주의적 성향의 시민들이 공감할 수 있는 공동의 적을 제공했다. "이 모든 것은 유대인의 잘못으로 생겨났다"는 히틀러의 구호는 당시에 이미 은밀한 형태로 존재하고 있던 반유대주의적인 인종주의를 공공연한 것으로 만들었다. 이로써 악화된 경제 사정으로 많은 사람들이 느끼고 있던 절망과 분노에 일종의 분출구가 제공된 셈이었다. 유대인이 "국민의 적"이 됨으로써 이제 독일인 모두가 동일한 위협에 처해 있다는 느낌을 공유할 수 있었다. 그리하여 많은 사람들은 자신의 이해를 추구하기 위한 분쟁을 포기하고 공동의 적인 유대인으로부터 독일을 방어하려는 마음의 준비를 갖추게 되었다.

한스는 히틀러와 그의 정책에 대해 경계하는 아버지에 맞서 국가사회주의당을 옹호하는 일이 점점 더 잦아졌다. 아버지는 히틀러가 정권을 잡으면 반드시 전쟁이 일어날 것이라고 확신하고 있었다. 한스는 아버지의 확신을 받아들이지 않았다. 하지만 아버지도 자신이 그렇게 칭찬해 마지않는 민주주의가 조국을 피폐하게 만들었다는 사실을 인정하지 않을 수 없었다. 아버지 역시, 히틀러의 약속처럼 모든 상황이 호전될 수만 있다면 더 바랄 것이 없었다.

11월에 베르너의 열번째 생일이 돌아왔다. 베르너는 이날을 학수고대하고 있었다. 만 열 살이 되어야 청소년 단체에 가입할 수 있기 때문이었다. 당시 학생들은 일반적으로 청소년 단체에서 여가를 보냈다. 교회나 정당 소속 청소년 단체들도 있었지만, 독립적인 자유 청소년 단체들도 있었다. 이 단체들은 서로 더 많은 단원을 확보하기 위해 치열한 경쟁을 벌였다. 베르너가 입단한 곳은 전역한 트로타 장군이 이끄는 '청년 의용대'였는데 당시 울름의 청소년들 사이에서 가장 인기 있는 단체였다.

당시 청소년 문화에는 바이마르 공화국의 정치적 다양성은 물론 분열 상황까지도 반영되어 있었다. 청소년 단체들 중에는 민주주의적 경향을 대변하는 곳도 다수 있었지만 베르너가 속했던 의용대와 같은 단체들은 엄격한 지도자 원칙을 제시하며 충성 맹세를 요구했다. 군사 훈련과 심신 수련이 단체 활동에서 중요한 역할을 차지했다. 민족주의, 조국과 독일 민족에 대한 긍지는 모든 단체들의 공통점이었다.

청소년들은 대개 신문 지면을 장식하는 정치적 사건에는 전혀 관심이 없었다. 소속 집단이나 친구들끼리의 공동생활이 훨씬 더 흥미로운 관심사였다.

그리고 이것은 정치와는 아무런 상관이 없는 일이라고 생각했다. 그들은 정치보다 좀더 높은 이상을 지향했다. 언제든 싸울 준비가 되어 있어야 하고 언제나 정직해야만 한다는 것이다. 조국을 위해 봉사하는 것은 가장 값진 일이었다. 조국에 대한 경애는 추호의 흔들림 없이 언제나 지켜야만 하는 원칙이었다. 조국과 조국의 지도자한테 충성을 다하고, 동포에게 이로운 사람이 되어야 하며 동포를 도와주고 고마워하고 친절해야 한다. 또한 동물들도 따뜻하게 보살펴야 한다. 지도자에게 반대하지 않고 복종하며, 언제나 활기차고 행복하게 절약하는 생활을 실천해나간다. 정신과 육체, 말과 행동을 정결하게 유지한다. 이 모든 것이 그들이 옹호하는 기본 원칙이었다.

토요일이 되면 단체로 산과 들에 나가, 이미 알고 있던 것을 다시 만나고 새로운 세계를 발견했다. 처음엔 발맞추어 길을 따라 행진하다가 숲속을 내달리기도 했다. 도랑과 울타리를 뛰어넘고, 나무에 기어올라 꽃잎과 나뭇잎을 채집했다. 구름다리를 타고 계곡을 건너가 오래된 교회 탑을 스케치하기도 했다. 절벽과 물가를 따라가면서 동물을 관찰했고, 돌을 수집했다. 날아오르는 새와 뛰어다니는 야생동물을 구분하는 법을 배웠다. 떨어져 있는 거리를 측정하는 연습을 하거나 달리기, 창던지기 같은 운동으로 육체를 단련하기도 했다.

창은 무기이면서 동시에 지팡이나 깃대로 활용되었으며 청년 의용대의 상징물이기도 했다. 창던지기를 하다가 누군가 다치기라도 하면 다른 놀이를 했다. 막대기와 텐트 받침대로 들것을 만들고 깃발을 흔들어서 다른 팀에게 부상 소식을 전했다. 날이 어두워지면 손전등으로 불빛 신호를 주고받았다. 밤낮을 가리지 않고 이동하며 궂은 날씨에도 아랑곳하지 않았다. 심신을 단련하고 사물에 대한 감각을 발달시키며 자연과 문화와 고향을 이해하는 법을 배웠다. 다른 아이들과 마찬가지로 베르너 역시 이러한 활동에 열성적으로 참여했다. 베르너가 속한 조는 한스와 같은 학교에 다니는 프리츠가 이끌었다. 프리츠는 한스도 이 청년 의용대에 끼게 하려고 노력했다.

1933년 1월 말 다시 한번 정부가 붕괴되는 일이 일어났다. 그러자 노쇠한 브뤼닝 대통령은 아돌프 히틀러를 수상으로 임명하여 내각 구성을 위임했다. 그날 저녁 나치당은 베를린에서 거대한 횃불 행진을 벌이며 자축연을 벌였다. 울름에서도 거리에서 횃불 행진이 벌어졌다. 국가사회주의자들은 목표를 달성했다. 자신들의 당수가 이제 국가 수반의 지위에 올라선 것이다. 그러나 민주주의적 절차는 여전히 지켜지지 않으면 안 되었다. 3월 5일 의회 선거가 실시되기로 예정되어 있었다. 그러나 2월 말 베를린에서 "정말로 믿기 어려운 소식"이 들려왔다. 공산주의자들이 제국의회 의사당에 불을 질렀다는 것이다. 히틀러는 이를 기회로 긴급조치를 선포하여 "공산주의의 책동을 막아내기 위한" 전권을 위임받았다.

이로써 바이마르 헌법에서 보장되었던 중요한 기본권이 무력화되었다. 국가 반역과 방화를 포함한 다수의 죄목에 대해서는 사형을 언도할 수 있도록 허용하는 법이 도입되었다. 히틀러는 공산당원과 사회민주당원에게 잔인하게 폭력을 휘둘렀다. 두 당의 당원들은 공공석상에서 발언할 수 있는 모든 기회를 박탈당했으며 이로써 사실상 다음 선거에 참여할 수 없게 되었다. 특히 지도적 인사들을 비롯한 수많은 당원들을 보호 명목으로 사실상의 구류에 처했다. 독일제국 전역에 집단수용소가 세워졌다. 울름의 수비대 형무소에는 60여명의 공산당원과 사회민주당원이 감금되었다.

국가사회주의당의 열성적 옹호자들은 당시 히틀러가 이와 같은 방식으로 자신들의 정적을 완전히 제거한 사실을 그리 큰 문제로 생각하지 않았다. 3월 5일의 선거는 국가사회주의당의 압도적인 승리로 끝났고 그런 만큼 나치의 화려한 승리로 선전되었다. 그러나 이번 선거는 작년 여름의 선거가 사람들에게 남긴 긍정적인 인상에는 미치지 못했다. 물론 나치 운동의 아성이었던 울름에서는 국가사회주의당이 제2당인 가톨릭중앙당의 두 배에 해당하는 득표수를 획득했다.

이제 국가사회주의당의 선전에 넘어가지 않은 사람은 거의 없을 정도가 되었으며 이 점에서는 어린이와 청소년들도 예외는 아니었다. 국가사회주의당은 온갖 수단을 동원하여 사람들을 자기 편으로 끌어들였다. 3월 21일 제국의회가 다시 소집되었고 새로 구성된 정부는 이날을 국경일로 선포했다. 오후에는 포츠담 수비대 교회에서 매우 상징적인 행사가 연출되었다. 애초부터 배제된 공산당원과 자발적으로 불참한 사회당원을 제외한 모든 제국의회 의원들은 프리드리히 대제의 무덤 앞에 모였다. 의원과 장군들이 도열한 앞에서 히틀러는 노쇠한 대통령 앞으로 나아가 경례를 하고 손을 내밀었다. 이는 히틀러가 이끌어갈 새로운 국가가 프로이센과 독일제국의 전통에 이어져 있다는 점을 상징적으로 보여주고자 한 의식이었다.

이날 울름의 거리는 갈고리 십자가가 그려진 나치의 붉은색 깃발과 검은색, 흰색, 붉은색의 삼색 구독일제국기로 뒤덮였다. 정오에 교회 종이 울리자 독일제국 군대가 대성당 앞 광장에서 시가 행진을 벌였다. 이와 함께 나치 돌격대와 친위대, 재향군인단과 다른 민족주의 단체들이 행진을 벌였다. 학교도 이 행렬에 참가했다. 이들 모두가 광장에서 제자리를 찾기까지는 오랜 시간이 걸렸다. 다른 아이들처럼 조피도 빨리 저런 대열에 낄 수 있기를 손꼽아 기다리고 있었다. 광장에는 이미 이 행렬을 보기 위해 모여든 수천 명의 구경꾼들이 장사진을 이루고 있었다.

드디어 군대 합창단이 「주를 찬양하라」라는 찬송가를 부르고 수비대 교회 목사가 커다란 마이크 앞에 섰다. 고딕식 대성당의 높은 정문 앞에 연단이 마련되어 그 위에서 예배를 주관했다. 조피는 키가 작아서 목사의 얼굴을 볼 수는 없었지만 목소리는 알고 있었다. 어머니와 함께 가끔 이 목사가 주재하는 예배에 참석한 적이 있었다. 설교가 시작되었다. 목사는 국가사회주의당의 정권 장악을 어느 봄날 독일 국민을 휩쓸고 지나간 폭풍과 비교했다. 독일이라는 참나무가 이 폭풍에 흔들리다가 한때 건강했던 가지 하나를 잃고 말았다는 것이다. 조피는 목사의 비유가 무엇을 의미하는지 알지 못했다. 목사는 국가사회주의당이 정치적 경쟁자들에게 가한 체포와 불법 행위를 에둘러 표현하고자 했던 것이다. 그러나 목사가 하느님은 우리의 아버지이시고 그래서 우리 모두가 형제자매라고 이야기할 때 조피에게는 마치 새로운 거대한 공동체의 힘이 느껴지는 것 같았고, 이 공동체가 모든 사람들을 하나로 묶어줄 수 있을 것만 같았다. 목사는 형제들이 서로 싸운다는 것은 하늘에 계신 아버지의 뜻을 거스르는 아주 끔찍한 일이라고 주장한 난 뒤 감격스런 어조로 이렇게 말을 이었다. "바로 그렇기 때문에 우리는 지금 다음과 같이 느끼고 있습니다. 지난 14년 동안 수많은 정당과 분파로 갈라졌던 우리 국민은 마치 성령의 감화를 받은 것처럼 하나의 소망과 희망으로 뭉치게 되었습니다. 이것은 지금 우리 눈앞에서 벌어지고 있는 기적입니다. 이러한 단결과 일치는 기독교적 사랑의 힘으로 충만해 있습니다. 이는 바로 자신의 것만을 추구하는 사랑이 아니라 다른 이의 것, 즉 국민 모두의 것을 추구하는 사랑입니다."

설교의 끝머리에 그는 지도자 히틀러가 수상으로 처음 임명되었을 때 독일 국민에게 행한 연설 중에서 다음과 같은 구절을 인용했다. "우리에게 주어진 사명을 꼭 완수하겠노라고 하느님과 우리의 양심, 우리의 국민에게 맹세합니다." 목사는 마침내 설교를 맺었다. "주님, 성령의 지시를 따르는 지도자와 저희를 다른 모든 이 앞에 놓아주소서." 교회 안에서의 우애를 증명이라도 하듯이 가톨릭 신부가 뒤이어 기도를 주재했다. 기도는 하늘에 계신 아버지가 '조국의 아버지'인 지도자에게 은총을 내려줄 것을 바란다는 내용을 담고 있었다.

집으로 돌아올 때 아이들은 어느 누구 할 것 없이 그날 일어난 일 때문에 흥분을 감추지 못했다. 군중의 행진, 경축 행사, 노래, 기도 이 모든 것들이 끝나고 난 후 사람들은 마치 하나가 된 것처럼 목소리를 합하여 환호를 외쳤고 새로운 지도자를 위해 만세를 불렀다.

이 모든 것에 아이들은 완전히 정신을 빼앗겼다. 나치당에 반감을 가진 사람은 아버지밖에 없을 것 같았다. 교회와 성당도 서로에 대한 반목을 중지하고 대성당 앞에서 합동 예배를 드린 것이다. 하느님도 새로운 정부의 탄생을 축복했던 것이다.

그날 이후 국가사회주의당에 가입하려는 사람들이 산더미처럼 몰려들었다. 어른들만 당원으로 가입하는 것이 아니었다. 당원이 급작스럽게 너무 많이 불어나는 바람에, 이때 가입한 사람들을 일컬어 3월의 희생자라고 불렀다. 이제는 청소년과 어린이들도 어른들의 열기에 전염되어 엄청나게 많은 숫자가 히틀러 청년단에 가입했다. 지난 몇 년 동안 국가사회주의당은 산하에 청소년 조직을 만들었고 그중 하나가 청년 돌격대였다. 제국 청년단의 간부였던 발더 폰 쉬라흐의 제안에 따라 히틀러 청년단원들은 일 년 전 포츠담의 시위 행렬에 동참하여 지도자 앞에서 행진을 했었다.

그해 4월 1일 토요일 아침이었다. 울름의 유대인 소유 사무실이나 가게 앞 창문에는 또렷하게 쓰여진 여러 가지 구호가 나붙어 있었다. 이를테면 이 도시 최초의 백화점인 랑엔 가의 잡화점에는 "진짜 유대인의 집" 또는 "이곳은 유대인 소유의 가게입니다. 독일인은 여기서 물건을 절대 사지 않습니다!" 등과 같은 구호가 쓰여 있었다. 이 밖에도 이 거리에 있는 유대인 가게 다섯 곳과 유대인 변호사 사무실 유리창에 같은 구호가 나붙었다. 조피가 다니는 학교는 이 거리 맨 끝에 있었다. 거리 구석구석에서 돌격대원들이 감시를 하고 있었고 유대인 가게에 들어가려는 사람들을 가로막고 독일인

가게를 이용하라고 종용했다. 사람들은 국가사회주의당에 열광한 나머지 이런 반유대적 행위를 큰일로 여기지 않았다.

아버지는 이 모든 사태에 경악을 금치 못했다. 그러나 아이들은 아버지의 반응을 진지하게 생각해보지 않았고 곧 다른 일에 정신을 쏟았다. 대다수의 사람들이 냉대와 괴롭힘으로 독일을 떠나야만 하는 유대인을 그리 대수롭지 않게 여겼다.

이로부터 3주 후 폴란드계 유대인 가게 앞에서 폭도들이 난동을 부렸다. 이 가게는 반호프 가와 프라우엔 가가 만나는 곳에 있었는데 조피와 리즐이 학교에 갈 때 매일 지나가는 길이었다. 폭도들은 그 가게 앞에서 폴란드인에 반대하는 구호를 확성기에 대고 큰소리로 외쳤다. 바로 그즈음 신문은 독일인에 대한 폴란드의 무력 조치를 과장 왜곡하여 연일 크게 보도하고 있었다. 사람들은 그러한 난동에도 별로 개의치 않았다. 대다수의 어른들은 뭔가 그럴 만하니까 저렇게 소란스러운 것이겠거니 생각했다. 혹은 목사의 설교문에도 표현되었듯이 독일 전역에 지금 한 차례의 폭풍이 다시 불고 있는 것으로 생각하고 대수롭지 않게 여기는 어른들도 적지 않았다. 어떤 사람들은 폴란드인에게 독일인이 언제나 호인처럼 모든 것을 참고 넘기지 않는다는 사실을 똑똑히 보여줘야 한다고 생각했다.

새로운 법률들이 수도 없이 제정되었다. 예를 들어 새로운 공무원법이 제정되었는데 이 법은 "아리아인이 아닌 사람"을 공무원직에서 해임시키기 위한 법이었다. 물론 아이들이 이런 법을 알 리는 없었다. 아버지만이 극도의 반감을 표명했을 뿐이다. 아버지의 회사가 상대하는 고객 중에는 유대인 사업가들도 있었다. 아버지는 그들에게 불행한 일이 닥치기 전에 가능한 한 빨리 외국으로 이주하라고 권했다. 아버지는 히틀러를 조금도 신뢰하지 않았다.

로베르트 숄은 노령으로 은퇴한 세무회계사무소의 전 주인에게 그가 투자한 돈을 전부 갚고 단독으로 사무소를 운영하고 있었다. 물론 그렇게 하기 위해서 자신의 처지에서 보면 꽤 많은 금액의 돈을 친척과 친구들에게서 빌려야만 했다. 아버지는 빚을 갚기 위해서 예전보다 더 많이 일을 해야 했다. 어머니 역시 예전보다 더 근검절약하는 생활을 했다. 그래서 히틀러가 정권을 잡기 직전에 미헬스베르크에 있는 집에서 구시가지의 가장자리에 있는 좀더 큰 집으로 이사 갈 수 있었다.

큰 집으로 이사를 가면서 반호프 가에 있던 아버지의 사무실도 불필요하게 되었다. 새 집에는 입구가 두 개 있었는데 한쪽은 사무실로, 다른 한쪽은 살림집으로 이어졌다. 로베르트 숄은 길가로 나 있는 방 두 개를 개조하여 사무실로 사용했다. 안쪽에 있는 방에서 가족은 아무런 방해도 받지 않고 평온하게 살 수 있었다.

대규모 시위나 시가행진이 벌어지면 조피네 집 앞길이 소란스러워졌다. 시위 대열이 항상 이 길을 지나갔기 때문이다. 4월 20일 히틀러의 생일을 맞이하여 그해 처음으로 온 국민이 참가하는 경축 행사가 열렸다. 울름에서는 히틀러를 미래의 명예시민으로 추대했으며 민족주의 단체들의 횃불 행진이 거행되었다. 이 행사에는 히틀러 청년단 소속의 가장 나이 어린 아이들까지 동원되었다.

그로부터 사흘 후 새 학기가 시작되었다. 베르너가 실업 고등학교에 입학하여 드디어 한스와 함께 나란히 등교하기 시작했다. 숄 가족이 시내로 이사 오고 난 후 엎어지면 코 닿을 거리에 학교가 있었다. 조피도 이제 6학년이 되었다. 나이는 만으로 곧 열두 살이 될 터였다. 그녀는 이미 짙은 갈색 머리에 갈색 눈을 가진 조그맣지만 단단한 소녀로 성숙해 있었다. 그녀는 입가에 항상 웃음을 띠고 다녔다. 그렇지만 학교생활은 조용한 편이었다. 조피와 같은 학교에 다니는 아이들은 이미 오래 전부터 서로 잘 알고 지내던 사이였고 새로 전학 온 친구한테 경계하는 태도를 보이며 쉽게 친해지려 하지 않았다. 조피는 점차 내성적이고 소극적인 아이로 변해갔다. 조피역시 다른 아이들과 늘 일정한 거리를 유지하며 자기 속을 잘 드러내지 않았다.

5월 1일 노동절 다음날은 학교에서 대규모 경축 행사가 있을 예정이었다. 1899년부터 해마다 5월 1일은 계급의식이 뚜렷한 노동자들이 임금 인상과 노동 조건의 개선을 요구하며 거리에서 시위를 벌여오면서 노동자 투쟁의 날로 인식되고 있었다. 그런데 국가사회주의당은 이날을 국경일로 정하고 노동절이라는 명칭을 붙였다. 이렇게 되자 5월 1일은 많은 비용을 들여서 독일 전역에서 행사를 치르는 축제 날로 변모했다. 조피네 학교 학생들은 대강당에 모였다. 근처 남자학교에서 학생 오케스트라가 와서 장엄한 행진곡을 연주했다. 그런 다음 모든 학생이 「수풀 속의 족제비」라는 노래를 불렀다. 며칠 전부터 음악 선생님이 연습시켰던 노래였다.

깃발을 높이 올려라! 나란히 줄을 맞추고!
돌격대의 힘찬 발걸음.
동지들이여, 빨갱이와 반역자를 처단하자,
우리와 함께 나아가자.

학생들은 목이 터져라 불렀다. 2절과 3절이 계속 이어졌다.

갈색 군단이 나간다. 길을 비켜라.
돌격대가 나간다. 길을 비켜라.
갈고리 십자가 휘장에 수백만 국민의 희망이 달려 있다.
자유와 빵을 위한 날이 밝아온다.

이제 마지막으로 호소한다.
우리는 언제라도 싸울 수 있다.
온 거리에 히틀러 깃발을 휘날리자.
굴종의 세월은 이제 얼마 남지 않았다!

노래가 끝나자 엄숙한 자세로 지도자, 국민, 조국을 위한 만세가 제창되었다. 한 교사가 한껏 목청을 높여 만세를 부르고 아이들이 뒤따라 소리쳤다. 교장 선생님이 연단에 올라가서 노동절에 시내에서 벌어졌던 경축 행사에 대하여 이야기했다. 감동과 확신에 가득 찬 교장 선생님은 이제 새로운 독일에서는 모든 노동이 조국에 이바

지하는 것이기 때문에 똑같이 중요하다고 주장했다. 마치 대가족처럼 신뢰, 성실, 부조, 사랑으로 묶인 국민 공동체가 형성되었다는 것이다. 계층간의 반목이나 계급간의 갈등은 이제 사라지고 모두 가족 같은 국민의 일원이 되어 형제애 속에서 서로 손을 맞잡아야만 한다고 강조했다.

학생들은 무엇인가에 홀린 듯이 열심히 듣고 있었다. 그렇다! 우리는 얼마나 국민 공동체의 일원이 되기를 열망해왔던가! 조국을 가족처럼 생각하고 싶었다. 그리고 교장 선생님이 말한 대로 자신의 자리에서 조국을 위해 최선을 다하고 싶었다. 연설이 끝나자 노래 한 곡을 더 불렀다. 가슴에 나치의 갈고리 십자가 휘장을 달고 손에 깃발을 든 수백 명의 학생들이 독일의 노래를 불렀다. "독일, 위대한 독일!"

울름의 히틀러 청년단

잉에와 한스는 독일을 새롭게 변화시키겠다는 이 운동에 열광하고 있었다. 이들은 운동의 선두에 서고 싶었기 때문에 히틀러 청년단에 가입하고 싶은 마음이 간절했다. 그러나 아버지가 완강하게 반대했다. 두 아이는 처음으로 아버지의 의견을 거스르고자 했다. 아버지와 아이들 사이에 심한 말다툼이 벌어졌다. 당시 다른 집에서는 체벌이 교육적인 수단으로 허용되고 있었지만 숄 가의 부모님은 매를 들지 않았다. 그러나 어느 날 아침 잉에는 뺨이 벌겋게 부은 채로 등교했다. 그 전날 너무나 흥분한 아버지가 그만 손찌검을 하고 말았던 것이다. 잉에는 아버지가 히틀러 청년단 가입을 반대한다고 반 친구들에게 털어놓았다.

어머니는 언제나 그랬듯이 중재자의 역할을 떠맡아 남편을 설득하기 시작했다. 어머니는 히틀러가 말하는 것이 그렇게 나쁜 것은 아니라며 설득하려 들었다. 그러나 아버지는 자신이 원하는 것은 평화이며 하느님이 이를 도와주실 것이라는 말만 되풀이했다. 국가사회주의당에도 물론 선량한 사람들이 존재했다. 포르호텐베르크에서부터 알고 지내던 디프리히 박사는 오래 전부터 국가사회주의의 정당성에 대한 확고한 신념을 지니고 있었다. 그는 악의라고는 전혀 찾아볼 수 없는 사람이었다. 어머니는 아버지 역시 한스와 잉에 나이였을 때 부모님의 뜻을 거스르고 자신의 길을 선택했다는 것을 상기시켰다. 다른 사람들도 아이들 편을 들었다. 그들은 새로운 시대에 적응하지 못하고 아이들이 원하는 것을 못하게 하면 아이들을 영영 잃어버리게 된다고 말했다. 결국 아버지가 양보를 했다. 1933년 5월 1일 잉에와 한스는 히틀러 청년단에 입단했다.[*]

여자아이들을 청년단원으로 받아들일 것인지에 대해서는 처음에 논란이 많았다. 여성이 집 안의 가족생활에서 벗어나 남성의 세계로 등장하기 시작한 것이 불과 얼마 전의 일이었다. 여성이 참정권을 획득한 것도 겨우 14년밖에 되지 않았다. 자기 의식이 강하고 공적인 영역에서 활동하는 직업을 가진 '신여성' 혹은 남성의 당당한 '여성 동료'라는 새로운 여성 그룹이 이제 막 형성되는 중이었다. 히틀러 청년단은 애초에 여성을 단원으로 받아들이지 않았다. 그래

---

[*] S. Grote 1992; Vinke, S.41. 엘리자베스는 하르트나겔에게 자신도 딱 한번 아버지한테 매를 맞은 적이 있다고 밝혔다. "어렸을 적에 떼를 써서 아버지를 아주 화나게 만들었기 때문이다." 그리고 엘리자베스는 아버지와 형제들은 언제나 서로 다투기보다는 토론을 했고 거의 아버지가 양보하는 편이었다고 상세하게 묘사하고 있다. Brief vom 30.8. 1999; vgl. dazu auch Faas: Geschwister Scholl.

서 청소년 단체 출신의 여성들이 독자적인 단체를 만들었다. 바로 독일소녀연맹이다. 이 단체도 나중에는 히틀러 청년단 소속 소녀 단체로 편입되었다.

"그렇다! 소녀들이여, 히틀러 청년단원이 되자! 바보들의 말을 무시하자. 히틀러 청년단은 여자들을 받아들인다. 우리는 모두 한 국민이다! 누구도 배제되어서는 안 된다!" 후에 독일소녀연맹의 제국 간사가 된 트루데 모어가 여성만의 새로운 단체를 결성하자고 제의하며 외쳤던 구호이다.

다른 지역에서처럼 울름에서도 독일소녀연맹은 소수의 회원에서 시작되었다. 그러나 이 무렵에는 굉장히 많은 회원을 거느리게 되었다. 당시 열여섯 살이던 잉에는 가입하자마자 새로운 팀의 리더가 되었다. 회원 수가 감당하지 못할 정도로 많아지자 5월 말에는 신규 회원 가입을 잠시 중단했을 정도였다.

그들은 모두 지도자를 받들어 독일의 미래를 짊어지고 나갈 새로운 젊은이라고 자부하고 있었다. 그리고 지도자가 원하는 사람이 되고자 노력했다. 히틀러는 청소년들에게 "단순히 모범생이 되어서는 안 된다!"는 구호를 내려주기도 했다.

히틀러가 원하는 청소년은 강인하고 힘세고 튼튼하고 활기찬 사람이다. 아이들이란 한번쯤 서로 뒹굴고 치고 박는 주먹 싸움도 해야 한다는 것이다. 새로운 독일을 위한 투쟁에서 히틀러가 필요로 했던 청소년은 지적으로만 우수한 사람이 아니었다. 히틀러 청년단 교재에 실려 있는 슈테판 게오르게의 시에는 히틀러가 원하던 청소년상이 잘 나타나 있다. 이는 곧바로 당시 청소년들의 이상이 되었다. 히틀러가 제복을 갖추어 입은 한 청년단원의 어깨에 손을 걸치고 있는 그림 밑에는 다음의 시가 실려 있다.

젊은이

새로운 젊은이가 다지는 새로운 각오
재산이나 모으려고 하는 백발 노인들이여 즐거워하라!
저 멀리서 들리는 함성 소리는 너희들 귀에 들리지도 않는구나

너희 같은 젊은이들은 노예라고 불려 마땅하다
너희들은 지금 연약한 목소리로 스스로를 마취시킨다
장미 화환이나 만지작거리며 지옥 너머까지 장난을 친다

너희들 젊은이여 썩어 문드러진 것을 입에서 뱉어내라
너희들 젊은이여 월계수 다발 속에 비수를 숨겨라
곧 다가올 선택에 어울리는 우렁찬 목소리와 힘찬 발걸음

오순절 일주일 전에 울름에서 처음으로 대규모 히틀러 청년단 집회가 열렸다. 이 집회에 참가한 3,000여 명은 갈고리 십자가 깃발을 휘두르며 울름 체육관까지 시가행진을 벌였다. 이들은 저녁 무렵 오버베르크호프에서 큰 모닥불을 피웠다. 오순절을 즈음하여 이런 행

사를 기획한 데에는 다른 의도가 있었다. 원래 이 시기에는 울름에서 가톨릭 대교구의 청년회 집회가 소집되고 개신교 교회의 청소년 집회가 열리곤 했다. 히틀러 청년단 집행부는 이들 기독교 청소년 단체들이 나치의 갈고리 십자가 깃발 행진에 참여하지 못하도록 미리 통고했다. 기독교 청소년 단체들은 행진에 참가할 자격을 갖추고 있지 못하다는 것이 이유였다. 이런 정책의 목표는 다른 청소년 단체를 모두 해체시키고 히틀러 청년단만을 유일한 청소년 단체로 만드는 것이었다. 물론 히틀러를 열광적으로 추종하는 청소년들은 이런 의도를 전혀 알아차리지 못했다.

히틀러를 지도자로 추종하는 청소년들은 자신들과 뜻을 합하여 국민 공동체라는 새로운 이념을 위해 헌신하지 않는 사람들은 누구든 곧 그들의 적이라 생각했다. 그들은 조국의 배신자로서 단지 투쟁의 대상일 뿐이었다. 히틀러를 따르는 청소년들은 국기를 조국의 고귀한 상징으로 여겼으며, 항상 국기에 대하여 신성한 맹세를 했다. 붉은빛 국기는 새로운 미래의 국가사회주의와 국민 공동체를 상징했다. 흰색은 독일 민족과 조국을 상징하며 붉은색은 국가사회주의를 상징했다. 가운데 있는 갈고리 십자가는 아리아인의 승리를 의미했다.

신성한 그들의 깃발은 더럽혀지지 않도록 허튼 생각을 품고 있는 자들로부터 철저하게 보호되어야 했다. 히틀러 청년단원들은 지도자를 신뢰하고 국가사회주의 이념을 확신하며 자신들의 신조를 지키기 위해 싸울 만반의 채비가 되어 있었다.

오순절 일요일 뷔르템베르크 주 전역에서 6,000여 명의 가톨릭 청소년들이 모여들었다. 그들은 울름 시내를 지나 경기장으로 향했다. 이 대회의 주제는 "주의 나라와 새로운 독일"이었다. 이들 역시 삼색 독일 제국기와 나치의 갈고리 십자가 깃발을 휘두르며 행진했다. 그러나 히틀러 청년단은 이 행렬에 참가하지 않았다. 가톨릭 청년단이 경기장에 입장하자 히틀러 청년단원이 행렬의 선두 쪽으로 몰려갔다. 그들은 가톨릭 청년단이 독일 국민 공동체에 속할 자격이 없다고 소리치면서 깃발을 빼앗았다. 깃발을 둘러싸고 실랑이가 벌어지는 와중에 다른 히틀러 청년단원들이 경기장 입구를 봉쇄했다. 경찰이 동원되어 사태를 겨우 진정시킨 다음에야 원래 진행 순서에 따른 대규모 미사가 진행될 수 있었다.

교회 단체에 대한 이러한 공격은 곧바로 상부 조직의 지시로 중단되었다. 그해 6월 히틀러는 가톨릭 교회와 합의서를 체결했다. 이 합의서는 향후 독자적인 청소년 단체는 오로지 종교적인 활동을 목적으로 할 때만 허용된다는 내용이었다. 공동 스포츠 행사나 단체 여행 행사는 금지되었다.

그러나 이렇게 교회 단체를 평정하고 난 후에도 히틀러 청년단 간부들은 조직의 영향력을 확대하기 위해 다른 단체에도 압력을 행사했다. 1933년 5월에는 거의 모든 전국 규모 단체가 해체되었고, 이들을 히틀러 청년단으로 통합시켰다. 울름에서도 돌격대와 히틀러 청년단이 청년 국민의용대 본부로 몰려가 건물을 접수하고 그곳에 있는 모든 물품을 압수했다. 6월 중순에는 전국 규모의 단체들이 대성당 앞 광장에 모여 히틀러 청년단에 단체로 입단하는 의식을 거행했다. 800여 명의 청소년들이 이 입단식에 참가했다. 광장 중앙에는 통나무가 한 무더기 쌓여 있었다. 악기가 연주되고 노래를 부르면서 행사가 시작되었다. 국가사회주의당 울름 지구당 위원장이 앞으로 나왔다. 그는 독일 청소년은 새로운 고귀한 정신으로 충만해야 한다고 호소했다. 독일 국민은 노예근성, 풍기문란, 변질의 시대—위원장은 이러한 단어로 개방적이고 아방가르드적인 문화 예술에 대해 우호적이었던 바이마르 공화국 시대 14년 동안을 표현했다—를 이미 벗어났지만, 아직 채 버리지 못한 나쁜 잔재들이 있기 때문에 이 모든 것들을 모닥불에 태워버려야 한다고 외쳤다. 그는 모든 독일 청소년들이 아돌프 히틀러의 위대한 새 독일 건설에 동참할 때까지 절대로 쉬어서는 안 된다고 강조했다.

드디어 모닥불이 타올랐다. 단원 모두 차례대로 앞으로 나와 책을 불 속으로 던지면서 저자와 제목을 소리 높여 외쳤다. 대학생들이 하는 행동을 따라 어린 학생들도 "국민에게 해로운 더럽고 창피스러운 책"들을 불 속에 집어던졌다. 토마스 만, 슈테판 츠바이크, 칼 추크마이어 등을 비롯한 유대인이 쓴 책이나 국가사회주의를 비판하는 내용을 담고 있는 책들이 불태워졌다. 마르크스주의에 관련된 깃발들도 역시 불 속으로 던져졌다.

베르너가 프리츠가 이끄는 다른 조원들과 함께 히틀러 청년단에 입단한 것은 이즈음이었다. 청소년 단체의 간부 출신들은 히틀러 청년단에서도 간부 대우를 받았다. 히틀러 청년단에 가입하는 신입단원이 너무 많아서 기존의 간부로는 도저히 감당해낼 수 없었기 때문이다. 프리츠를 비롯한 청소년 단체의 간부들은 대부분 상급생이었다. 그들은 히틀러 청년단으로 입단하고 난 뒤에도 예전과 같은 방식으로 활동할 수 있었다. 그들이 청년단원들을 이끌고 야영 훈련이나 놀이 행사를 조직하든 군사 훈련이나 행진 훈련을 시키든, 노래를 부르든 케케묵은 영웅설화를 읽든, 아무도 관여하지 않았다.

이전의 청소년 단체와 마찬가지로 히틀러 청년단 역시 군대 조직을 본떠서 분대로 나누어졌고 이 분대는 좀더 큰 상위 단위로 묶이는 방식으로 층층이 조직되어 있었다. 청년단의 간부는 이전의 의용대와 같은 다른 전국 차원의 청소년 조직처럼 "청소년 조직의 간부는 청소년이" 맡아야 한다는 것을 슬로건으로 내걸었다. 그래서 히틀러 청년단의 간부가 일반 단원보다 나이가 많은 경우는 아주 드물었다. 물론 간부로 선출되는 것은 굉장히 명예스러운 일로 여겨졌고, 보다 높은 자리로 올라갈 수 있는 기회가 있어서 큰 유혹이기도 했다. 간부 자리에 오르면 권력의 맛을 보게 되는 법이다. 이를테면 소대에 속한 일반 단원들은 소대 지휘관에게 무조건 복종해야만 했기 때문이다. 물론 이러한 직위는 모두 명예직이었다. 수당을 받는다는 것은 상상할 수 없는 일이었다. 간부가 된 소년과 소녀들은 조국의 발전을 위하여 기여하고 있다는 사실에 굉장한 자부심을 느끼고 있었다.

한스는 처음엔 막스가 이끄는 그룹의 일원이었다. 막스는 울름 지역 사령관의 아들이었다. 막스는 한스와 같은 학교를 다녔지만 학년이 더 높았다. 그해 여름방학에 한스가 속한 그룹은 뵈머발트로 야영을 떠났다. 이 여행을 통하여 한스는 청소년 단체의 정신과 생활 방식을 정확히 익히게 되었다.

청소년 단체의 젊은이들은 한 젊은 지도자로부터 큰 감명을 받았는데, 이로써 이들은 1920년대 말, 이전과는 전혀 다른 형식을 띤 새로운 이념을 발전시키게 된다. 이 지도자의 이름은 에버하르트 쾨벨이며 스스로 독일인이라는 뜻의 투스크라고 불렀다. 그는 이전 세대에 대한 혁명을 전개하기 위해서는 젊은이들이 단체를 결성해야 한다고 주장하면서 1929년 11월 1일, 약칭 'dj. 1. 11'인 독일 청년단을 창설했다. 약칭에 소문자를 사용한 것이 이 단체의 기본 이념을 잘 보여준다. 대문자로 명사를 표기하는 독일어의 특징을 고려할 때, 소문자 사용은 기존의 권위에 대한 도전을 함의하고 있었다. 소문자 전용 표기법은 이미 바우하우스 출신 예술가들이 사용한 적이 있었다. 바우하우스 운동은 1920년대 독일에서 추상적이고 순수 기능적인 형태를 지향했던 예술운동으로 그때까지 지배적이었던 청년 단체의 화려하고 현란한 스타일과는 크게 대조를 이루었다.

쾨벨은 판사의 아들로 슈투트가르트에서 성장했다. 쾨벨은 대학 입학자격시험을 치르고 난 후 한동안 스칸디나비아 반도 북부 라플란드에 가서 살았다. 투스크라는 그의 별명은 독일인을 뜻하는 이 지역의 언어에서 따온 것이다. 라플란드라는 극지방은 쾨벨에게 모험심을 불러일으켰으며 이국적인 정취를 흠뻑 느끼게 했다. 투스크는 라프족을 따라다니면서 쾨니히스벡 지방을 유랑했다. 그는 밤에도 해가 지지 않는 백야를 경험했다. 밤에는 불을 지필 수 있는 움집 형태의 텐트인 코테에서 잠을 잤는데, 너무 추워서 침낭 하나에 두 명이 들어가 잠을 자야 했다. 얼어죽지 않으려면 서로의 온기가 필요했으며 여름에도 눈이 녹지 않기 때문에 항상 눈을 밟고 다녀야 했다. 투스크는 순록 떼와 낯선 라프족과 함께 끝도 없이 펼쳐진 자작나무 숲을 누비고 다녔다. 당시 보급되기 시작했던 자동차, 오토바이, 화물차, 전화 같은 현대 문명의 이기와 멀리 떨어진 채 투스크는 젊은이들이 지향해야 할 새로운 삶의 이상을 추구하고 있었다.

투스크는 젊은이가 살아야 할 이상적 삶의 외적인 형식을 스칸디나비아에서의 경험에서 가져왔다. 그는 다음과 같은 방법으로 제작된 검은색 코테를 독일 청년단의 텐트로 사용했다. 먼저 긴 나무 작대기들의 끝을 맞대어 묶고 삼각형 모양의 천을 그 위에 덮는다. 그때 꼭대기의 중심은 천으로 전부 가리지 않고 열어둔다. 그곳은 텐트 안에서 불을 피울 때 연기가 빠져나가는 통기구 역할을 할 것이다. 짚으로 바닥을 깔고 돌로 만든 화덕 위에 뚜껑을 얹어 그 위에 큰 냄비를 올려놓는다. 이 텐트는 크기 조절이 가능하며 설치하는 데도 시간이 얼마 걸리지 않아 겨울 캠핑용으로 적당했다. 투스크는 텐트 바깥쪽에 장식으로 다는 끈의 너비도 정해놓았다. 독일 청년단원들은 파란색 제복을 입어야 했다. 이 제복은 목 주위에 단추가 달려 있고 칼라가 넓어서 필요할 때에는 모자 대신 쓸 수도 있게 만든 헐렁헐렁한 셔츠였다.

투스크는 모험을 즐기는 낭만적 취향과 자연에 대한 애정이 있었던 것과는 별개로 개인적으로는 신기술에 열광적으로 심취했다. 투스크는 이런 말을 했다. "기술이 고도로 발달한 현대에 살면서 기술에 반대하는 사람들은 평소에 고기를 즐겨 먹으면서 동물 학대에 반대하는 사람이나 마찬가지이다." 투스크는 어머니한테서 당시 엄청난 고가품이던 오토바이를 선물받은 적이 있었다. 그는 현대 기계 문명을 곧 오토바이를 가능케 한 모터의 세계와 동일시했다.

투스크는 "고귀한 야생 자연"의 생활 경험에서 나온 형식과 이상을 현대 기술에 대한 열광적인 태도와 결합시켜 이로부터 젊은이의 위대한 세계라는 이상을 만들어내었다. 라플란드에서는 다른 사람들보다 강한 체력과 정신력 그리고 좀더 나은 자질을 갖추고 좀더 철저한 사고를 할 수 있는 사람만이 살아남는다. 그것이 투스크가 슈투트가르트와 그 주변 지역에서 청년단을 처음 창단했을 때 널리 보급시킨 엘리트주의적인 메시지이다. 얼마 지나지 않아 코테와 청년단의 파란색 셔츠는 새로운 삶의 상징물이 되었다. 막스도 독일 청년단에 가입하여 파란색 셔츠를 입었다. 막스는 자신을 따르는 청소년들에게 투스크의 영웅적인 행적에 관한 이야기를 자주 들려주었다.

한스는 막스를 따라 난생처음 야영을 체험하면서 행복하고 뿌듯한 기분을 맛보았다. 그는 집으로 돌아와 스릴 만점의 야영 체험을 형제들에게 상세하게 이야기해주었다. 여자 형제들도 이야기에 깊이 빠져들었다. 그들은 한스를 마냥 부러워하며 언젠가는 자신들도 꼭 야영에 참가할 거라고 마음속으로 다짐했다.

물론 청년단 활동이 투스크한테 영향을 많이 받았다고 해서 아돌프 히틀러에 대한 단원들의 열광이 미약해졌다는 것은 결코 아니다. 그해 가을 히틀러가 울름을 방문하여 독일군의 전략 훈련을 참관했을 때 수천 명이 '러시아 기념 광장'으로 모여들어 히틀러를 환호했다. 그 순간에는 숄 가의 아이들도 친구들과 함께 그곳에 있었다. 그날 학교는 임시 휴교를 했다. 처음으로 보는 군사 행진과 전차는 아이들을 흥분의 도가니로 몰아넣었다.

　그해 가을 '독일 소년단'도 창설되었다. 독일 소년단은 10세에서 14세까지 소년들을 대상으로 한 히틀러 청년단 산하의 독자적인 조직이었다. 독일 소년단은 그 위 연령의 청소년과는 다른 여가 활동이 필요하다는 인식 아래 만들어졌다. 나중에 독일소녀연맹에도 이와 비슷하게 '독일 소녀단'이 창설되었다. 그러나 울름에서 새로운 소년단과 소녀단의 간부를 구하기는 쉬운 일이 아니었다. 히틀러 청년단은 어떻게든 어린 소년 소녀들을 이끌 간부급 단원들을 구해야만 했다. 그리하여 당시 열여섯 살이던 한스도 분대장으로 선발되었다. 분대장은 히틀러 청년단 간부 중 제일 낮은 직급이었다. 분대장은 10명에서 20명 사이의 소년단원을 지도했다. 동일한 시기에 막스는 중대장으로 승진했고 여전히 한스의 '상관'이었다. 중대장은 행진할 때 네 개 소대를 지휘했다. 중대장은 결국 120명 정도의 소년들을 지도하며 분대장 12명과 소대장 3명을 거느리는 셈이었다. 소대는 분대와 중대 사이의 중간 단위로 분대 네 개를 통합한 조직이었다.

조피와 리즐은 잉에, 한스, 베르너한테 이야기를 들어서 히틀러 청년단에 들어가면 어떤 일을 하는지 잘 알고 있었다. 조피와 리즐도 히틀러 청년단에서 함께 활동하고 싶어했다. 부모님은 어린 소녀들을 위한 독일 소녀단이 조직되었을 때 이들이 가입하는 것을 허락했다. 1934년 1월 당시 열세 살이던 조피는 카를로가 이끄는 그룹에 가입했다. 카를로는 잉에보다 한 학년 위였다.

카를로는 독일 소녀단 울름 지부의 초창기 대원으로 새로운 소녀단의 간부로 임명되었다. 그녀는 단원들의 마음을 사로잡는 법을 알고 있었으며 단시간 내에 울름에서 제일 인기 있는 간부로 부상했다. 많은 여학생들이 카를로를 추종했다. 처음에는 청년단과 달리 누구나 본받고 싶어하는 자신들만의 영웅이 소녀단에는 존재하지 않았다. 그랬기 때문에 소녀단은 청년단을 그대로 모방했고, 청년단처럼 자유롭게 자연을 체험하고 야영을 다니고 세계에 대한 호기심을 충족시키고자 했다. 카를로는 항상 단원들을 이끌고 야외로 나가서는 산과 들에서 청년단원들이 했던 놀이만큼이나 거친 놀이를 했다. 구보, 창던지기, 씨름, 나무 타기, 길 찾기 훈련 등을 했으며 간혹 소총 훈련도 했다.

부모들은 카를로를 그다지 좋아하지 않았다. 오히려 얌전하게 자라던 딸들이 카를로의 손에 가면 야생마처럼 변한다고 걱정이었다. 카를로는 어른들이 보기엔 지나치게 거칠었다. 선머슴 같아서 남자애들이나 할 만한 행동을 거침없이 했던 것이다. 그렇지만 다른 한편으로는 지적인 교양도 갖추고 있었다. 특히 예술과 문학에 조예가 깊었다. 카를로는 낮에 펼쳐지는 야외 활동에서도 탁월한 능력을 보여주었지만 날씨가 좋지 않아 실내 활동을 할 때도 단원들의 넋을 쏙 빼놓을 정도로 리더십을 발휘했다. 노래나 미술 감상이 실내 활동의 주를 이루었다. 때로는 이야기를 들려주거나 동화를 읽어주었는데, 마치 이야기 속 인물이 살아 걸어 나오는 것 같았다. 그녀는 토론을 장려하면서 단원들 스스로 새로운 인식에 도달할 수 있도록 도와주었다. 단원들은 진정한 의미의 공동체를 이루었다. 카를로는 인성이 형성되는 시기의 많은 소녀들에게 숭배의 대상이 되었다. 카를로가 시키면 불 속이라도 뛰어들 듯했다. 카를로는 그들의 모범이자 친구였다. 단원들은 젊은 가슴 가득 열정을 담아 카를로를 흠모했다.

소녀단 활동을 하면서 조피는 울름에 온 이래 처음으로 편안함을 느낄 수 있었다. 조피는 고향 포르흐텐베르크에서는 시장의 딸이자 선생님한테 총애를 받는 학생이었다. 그렇지만 루드비히스부르크에서 조피는 주목받지 못하는 평범한 학생이었다. 얼마 지나지 않아 울름으로 이사를 하게 된 조피는 다시 새로운 환경에 적응해야만 했다. 갑작스런 환경의 변화는 조피에게 상당히 많은 영향을 끼쳤다. 조피는 학교에서 아무런 문제도 일으키지 않았지만 그렇다고 친구들이 조피한테 따뜻하게 대해준 것도 아니었다. 숄 가의 가족 모두는 낯선 환경 속에서 더욱더 가정을 생각하게 되었고 가족에 대한 사랑을 키워나갔다.

조피는 소녀단원들과 함께 학교에서와는 전혀 다른 경험을 했다.

모두 신입단원들이었고 다들 뭔가 새로운 것을 원하고 있었다. 소녀단에 가면 재미있는 게임과 스포츠를 즐길 수 있었다. 그리고 자신의 능력을 마음껏 발휘할 수 있었다. 스스럼없이 대할 수 있는 카를로도 만날 수 있었다. 마음껏 노래를 부를 수 있었고 원하면 피아노 레슨도 가능했다. 별로 힘들지 않고도 새로운 노래의 반주를 찾아낼 수 있었고 전혀 몰랐던 새로운 곡을 다른 소녀들과 함께 연습할 수도 있었다. 조피는 얼마 지나지 않아 다른 단원들을 지도하는 임무를 부여받았다. 조피는 그 동안 제일 연약한 아이로 취급받아왔고 어머니는 늘 특별대우를 해주었다. 그러나 이제는 숨어 있던 재능을 드러내 다른 이에게 보여줄 수 있게 된 것이다. 몸도 이제는 더 이상 어린아이가 아니었다. 야외 스포츠를 통해 튼튼하고 강인해졌다. 예전처럼 병에 걸려 드러눕는 일도 없어졌다.

소녀단에서 조피는 안리스를 알게 되었다. 두 사람은 곧 절친한 친구 사이가 되었다. 안리스는 인문계 학교인 김나지움을 다니다가 조피가 다니는 학교로 전학을 왔다. 둘은 단짝이 되어 학교에서는 물론 방과 후에도 붙어 다녔다. 하지만 학교생활은 이 단짝 친구들에게 큰 의미를 주지 못했고 소녀단 활동이 훨씬 더 중요한 자리를 차지하고 있었다.

그들은 주로 오후에 게오르그 교회 옆 '스탠더링'에서 만났다. 스탠더링은 조피네 집에서 그리 멀리 떨어지지 않은 곳에 있었다. 오빠들이 방과 후 집으로 가기 전에 들르는 곳이기도 했다. 조피, 리즐, 잉에는 그곳에서 쫙 편 손을 이마 위에 갖다 대는 군대식 인사법을 주고받았다. 카를로가 이 인사법을 히틀러 인사와 잘 결합시켜 그들에게 가르쳐주었던 것이다. 어린 소녀들은 여기저기 뛰어다니며 남자아이들처럼 장난을 쳤다. 그보다 좀 나이가 든 소녀들은 스탠더링에서 학교에 대한 이야기를 하거나 무슨 일을 할까 궁리하기도 했다. 조피와 안리스는 언제나 짓궂은 장난을 좋아했다. 전혀 여자아이답지 않은 일이었지만 힘 겨루기를 하기도 했다.

잉에가 스탠더링에 가는 횟수는 점점 줄어들었다. 잉에는 1934년 부활절이 되었을 때 졸업을 위한 10학년 과정을 다 마쳤다. 잉에는 학교생활에 지쳐 있었다. 특히 수학 시간만 생각하면 골치가 아팠다. 마침 아버지가 자신의 사무실에서 보조원으로 일하겠냐는 제의를 한 터였다. 교장 선생님은 잉에가 우수한 학생이므로 대학입학자격시험을 준비할 수 있도록 일 년 과정의 진학반에 등록하는 것이 좋겠다고 아버지에게 권유했다. 그렇지만 잉에는 이 기회에 학교를 그만두고 아버지 사무실에서 일하겠다고 마음먹었다. 결국 잉에는 학교를 그만두고 아버지 사무실에서 일하게 되었다. 당연히 직업 훈련 과정에 따로 비용을 들이지 않아도 되었다. 아버지는 잉에에게 정식으로 월급을 지급했다. 잉에는 다섯 남매 중에서 유일하게 자기 돈을 만질 수 있게 되었다.

잉에와 한스는 자신들이 다 컸다는 생각을 하게 되었다. 부활절에 두 사람은 정식 세례를 받았고 이는 그들이 성년으로 발돋움했다는 것을 의미했다. 당시 독일 개신교는 국가사회주의에 대한 견해 차이로 국가사회주의를 지지하는 독일기독교회와 이에 맞서는 고백교회

(독일 개신교의 친나치 성향에 반대하여 1933년에 시작된 교회 내부의 저항 및 개혁운동—옮긴이)로 나뉘어 있었다. 그러나 히틀러에게 열광하고 있던 청소년들이 교회 내부의 싸움에 관심을 둘 리 없었다. 케케묵은 권위 따위는 안중에도 없었다. 그들은 젊은이다운 새로운 삶을 살아가고 있었던 것이다. 그런 삶 속에는 교회나 나이 든 사람들 — 심지어 부모조차 — 이 끼어들 틈이 없었다. 그래도 잉에와 한스는 세례를 받았다. 어머니의 소망을 거스르고 싶지 않았기 때문이었다. 그들에게 세례 의식은 어른이 되기 위한 하나의 통과의례에 불과했다.

여성 교육과 유전 이론

히틀러가 권력을 장악한 지 일 년이 넘어가고 있었다. 지난 몇 달 동안 국가사회주의자들은 그때그때 새로운 지시를 내리면서 학교생활까지 간섭하려 들었다. 교사들이 가르쳐야 할 새로운 수업 내용이 전국의 학교에 전달되었다. 그해 가을에 전달된 지침은 독일 청소년들은 독일의 미래에 막대한 의미를 지닌 동유럽에 주목해야 한다는 것이었다. 그러자 자유도시 단치히를 비롯해 폴란드와 체코슬로바키아에 살고 있는 독일인들 이야기가 거의 모든 수업시간마다 언급될 정도였다.

바로 일 년 전 조피가 다니던 여학교 학생들은 처음으로 대학입학자격시험에 응시할 수 있었다. 교장은 이미 몇 년 전부터 이 여학교가 실업 교육 과정 외에 인문계 교육 과정을 별도로 운영할 수 있는 충분한 자격을 갖춘 학교라는 점을 강조해왔다. 이제 그 목적이 거의 달성되었던 것이다. 1933년 30명의 여학생이 대학 진학반에서 공부해 대학입학자격시험에 합격했다. 그러나 정작 다음해 대학입시를 위해 대학 진학반을 편성하려고 학생들을 모집했을 때는 아무도 접수하지 않는 일이 벌어졌다. 경제 위기가 계속되는 상황이어서 부모들이 딸들에게 대학입시 준비를 시키려고 하지 않았기 때문이다. 아직 빚을 지고 있는 사람들도 많았고 여자아이들은 어차피 나이가 차면 결혼할 텐데 대학 교육까지 시키는 것은 돈 낭비라고 생각하는 게 지배적이었다. 그러니까 이 학교를 인문계 교육 과정을 따로 운영하는 학교로 전환시키겠다는 교장의 계획은 처음부터 무리가 따르는 일이었다. 일이 그렇게 되자 국가사회주의당 정부는 이 학교를 인문계 과정을 운영하는 학교로 인가하기를 거부했다. 나치당의 의도는 대학 진학반 설치 자격을 무효화하여 이 학교를 최고 11학년이 아닌 3년제 여자 직업 전문학교로 전환시키는 것이었다. 국가사회주의당 정부는 미래의 독일 여성은 합리적인 사고 훈련을 받을 필요가 전혀 없다는 입장이었다. 정부는 여성 교육에서 중요한 것은 인문학적인 교양 교육보다 종교적이고 감성적인 교육이라고 생각했다. 교장은 정부의 입장에 동의하지 않았다. 그는 온갖 수단을 동원해서 가능한 한 많은 여학생을 대학 진학반에 넣으려고 노력했다. 부모들이 허락하면 대학 진학반에 다니는 동안의 학비는 자신이 부담하겠노라는 약속까지 했다. 조피의 동기생 중에서 최소한 10명이 최고 학년에 등록해야만 대학 진학반을 개설할 수 있었다. 물론 부모들은 따로 학비를 낼 필요가 없었다.

미래의 국가사회주의가 강조하는 여성의 역할이나 새로운 세계관에 대해 호의를 보이지 않은 것은 비단 늙은 교장 선생님뿐만이 아니었다. 다른 교사들도 마찬가지였다. 그러나 반대 의견을 가지고 있다 하더라도 교사들은 입 다물고 가만히 있는 편을 택했다. 생존을 위협받지 않기 위해서였다. 물론 수업시간에 새로운 이데올로기를 강조하느냐 아니면 무시하느냐는 전적으로 교사들의 의지에 달려 있었다. 조피를 가르친 교사들 중에는 기초 학문에 기반을 둔 교육을 강조하고 대학에서의 학습에 필요한 기본 소양을 가르치고자 노력했던 사람들도 있었다.

특히 생물과 화학 과목을 담당했던 프리스 선생은 박사 학위 소지자였으며 수업시간에 학생들에게 요구하는 기대 수준이 높았다. 프리스 선생은 교원자격시험을 치르고 대학에서 바로 부임한 젊은 여교사였다. 조피는 이 선생을 많이 따랐다. 한번은 소녀단 야영에 같이 가자며 프리스 선생을 초대한 적도 있었다. 안리스는 조피가 프리스 선생을 히틀러 청년단에 초대하는 것을 반대했는데, 왜 조피가 그런 행동을 하는지 이해할 수 없었다.

조피네 반의 담임이 된 프리스 선생은 학생들 하나하나를 세심하게 보살폈다. 학생들이 잡담을 하거나 킥킥거리면 날카로운 눈길을 보냄으로써 바로잡았다. 프리스 선생은 학생들이 수업에 적극적으로 참여하고 집중하길 기대하면서, 그에 상응하는 뭔가를 제공했다. 학생들이 전혀 새로운 차원의 자연 관찰법에 눈을 뜨도록 했던 것이다. 자연 대상을 감정의 자리에서 보고 말 것이 아니라 대상과 대상의 작용과 반작용에 대하여 비판적인 탐구 정신으로 관찰하고 분석할 것을 요구했다. 프리스 선생은 신체 기관들의 복잡하고 의미 있는 상호 작용을 잘 이해할 수 있도록 가르쳤고 신진대사 과정의 역동성을 알아듣기 쉽게 설명함으로써 학생들의 지적인 흥미를 불러일으켰다.

프리스 선생은 엄격한 과학적 기준을 갖고 있었다. 그러나 그녀 역시 새로운 이론인 '유전 이론과 인종학'을 가르치지 않을 수 없었다. 그녀는 소위 생명학이라는 교육 과정 안에서 '가족학, 유전 이론, 유전자 보존학'이라는 주제를 다루었다. 학생들은 자신의 가족을 대상으로 관찰과 연구를 했다. 조피는 이때 처음으로 자신의 뿌리에 대하여 관심을 갖게 되었고 부모님에게 조상에 대해 자세하게 물어보았다. 자신의 가족이 아리아족 혈통을 이어받았는지가 가장 중요한 관심거리였다. 그래야만 새로운 지배 민족이 될 수 있기 때문이었다.

프리스 선생은 멘델의 법칙을 통해 유전형질의 획득 과정을 가르쳤다. 그녀는 1928년에야 겨우 학계에서 인정되었던 새로운 유전자 이론에 대하여 소개하기도 했다. 그러나 한편으로는 "유전적으로 열등한 인자와 인종적으로 열등한 민족들이 평균 이상 번식해서 생기는 역도태"에 대해서도 설명을 해야 했다. 당시의 교사 지침서는, 새로 제정된 "차세대의 유전병 보호법"이 이와 같은 역도태를 막아줄 튼튼한 방파제를 쌓기 위해 "불임 시술을 비롯한 여타 안전조치"를 취하고 있다는 사실을 강조했다. 그리고 "우등한 사람들을 위한 삶의 공간 확대" "열등한 사람들을 위한 생계 비용 절감" "노화 현상" "출산율 감소" 같은 주제에서 파생하는 문제들을 주로 다루었다. 당시의 교사 지침서는 이러한 수업을 통해 여학생들에게 "인종 소멸의 위험을 막아내고 인종의 건강 증진 계획안에 협조하는 강력한 의지"를 길러주어야만 한다고 명시하고 있었다.

신문에도 매일 유전병에 관한 기사가 실렸다. 조피가 슈베비쉬할을 방문했을 때였다. 어머니는 자동차를 빌려 아이들 모두를 태우고 그곳으로 갔다. 어머니는 예전에 일하던 빈민구제병원을 방문할 목적이었다. 거기서 어머니는 아이들을 데리고 중증 장애아 전용 병동에도 들렀다. 어머니는 아이들에게 가족 모두가 건강하게 산다는 것이 얼마나 행복한 일인지 깨닫도록 하고 싶었다. 대부분의 아이들이 눈으로는 판별할 수 없는 장애를 갖고 있었지만 어떤 아이들은 유난히 키가 작고 뚱뚱했으며 눈이 돌아가고 입을 반쯤 벌리고 있었다. 한 남자아이가 뒤에서 리즐을 쫓아오더니 막 입에 넣으려던 사과를 빼앗아 갔다. 리즐은 그 아이에게 돌려달라고 했지만 곧 이런 아이들한테는 말이 통하지 않는다는 것을 알게 되었다. 이러한 경험은 아이들의 기억 속에 오래 남았다. 그래서 이런 끔찍한 아이들이 세상에 나오지 않도록 병자의 출산은 금지시키는 것이 옳은 정책이라고 생각했다.

프리스 선생이 국가사회주의 사상에 대하여 매우 소극적인 태도를 보였던 데 반하여 역사 과목을 담당한 브루너 선생은 새로운 이데올로기의 적극적인 옹호자였다. 그는 게르만족의 영웅설화와 당시의 지도자 사상에 심취해 있었다. 하지만 브루너 선생은 종종 비속어를 사용했기 때문에 일부 학생들은 다소 역겨워하기도 했다.

부르너 선생은 독일어와 역사말고도 세계관이라는 과목을 가르쳤다. 세계관 과목은 학생들이 종교 과목 대신 선택해서 들을 수 있는 과목이었는데 시간이 지날수록 점점 많은 학생들이 이 과목으로 몰려들었다. 브루너 선생의 역사 시간에는 전쟁사가 가장 큰 비중을 차지했다. 그는 민족의 힘은 전쟁을 통해서만 드러난다는 점을 강조했다.

브루너 선생은 첫 시간에 독일의 선사 시대와 로마인의 이주에 대해 강의했다. 이에 관해서라면 조피도 포르흐텐베르크의 학교에서 이미 배운 적이 있었다. 그러나 그때와는 달리 브루너 선생의 수업에서는 로마 정복자들에 대항하는 게르만족의 영웅적인 전투가 전면에 부상했다. 그리고 프리스 선생보다 훨씬 더 상세하게 인종학에 대하여 다루었다. 그는 로마인과 유대인이 멸망할 수밖에 없었던 이유를 장황하게 늘어놓았다. 그 다음 시간에는 북방 민족의 이동에 대하여 배웠다. 특히 게르만족의 이동에 대해서 상세한 설명을 들었다. 브루너 선생은 유럽의 모든 문화가 북방 민족의 영향을 받았다고 가르쳤다. 그러면서 "북방 민족의 영향이 지배적이었기 때문에 독일의 본질이 변질"되는 것을 막을 수 있었다고 주장했다. 브루너 선생은 독일인을 찬미하고 "순수한 혈통"의 중요성을 거듭 강조하면서 이런 순수한 혈통 때문에 독일인은 현재 새로운 전성기를 맞이하게 되었다고 자랑스러워했다. 그리고 혈통을 순수하게 보존하는 임무가 바로 미래의 어머니인 여러분한테 달려 있다고 힘주어 말하면서 "세계를 구하게 될 민족은 독일인"이라고 주장했다.

브루너 선생은 역사와 독일어를 같이 가르치기도 했다. 그래서 역사 시간에 지도자에게 바치는 내용의 시를 열정적으로 낭독하기도 했다.

지도자시여

민족의 한가운데에서
지도자가 솟아올라야 한다는
선조 때의 미풍양속을
다시 통용되게 하라

왕관도 왕좌도
선조들은 몰랐다
우리를 인도했던 것은 남자들
그들의 가장 강인한 아들들이었다

자유인 중의 자유인!
자신의 행동을 통해서만
신의 축복과
은총을 받는 이!

자신의 성과를 통해서
품위와 지위를 얻었다
맨 앞에서 군대를 지휘한 자
대공(大公)이라고 불렸다
진정한 의미의
제국의 대공,
당신은 이미 오래 전부터
민족의 가슴속에 새겨져 있다

　토론 시간에 브루너 선생은 이 시에서 선조는 누구를 가리키느냐고 질문했다. 물론 대답은 쉬웠다. 선조는 게르만족 시대의 선조를 의미했다. 그러자 선생님은 우리가 선조와 그들의 풍속에 대하여 관심을 가져야 하는 이유는 무엇이냐며 다시 질문했다. 조피가 손을 들고 단호하게, 마치 총을 쏘듯이 즉각 대답했다. 조피는 선조들이 살았던 시대는 게르만족이 외국인의 도움을 거절하면서 원초적인 힘을 자유롭게 발산하던 시대였다고 말했다. 게르만족은 자신의 고유한 삶의 방식에 자부심을 가지고 있었고 로마인이나 유대인에 대해서는 아랑곳하지 않았다는 것이다. 조피는 외부로부터 오는 영향을 거부하고 순수한 형태를 유지하려는 노력은 오늘날에도 여전히 존중되어야 할 뿐만 아니라 순수한 것, 자신의 기질에 맞는 것을 되찾기 위한 노력도 함께 경주해야 한다고 결론을 맺었다.
　선조에 대하여 무엇을 알고 있느냐는 질문이 이어졌다. 이번에는 희열에 들뜬 또 다른 여학생이 일어났다. 그녀는 게르만족은 곰 가죽을 걸치고 머리에 뿔을 달고 있었다고 대답했다. 게르만족 남자들은 여자들에게 일을 시키고 자신들은 동물 가죽 위에 누워 밀주를 마시며 지냈다고 덧붙였다. 그러자 브루너 선생은 흥분해서 즉각 반론을 펼쳤다. 브루너 선생은 그렇게 주장하는 사람은 오로지 새로운 세계관의 반대자일 뿐이라고 했다. 게르만족은 여러 가지 중요한 사회 제도들을 고안해냈으며 최근에 사람들은 그 제도들로부터 좋은 점들을 많이 따오고 있다는 것이다. 브루너 선생은 예전의 관습이 재발견되어 다시 사용되게 된 예로 지도자 선출 방식, 하지와 동지 축제, 주민 집회, 창으로 하는 인사법, 갈고리 십자가, 룬 문자 등을 지적했다. 이어 빛나는 승리의 룬 문자가 바로 소년단과 소녀단의 상징이 되어 지금 사용되고 있는 것은 결코 우연이 아니라고 강조했다.

브루너 선생은 시의 두번째 연에 나오는 왕관과 왕좌는 외국어 표현이고 외국 풍속이기 때문에 사용해서는 안 된다고 주장했다. 오늘날 독일의 지도자는 게르만족 시대와 마찬가지로 갈색 셔츠를 입고 민족 한가운데에서 어울려 지내는 사람이라는 것이다. 그런데도 그 지도자는 자유로운 독일인의 장군으로서 민족 구성원으로부터 존경과 환호를 한 몸에 받고 있다고 했다. 왕관과 왕좌 없이도 지도자가 고귀한 인물로 추앙받을 수 있었던 이유는 무엇이냐는 질문이 다시 이어졌다. 학생 몇 명이 마치 합창이라도 하듯이 입을 모아 지도자의 눈빛, 태도, 자랑스러운 행적에 고귀함이 깃들여 있기 때문이라고 대답했다. 그렇다면 지도자는 스스로의 힘으로 이룬 행적에 대하여 어떻게 말했는가? 학생들은 다시 입을 맞추어 대답했다. "지도자는 그것을 일러 삶의 근원이라고 하셨는데, 이는 지도자 스스로 하느님의 은총을 구하는 순간입니다!" 조피는 히틀러의 수상 취임사 연설에서 자주 인용되는 말을 기억하고 있었다. "전지전능하신 하느님의 은혜가 우리와 함께하실 것입니다. 하느님께서 우리의 의지를 올바로 세우고 우리에게 분별력을 주며, 우리에게 독일 민족의 신뢰를 선사하실 것입니다. 우리는 자신을 위해서 싸우는 것이 아니라 조국 독일을 위해서 싸우고 있기 때문입니다!"

독일어를 가르치는 발저 선생은 브루너 선생과는 달리 국가사회주의에 대한 언급을 피했다. 그녀는 가톨릭 신자로서 가능한 한 정치적인 사건에 개입하지 않으려 했다. 하지만 교과서에 나오는 "독일인의 한 해" "여러분과 여러분의 민족" "조국과 고향" 같은 단락에 포함된 '독일인의 삶과 독일인의 일' 같은 주제를 그냥 넘어갈 수는 없었다.

그러나 발저 선생은 아주 능숙한 솜씨로 자신의 체험을 예로 들면서 이야기에 살을 붙였다. 그래서 그녀가 수업시간에 들려주는 이야기는 교과서에 실려 있던 이야기와는 전혀 다른 것으로 변하고 말았다. 게다가 고전 및 현대문학 작품을 선호했기 때문에 지배 권력의 비위를 건드리지 않으면서도 민족적인 주제를 피해갈 수 있는 이야기를 교묘하게 선정했다. 그리하여 학생들이 문학과 문학사에 대한 관심을 통해 국가가 규정한 틀에서 벗어나 보다 자유로운 생각을 할 수 있도록 했다. 또한 학생들에게 언제든지 자신의 체험과 생각에 대해 자유롭게 이야기하도록 했고, 그런 후에는 그 체험과 생각을 면밀하게 반성해보도록 했다. 발저 선생은 부드러운 태도로, 그러나 매우 집요하게 학생 개개인에게 자신의 생각과 감정을 살펴보도록 요구했다. 특히 자신의 의견이나 새로 획득한 세계관을 옹호할 때는 반드시 그런 성찰의 시간을 가져야 한다고 가르쳤다. 발저 선생은 아무도 놀림감으로 만들지 않았다. 학생들의 상태를 잘 파악하고 있었고 성장기 청소년의 예민한 자의식에 상처를 주는 행동도 하지 않았다.

조피는 발저 선생의 지도를 받으며 자신만의 고유한 문체를 발전시키기 시작했다. 다른 아이들의 문장에서 흔히 보이는 동어반복이나 모호한 어휘를 쓰지 않았고, 현실을 생생하게 그려내는 매우 독특한 서술 방식을 갖게 되었다. 조피는 점점 더 마음을 열고, 발저 선생의 수업을 편안하게 받아들이기 시작했다. 이러한 과정은 비록 천천히 진행된 것이긴 했지만 뚜렷한 결과를 나타냈다. 발저 선생은 곧 조피의 재능을 알아보았고 그 재능을 살릴 수 있도록 최대한 노력했다. 물론 발저 선생은 조피가 지도자에게 열광하는 데에는 동의하지 않았다. 그러나 학생들 앞에서 조피의 작문을 큰소리로 낭독하고 특별히 잘 씌어진 부분에 대해서는 칭찬을 아끼지 않았다. 조피가 발저 선생을 좋아하게 된 것도 놀랄 만한 일은 아니었다.

여느 선생들과 다른 모습을 보여주었던 사람은 젊은 보조교사 킴미히 선생이었다. 그녀는 여교사들 중에 유일하게 옷차림에 정성을 쏟는 멋쟁이였다. 여학생들에게는 완전히 새로운 세계나 다름없었다. 학생들 사이에서는 '얼룩말'이라는 별명으로 통했는데 가끔씩 흰색과 검은색이 섞인 줄무늬 옷을 입었기 때문이다. 킴미히 선생은 다른 교사들처럼 교탁 의자에 앉아서 수업을 하지 않고 교실 중간의 학생 책상 위에 다리를 꼬고 앉았다. 영어 수업은 킴미히 선생 때문에 흥미진진한 시간으로 바뀌었다. 쉬운 문장으로 말하는 연습을 시작한 학생들은 별 어려움 없이 영어를 배울 수 있었다.

그러나 소녀단원이었던 조피와 리즐을 비롯해 몇몇 아이들은 여교사들이 모두 약간 완고하고 신경질적이며 노처녀 티가 난다고 생각했다. 그 선생들은 자신들이 갈망하는 건강하고 강인한 독일 어머니 상에 전혀 맞지 않았다. 오히려 대학 교육을 받은 여교사들은 국가사회주의가 단호하게 부정하는 여성, 즉 자립적이고 자의식이 강한 여성들이었다. 많은 여교사들이 수업시간에 조심스러운 태도를 취했다. 이들은 항상 누군가 자신을 밀고할지도 모른다는 두려움을 갖고 있었다. 만약 누군가 신고라도 하면 공무원 신분인 교사로서는 생계가 막막해지기 때문이었다. 얼마 지나지 않아 여교사들은 학교에서조차 마음놓고 자신의 생각을 말하지 않게 되었다. 이들은 어떤 대상을 설명할 때도 모호하게 돌려 말했고, 이 때문에 학생들은 마치 그 대상이 안개 속에 가려져 있는 듯 제대로 알아차릴 수가 없었다. 때로 이들은 정치나 사회적인 입장 표명이 필요 없는 '신성한' 세계로 되돌아가는 길을 택하기도 했다.

다시 앞으로 나아가자!

그해 소년단에서 한스의 직위는 또 한 등급 올라갔다. 부활절 휴일 직후 한스는 소년단 소대장으로 진급했고 막스도 한 등급 올라 대대장이 되었다. 한 대대는 네 개의 중대로 구성되었으며 400명 정도의 소년단원을 휘하에 거느렸다. 1934년 4월 말 히틀러 청년단 울름 지역 지휘관이 방문했을 때 근위병 야영장의 운동장에 천여 명의 청소년이 도열해 있었다. 다른 조직들이 차례차례 해체됨에 따라 새로운 단원을 계속 받아들였기 때문에, 히틀러 청년단원의 수는 끊임없이 증가하고 있었다. 울름 지역 지휘관은 울름 소년단이 뷔르템베르크 전역에서 제일 우수한 단체라고 칭찬했다. 한스는 자신의 임무를 수행하느라 매우 분주했다. 울름이 국가사회주의운동의 아성일 뿐만 아니라 히틀러 청년단의 아성이라니! 히틀러 청년단의 깃발이 울름 전역에서 휘날리는 것, 이것이 청년단의 가장 큰 목표였다.

그 동안 대다수의 독일인은 상황이 호전되어 다시 앞으로 나아가고 있다고 느끼고 있었다. 신문에서는 매달 실업자 수가 감소하고 있다는 보도가 실렸다. 고속도로 건설과 새로운 국가 노역 사업에서 나타난 성과들이 과장되어 크게 보도되었다. 히틀러는 연설에서 자신은 전쟁을 원하지 않는다고 여러 차례 강조했다. 사람들은 히틀러의 실제 정책보다 그의 호언장담을 더 많이 믿었다. 히틀러는 1933년 가을 국제연맹에서 탈퇴하고 독일의 재무장을 시작했다.

숄 가에서는 종종 아버지 로베르트와 한스 사이에 격렬한 논쟁이 벌어졌다. 한스는 히틀러가 전쟁을 일으킬 것이라는 아버지의 주장을 납득할 수 없었다. 아버지의 주장이 틀렸다는 게 이미 명백하게 입증되었다고 한스는 생각했다. 한스는 히틀러가 진심으로 평화를 지향한다고 생각했고, 아버지도 그 사실에 주목해야 한다고 주장했다. 히틀러는 폴란드와 불가침조약을 맺기까지 한 상태였다.*

실업자가 거리에서 사라진 것은 사실이었다. 구매력이 점점 상승하고 있었고 기업체에는 주문이 밀려들고 있었다. 독일은 다시 안전한 나라가 되었고 여성들이 저녁에도 어두운 거리를 돌아다닐 수도 있게 되었다. 공적인 영역에서 정치적 분쟁은 사라졌다. 빈털터리 유랑민과 거지의 출몰은 이제 거의 다 해결되었다.

한스는 독일이 지금과 같은 성공적인 발전을 이룩하게 된 것은 모

---

* am 16. 1. 1934. Faschismus. S.148; 히틀러의 평화 정책에 대해서는 Kershaw. Hitlermythos. Kapitel A 「피를 흘리지 않는 승리」에 자세히 나와 있다.

두 히틀러 덕분이라고 생각했다. 그런 만큼 이제 아버지도 이 모든 사실을 인정하고 다른 사람들처럼 지도자에게 환호를 보내야 한다고 말했다. 그러나 로베르트는 히틀러가 모든 민주주의 법률을 폐기했고 불법적으로 정적을 제거했다는 사실을 지적했다. 인민재판소가 설치되면서 반역자에 대한 재판은 모두 법의 테두리 밖에서 이루어지게 되었고, 거리가 조용해진 것은 인민재판소 때문이라고 주장했다. 거리의 평화는 묘지의 정적과 같은 것이며 죽은 자의 침묵일 뿐이라는 것이다. 그는 유대인들에 대한 국가사회주의자들의 태도를 지적했다. 『타게스블라트』 신문에는 유대인 회사의 광고를 더 이상 싣지 않겠다는 기사가 나왔다.

그러면 유대인 회사들은 도대체 어떻게 사업을 하고 어떻게 손님을 끌어들인단 말인가? 자포자기 상태로, 힘들게 모은 재산을 헐값에 팔아넘기는 유대인들이 점점 더 많아지고 있었다. 제1차 세계대전 때 고국을 위해서 싸웠던 그들이 이제 고향을 떠나가버렸다. 경제에서 유대인이 차지하던 위치를 이제 아리아인이 독점했다. 아버지는 한스에게 이런 것들이 정당하다고 생각하느냐고 반문했다. 로베르트의 눈에 이 모든 것은 사기와 도둑질에 불과했다.

그러나 한스의 눈에 아버지는 반동분자이고 불평분자였다. 지난 5월에 뷔르템베르크 주 전체 당원들은 바로 이런 주장을 하는 사람들을 일제히 소탕하는 작전에 들어갔다. 울름에서는 히틀러 청년단을 포함한 모든 당원이 당 지도부가 내건 "불평분자와 선동가에 대한 대투쟁"에 참여하여 유일한 삶의 방식으로서 국가사회주의에 대한 선전 작업을 펼쳤다.

당 지도부는 특히 가톨릭 교회에 신랄한 공격을 퍼부었다. 죄플링엔에서는 가톨릭교도들이 학부모회의를 소집하여 반기독교 선전 활동에 대항하는 집회를 열고 전단을 뿌렸다. 히틀러 청년단은 가톨릭 청년단이 행진과 스포츠 행사를 조직하지 못하도록 되어 있는데도 이를 어겼다고 비난했다. 가톨릭 청년단이 독자적인 행진을 조직한다는 것은 도저히 허용할 수 없는 일이었다. 흥분을 가라앉히지 못한 히틀러 청년단은 잘바우에서 열리고 있던 학부모회의장을 급습했다. 이들은 지역 분회장이 그곳에 모인 사람들을 선동했다고 주장했다. 물론 당사자는 이를 강력하게 부인했고 히틀러 청년단원들은 결국 그곳을 떠나야만 했다. 그러나 당은 이 사건을 계기로 가톨릭교도의 모임을 중단시켰다. 다음날 가톨릭 지역 분회장은 대성당 앞 광장에서 학부모회의에 반대하는 집회를 열었다. 분회장은 연설에서 "국가사회주의 청년운동이 국민들을 선동하여 기독교인이 위험에 처했다는 주장은 잘못이며 이러한 주장을 부추기는 모든 종파적인 파괴 시도에 반대한다"는 입장을 표명했다. 그는 "교회가 볼셰비즘과 반기독교주의로부터 독일 청소년들을 구하지 않았더라면" 그러한 비난조차 가능하지 않았을 것이라고 지적했다. 그의 연설은 계속되었다. "독일 청소년들은 자신의 부모가 개신교도 혹은 가톨릭교도라는 사실을 이해하지 못한다. 그들은 진정한 국가사회주의 정신으로 무장되어 있기 때문이다. 종파적 분열을 획책하는 집단에서 발행한 전단에는 '인간에게 복종하지 말고 하느님께 복종하자!' 는 투쟁 구호가 실려 있는데 그 구호가 틀린 것은 아니다. 그러나 제3제국에서 종교적 투쟁은 오로지 교회 안에서만 가능하며 그 밖의 어느 곳에서도 일어나서는 안 된다. 종파적 분열분자는 이런 말을 꼭 새겨들어야만 한다." 지역 분회장은 결론적으로 종파적 분열을 꾀하는 집단이 "특수한 이익을 위하여 공개적인 시위를 주도하지 말 것"과 "가톨릭 청년단 행진"을 울름에서 개최하지 말라고 경고했다. 오로지 히틀러 청년단만이 행진을 할 수 있으며 전체에 대한 요구를 제기할 수 있다는 것이다. 또한 국민이 존중하는 가치를 공격하는 자들이야말로 독일 민족에 대한 반역자라고 그는 덧붙였다.

이 사건은 어른들의 마음속에 오랫동안 앙금처럼 남아 있었지만 청소년들은 곧 다른 일에 열중하면서 그 심각성을 잊어버렸다. 하지 축제와 청소년 축제가 코앞으로 다가와 있었다. 6월 21일과 22일에 독일의 옛 전통에 따른 하지 축제가 벌어졌다. 이날 울름의 날씨는 찌는 듯이 더웠다. 사흘 전에는 수은주가 44도에 이르렀을 정도였다. 하지에 조피는 다른 소녀단원들과 함께 미헬베르크 산 위에 있는 장작더미로 몰려갔다. 며칠 전부터 히틀러 청년단원들이 나무를 높이 쌓아 장작더미를 만들어두었던 것이다. 사방에 어둠이 깔리자 갈색 셔츠를 입은 청년단원들과 눈부시도록 흰 블라우스를 입은 소녀단원들이 장작더미를 둥그렇게 둘러싸고 마주섰다. 조용히 침묵이 흐르고 마지막 사람이 올라올 때까지 기다렸다. 이윽고 소리를 맞추어 노래를 부르기 시작했다.

불꽃이여 일어나라! 불꽃이여 일어나라!
활활 타올라라.
산에도 골짜기에도
불꽃처럼 타올라라! 불꽃처럼 타올라라!

그들은 끝까지 노래를 불렀다. 그들은 가사에 나오는 것처럼 "조국에 대한 찬미"인 불꽃을 보기 위해 "축원받은 원" 모양으로 둥그렇게 둘러섰다. 그들은 활활 타오르는 불꽃을 보며 용기를 불러일으키고자 성스러운 열정으로 함께 모인 젊은이들이었다. 그렇다, 절정에 달한 불꽃을 본 그들의 적은 누구나 재로 변해 사라질 것이다. 그들은 독일인이었다. 여기 "불꽃의 제단" 앞에서 지금의 각오를 지킬 것을 맹세했다. 마지막 소절은 다음과 같다. 조피는 가슴이 터지도록 목청을 높여 노래를 불렀다.

진리를 들어라, 진리를 들어라
삶과 죽음을 초월하신 주님
우리가 자유를 되찾도록 도와주신다
우리의 구세주여! 우리의 구세주여!*

불을 붙이자 첫번째 불꽃이 높이 솟아올랐다. 마른 장작이라 쉽게 불이 붙었다. 불 주변이 점점 더 뜨거워오자 뒤로 한걸음 물러섰다. 한 청년이 앞으로 나서서 경건한 목소리로 말했다. "조국을 위하여 목숨을 바친 전사자들에게 경의를 표합시다." 다들 경건한 마음으로 침묵을 지켰다. 화환이 불속으로 던져지면서 금방 불꽃이 다시 솟아 올랐다. 그런 다음 「좋은 친구」라는 노래를 불렀다. 이어 몇몇 청년들이 짧은 연설을 했다. 불꽃이 거의 꺼져갈 때 남자아이들이 달려들어 불을 뛰어넘었다. 여자아이들 중에도 용기 있는 아이들은 따라했다. 조피와 안리스는 물론 용기 있는 소녀였다.

며칠 후 나치 돌격대 최고사령관 룀의 반란 기도가 실패로 돌아 갔다는 소식이 전해졌다. 반란이 일어나기 직전 히틀러가 이를 알아 차리고 급습하여 국가사회주의운동의 적을 제거해버렸다고 했다. 반역자 룀과 그 일당은 총살되었다. 그들은 뻔뻔스럽게도 히틀러의 신뢰를 악용했지만 지도자는 그러한 불순분자들에게 차근차근 일격 을 가해나갔다고 했다. 사실이야 어찌 되었든지 라디오와 신문에서 떠드는 소리는 그러했다.

그러나 정치적인 사건은 어린 소녀들의 의식의 표면을 그저 스쳐 지나갔을 뿐이었다. 정치란 그들과 아무 상관 없는 일이었던 것이 다. 지도자는 꼭 필요한 것은 모두 다 알고 있지 않은가! 여름방학

---

* 이어진 가사는 다음과 같다. "보라 우리는 일어선다. 보라 우리는 일어선다 / 축원 받은 원 속에 충실이 머물며 / 너에게 애국의 상을 내릴지니 / 불꽃을 보아라, 불꽃을 보아라! // 신성한 열정이여, 신성한 열정이여! / 청년들을 불러 모아라 / 활활 타오르는 불꽃에서 / 용기가 솟아오른다. 용기가 솟아오른다 / 누가 뭐라 하든, 누가 뭐라 하든 / 너는 빛을 내며 활활 타오르는 신호 / 적들이 너를 보면, 적들이 너를 보면 / 모두 공포에 질린다! // 눈부신 광채! 눈부신 광채! / 보라! 우리는 노래부른다 / 불꽃의 제단에서 맹세하네 / 독일인임을, 독일인임을 // 진리를 들어라, 진리를 들어라 / 삶과 죽음을 초월하신 주님 / 우리가 자유를 되찾도록 도와주신다 / 우리의 구세주여! 우리의 구세주여!

이 코앞으로 다가왔다. 한스는 청년단원들과 함께 대장정 계획을 세우고 있었다. 베르너가 대장정에 동행해도 된다는 허락이 떨어졌다. 조피보다 더 어렸는데도 허락이 떨어진 것이다. 지난해와 마찬가지로 여행의 목적지는 뵈머발트였다. 여자아이들도 함께 가기를 간절히 원했지만 울름 히틀러 청년단에서는 소녀단원들을 데려가지 않았다. 그러자 부모님은 잉에와 리즐이 함께 포르흐텐베르크에 다녀오는 것을 허락했다. 그곳에는 리즐의 친구인 로레가 부모님과 함께 살고 있었다. 그들은 일을 조금 거들어주면서 그 집에 있기로 했다. 두 소녀는 울름에서 포르흐텐베르크까지 자전거를 타고 갔다. 기차 요금이 비쌌기 때문이다.

늘 그랬듯이 바크낭에 살고 있는 친척 아주머니는 조피를 초대했다. 조피는 아주머니를 만나본 다음 곧바로 가장 절친한 친구인 리자를 찾아갔다. 전에 리자네 집과 조피의 친척 아주머니가 이웃해 살고 있을 때 알게 된 친구였다. 그들의 우정은 몇 년이 넘었으며 리자가 슈투트가르트의 레온베르크로 이사 가고 난 후에도 계속 이어졌다. 방학이 아니면 서로 만나기가 힘들어 주로 편지로 연락을 주고받았는데 만날 때마다 금방 편해졌고 서로 마음이 통했다. 마치 한 번도 떨어지지 않은 친구처럼 단짝이 되었다. 관심도 비슷하고 좋아하는 것도 똑같았다. 삶과 자신들을 에워싸고 있는 자연에 대한 사고방식도 매우 흡사했다.

그 밖에 조피는 우연히 발견한 칼 마이의 소설을 읽으며 방학을 보냈다. 조피는 소설에 등장하는 인디언족인 올드 새터핸드족과 빈

넨투족의 모험에 흠뻑 젖어들었고, 그들과 함께 스키페라족의 땅으로 사냥을 떠나는 상상을 했다.

각자 여행을 마치고 돌아와 형제자매가 다시 모이자 이야기꽃이 활짝 피어났다. 특히 한스와 베르너는 한껏 목청을 높이며 자신들이 겪은 모험과 용감한 행동을 뽐냈고 여자 형제들은 다들 부러워하며 귀를 기울였다. 그녀들은 다음해에는 꼭 야영에 따라가서 남자아이들처럼 자유와 모험을 만끽하고 싶었다.

개학을 해서 학교에 가보니 달라진 점이 있었다. 매일 아침 수업 시작 전에 애국조회를 거행하게 된 것이다. 물론 유대인 학생들은 조회에 참가할 수 없었다. 유대인은 곧 독일의 불행이라는 말이 사람들 사이에서 떠돌아다녔고, 이제 유대인에 대한 비난은 언제 어디서나 흔히 듣는 말이 되었다. 상황은 더욱 악화되어 그해 7월 도나우바드에는 "개와 유대인 출입 금지"라는 표지판이 세워지기까지 했다. 도나우 다리에는 "유대인들이여, 울름인은 당신들을 환영하지 않습니다!"라는 표지판이 내걸렸다.

조피와 리즐의 친구들은 별 생각 없이 이 구호들을 받아들였다. 비록 몇 명 되지는 않았지만 같은 반에는 유대인 여학생들도 있었다. 조피네 반 학생들은 유대인 급우가 있는 자리에서 별 거리낌 없이 그러한 구호를 입 밖으로 내뱉곤 했다. 그러다 한 유대인 학생이 발작에 가까운 반응을 보이자 뭔가 잘못되었음을 알아차렸다. 그들은 곧바로 "루이제, 너는 물론 아니야, 너를 두고 한 소리가 아니야"라고 미안한 듯이 달랬다. 그러나 이 말이 모순이라는 것을 그들은 전혀 깨닫지 못했다.

애국조회를 하기 위해 아리아인 여학생들이 운동장에 집합했다. 반별로 줄을 맞추어 도열했다. 줄을 다 서면 지도교사가 교장 선생님에게 학생들이 정렬을 마쳤음을 알렸다. 교장 선생님은 인사를 대신하여 학생들에게 "학생 여러분, 하일 히틀러!"라고 외쳤다. 학생들도 합창하듯 "하일 히틀러!"라고 큰소리로 대답했다. 그 사이에 교사 한 명이 국기 게양대의 줄에 붉은 국기를 매달았다. 학생 한 명이 앞으로 나가 크고 또렷하게 시를 낭독했다. 대개 영웅의 행적과 죽음, 영광과 명예에 관한 시였다. 그러고 나면 학생들은 학교에서 맡은 바 의무를 다해야 한다는 교장 선생님의 훈화가 뒤따랐다.

다음 순서로 그날의 지도교사가 구령을 붙였다. "차렷! 애국가 제창! 젊은 민족이여 일어나라, 돌격이다. (……) 국기를 향하여 우향우! 국기에 대한 경례!" 구령에 따라 애국가를 부르고 게양되는 국기를 향해 경례를 했다. "차렷! 앞으로 전진!" 담임 선생의 지도 아래 학생들이 줄 맞추어 교실로 들어가고 첫 수업이 시작되었다.

여름방학이 끝나고 새 학기가 시작되자 히틀러 청년단원을 위한 국가 청년의 날이 제정되었다. 스포츠 활동의 강화가 목적이었다. 이와 동시에 청년단 전국 지도부는 아직 가입하지 않은 학생들을 히틀러 청년단으로 끌어들이는 것을 목표로 삼았다.

국가 청년의 날이 제정됨으로써 히틀러 청년단에 속한 학생들은 토요일에는 학교에 가지 않고 청년단 활동을 하게 되었다. 소녀단원들은 대부분 실외 스포츠를 했다. 학교 체육 시간에 하는 지루한 운동이 아니라 공놀이, 달리기 경주, 체조 등 재미있는 운동 위주였다. 이런 흥미진진한 활동에 매혹되어 많은 학생들이 소녀단에 가입했다. 토요일은 학교에 가지 않아도 되었던 것도 큰 유인이었다. 많은 학생들이 빠지는 토요일 수업은 어차피 제대로 진행되지 않기도 했다. 국가 청년의 날에 행해지는 스포츠 활동으로 말미암아 간부 충원의 필요성이 생겨났다. 그리하여 당시 열네 살이던 리즐과 몇몇 친구들은 분대장이 되어 열 살짜리 또래 그룹을 이끌게 되었다. 그 사이에 잉에는 소대장으로 진급했다. 독일소녀연맹도 이제는 엄청난 양적 팽창을 이루어서 울름에 소대를 설치하게 되었던 것이다. 아직 만 열세 살밖에 안 되어서 간부가 되기에 너무 어렸던 조피만 아무런 직위도 맡지 못했다.

여름방학 기간이던 8월 초에 힌덴부르크 대통령이 노환으로 사망했다. 14일 동안의 공식적인 국장 기간이 선포되었다. 조기가 게양되었고 아돌프 히틀러의 추모사가 라디오로 전국에 방송되었다. 히틀러는 힌덴부르크 대통령 사망 후 곧바로 대통령직을 인수했으며 이와 함께 수상이자 지도자라는 호칭을 갖게 되었다. 이로써 그는 마지막으로 남아 있던 민주주의의 허울마저 벗어던지고 명실공히 어떤 제한도 받지 않는 지배자가 되었다. 독일군은 이 지배자에게 충성을 맹세했다.

자르 지방의 투표를 겨냥한 선전 작업이 일 년 내내 이루어지고 있었다. 1920년 베르사유조약에 따라 자르 지방은 15년 동안 국제연맹이 공동 관리하고 있었다. 자르가 프랑스령이 될지 독일령이 될지는 다음해 초에 있을 지역 주민들의 투표에 의해 결정될 터였다. "독일령 자르 지방은 곧 자유와 독일제국으로 복귀하는 문"을 열게 될 것이라고 거듭 강조되었다. 이러한 선전에는 엄청난 비용과 노력이 동원되었다. 이미 여름방학 전에 히틀러 청년단은 자르 전시회를 준비했다. 그리고 8월 말에 대규모 시위가 벌어졌다. 그로부터 한 달 뒤 자르의 독일계 주민들이 대규모 시위를 열어 조국의 품으로 돌아가자는 굳은 결의를 내보이며 단결력을 과시했다. 투표 당일에는 투표권이 있는 자르 주민들을 투표소로 수송하기 위해 독일제국 전역에서 특별 열차가 마련되었다.

1935년 1월 13일, 그렇게 오랫동안 선전 활동을 하면서 준비해온 주민 투표가 국제선거감시단의 감독 아래 치러졌다. 주민의 90.8퍼센트가 독일제국으로 돌아가는 데 찬성하였다. 투표 결과는 애국주의의 물결을 불러일으켰다. "자르가 독일로 돌아오다!"라는 구호가 전국에서 울려 퍼졌다. 울름과 그 주변 지역에서 살다가 자르로 투표하러 갔던 사람들이 특별 열차를 타고 도착하자 기차역은 환영 인파로 발 디딜 틈이 없었다. 한 달 후 자르가 공식적으로 독일 정부에 접수되는 날 울름 시가는 온통 깃발로 뒤덮였다. 빵집에서는 대형 '자르' 빵을 구웠다. 가게는 온통 자르 상품 일색이었다. 열시 정각에 대성당의 종이 울리고 공장의 사이렌이 울려 퍼졌다. 한 순간 갑자기 도시가 조용해졌다. 다들 일손을 놓았고 거리의 자동차도 멈춰 섰다. 도시 전체가 자르 반환이라는 행복한 사건을 일 분 동안 기념하는 순간이었다.

저녁이 되자 사람들은 다시 흥분하기 시작했다. 그들은 당의 주도 아래 횃불을 들고 시내를 행진하여 대성당 앞 광장에 모였다. 울름 시민이 모두 모인 것 같았다. 군악대의 활기찬 연주에 맞추어 히틀러 청년단도 대성당 앞 광장으로 행진했다.

그러고는 미리 정해진 자리에 도열했다. 군인들은 이미 광장에 줄을 맞추어 서 있었다. 지역방위 사령관이 엄숙한 표정으로 걸어 내려갔다. 지구당 지휘자가 당원들의 도착 보고를 받았고 경찰서장이 기념 연설을 했다. 경찰서장은 자르가 독일에 반환되기까지 지난 2년 동안의 엄청난 성과를 언급하며 독일 국민의 놀랄 만한 협조에 대해 칭찬을 아끼지 않았다. 연설이 끝나자 형형색색의 조명탄이 어두운 밤하늘을 향해 날아갔다. 무대 옆에는 붉은색 대형 갈고리 십자가가 반짝이고 있었다.

끝으로 "대규모 소등 신호"가 울려 퍼졌다. 소리가 너무 요란스러워 귀가 먹먹할 정도였다. 여자아이들은 맨다리를 드러내고 있었기 때문에 금방이라도 얼어버릴 것만 같았다. 이런 날은 아무리 추워도 짧은 양말을 신어야 했던 것이다. 개인적인 사정은 전혀 중요하지 않았다. 마지막 북소리가 울렸다. 누군가가 모자를 벗고 기도를 제안했다. 사람들은 형제자매의 행복한 복귀에 대하여 진정으로 하느님께 감사를 드렸다. 이어서 「사랑의 힘을 믿고 우리는 기도합니다」라는 노래를 불렀다. 호르스트 베셀의 노래(돌격대원인 호르스트 베셀이 지은 노래로 나치 집권기에 독일 국가와 함께 공식 행사에서 널리 불려졌다―옮긴이)도 불렀다. 마지막으로 울름 시민 수천 명이 목청을 높여 독일 국가인 「독일, 그 무엇보다도 위대한 독일」을 처음부터 끝까지 전 소절을 불렀다.

모인 사람들이 모두 하나가 되었고 영원히 서로를 위하는 커다란 공동체가 된 느낌이었다. 소년과 소녀들은 정말로 그렇게 믿었고 추호도 의심하지 않았다.

한스는 자르 투표 직전에 중대장으로 진급했다. 청년단 전국 지도부는 1934년을 "교육과 내적인 무장의 해"로 정하고 히틀러 청년단 고유의 간부를 양성하고자 했다. 그렇게 해서 의용대 간부들을 점점 배제시키고 히틀러 청년단의 내적 구조를 통일시키고자 했던 것이다. 그러나 교육을 강화했는데도 간부는 턱없이 모자랐다. 히틀러 청년단의 수가 엄청나게 늘어서 웬만한 수의 간부로는 도저히 감당해낼 수 없었기 때문이다. 1933년 이전에 만여 명에 불과했던 단원 수가 1934년 말이 되면서 3백만 명을 넘어섰다. 울름의 소년단에도 역시 간부가 턱없이 부족했다. 그래서 각 중대마다 A팀을 하나씩 설치했다. A팀은 간부로 키울 만한 소년들을 모아 따로 편성한 조직으로 특별 교육을 받았다. 한스가 바로 이 A팀을 이끌게 되었는데, 막스 휘하 대대에서 제일 우수한 팀이었다.

히틀러 청년단의 과제에 대해서는 히틀러가 직접 지난번 전당대회에서 밝힌 바 있었다. 히틀러는 청년단원들에게 "모든 것을 싸워서 획득하고 모든 것을 정복해야만 한다"고 당부했다. 전방위적인 투쟁과 강자의 권리를 강조하는 이 주장은 이제 어디에서든 반드시 존중되어야 할 진리로 간주되었다. "미리 배우거나 몸에 익히지 않고는 원하는 바를 이룰 수 없다." 이에 대해선 이의가 있을 수 없었다. "우리는 한 민족이 되기를 원한다. 그리고 여러분 청소년들도 성장하여 민족의 일원이 되어야만 한다"고 히틀러의 당부는 이어졌다. "우리는 더 이상 계급이나 신분이 존재하는 것을 원하지 않는다. (……) 우리는 우리 민족 구성원들 사이에 신의가 존재하기를 바란다. 그렇기 때문에 여러분은 신의를 배워야만 한다. 우리는 우리 민족이 순종적이기를 원한다. 그래서 여러분은 복종을 연습해야만 한다. 우리 민족은 평화를 사랑하지만 동시에 용감하기를 원한다. 그러니 여러분은 평화를 지향하면서 동시에 용감해야 한다!" 부모와 선생들도 이들 청소년들에게 신의와 복종을 가르쳐왔기 때문에 낯설지 않은 덕목이었다. 나이 든 사람들이 사회적인 신분이나 지위를 중시하는 데 비해 젊은이들은 다른 것을 지향했다. 청년들은 하나의 민족이 되고 싶어했다. 통일된 하나의 민족, 계급으로 분화되지 않은 민족이 되길 원했다. 그러나 그러한 소망은 달성되기 힘든 하나의 이상에 불과하다는 것을, 히틀러 청년단이 열광적으로 닮고자 하는 지도자와 추종자라는 전형에 정면으로 모순된다는 사실을 이들은 간과하고 있었다. "우리는 우리 민족이 강해지기를 바라며, 인간이 살면서 겪게 되는 고난에 저항할 수 있기를 소망한다. 그렇기 때문에 여러분은 젊은 시절에 심신을 단련해야만 한다! 강인해지는 것을 배우고 난관에 굴하지 않고 끝까지 견뎌내는 법을 익히자."

히틀러 청년단은 이 요구를 기꺼이 받아들였다. 안경을 낀 창백한 얼굴의 지식인, 곰팡내 나는 방구석에서 한 발짝도 나오지 않고 빗

방울이 약간만 떨어져도 곧바로 집으로 들어가는 아이, 훈련을 좋아하지 않고 제대로 "한방 갈기지"도 못하는 유약한 귀염둥이와 마마보이, 이 모든 속물 덩어리들은 이미 오래 전부터 그들이 증오하는 적으로 자리잡고 있었다. 이러한 속물들과 달리 그들은 지도자의 청년들이었다. 그들은 다른 민족들처럼 약해지거나 멸망하지 않길 원했다. 그들은 심신을 단련하고 강해지고 싶었으며 난관을 이겨나가는 법을 배우고 싶어했다. 그렇게 해서 그들을 통해 독일제국이 계속 살아남을 수 있기를 바랐던 것이다.

한스 역시 이러한 생각이 당연히 옳은 것이라고 믿었다. 그는 국가사회주의가 독일과 독일 민족에게 최선의 것을 가져다준다는 점을 확신하고 있었다. 그래서 거의 열성적이라고 할 만큼 정성을 들여 자기가 거느린 소년단원들을 교육시켰다. 한스는 심신단련, 규율, 질서가 바로 히틀러 청년단의 이상으로 나아가는 수단이라고 생각했다. 그는 오로지 지도자를 위하여 소년단 교육을 한다고 생각했다. 한스는 이미 스포츠로 단련된 늠름한 체격의 열여섯 살 청년으로 성장해 있었다. 누이의 친구들은 한스에게 매력을 느끼기 시작했다. 서로 한스에게 반했다고 놀려댔다. 갈색 머리칼과 눈동자를 지닌 한스는 잘생긴 청년이었다. 약간 각진 얼굴이 그들이 이상형으로 여기던 북유럽 인간형과 일치했던 것이다.

한스는 그들에게 위대한 본보기였다. 그런 만큼 한스는 소년단원들을 대할 때 항상 단호하게 행동하며 질서와 규율을 지켰다. 질서 훈련을 할 때에는 병영에서 흔히 볼 수 있는 날카로운 목소리를 유지했다. 자신이 했던 것과 동일한 방식으로 소년단원들을 단련시키려고 한겨울에 짧은 바지와 양말을 신고 훈련에 참가하라고 명령한 적도 있었다. 그는 소년단원들이 중대 행진 중에 정확하게 대열을 맞추고, 지시에 따라 점호를 하며, 명령에 즉각 복종할 수 있도록 훈련에 훈련을 거듭했다. 빌렘부르크의 묘지에 격투기 훈련 기구를 설치해놓고 훈련을 하기도 했다. 건성으로 연습하는 단원이 있으면 한 가지 동작을 몇 번이고 반복시켰다. 한스는 자신이 단원들을 완전히 장악하고 있다는 사실을 자랑스럽게 여겼다.

단원들은 한스를 존경하고 진심으로 따랐다. 여름에는 야외 수련장에서 훈련하는 것을 좋아했다. 단원들은 그들이 자주 쓰는 용어인 "막강한 동지애" 속에서 살고 있었다. 물론 그들은 한스의 A팀에서도 일등이 되려고 서로 경쟁했으며 한스가 말하는 것은 무엇이든 최선을 다했다. 또한 히틀러 청년단 활동은 언제나 재미있었다. 수비대 군인들처럼 멋지게 행진할 수도 있었고, 작전을 짜서 야전 훈련을 하기도 했다. 그곳에는 장정(長征)과 야영, 모닥불을 피운 여름밤, 모험과 동지애가 있었다. 청년단은 항상 무언가를 계획했고, 자신들이 해야 할 일이 무엇인지를 잘 알고 있었다. 청년단 활동에서 지루함은 있을 수 없는 일이었다. 수요일 오후에는 정기모임이 있었고 토요일은 국가 청년의 날이었다. 그러다 보면 어느새 한 주일이 지나갔다.

단원들이 한스를 잘 따르다 보니, 그를 숭배하는 소년들이 적지 않게 생겨났다. 한스는 반드시 자신이 시범을 보인 다음 단원들에게 행동을 요구했다. 모든 단원들 중에서 가장 강인했고 한 치의 빈틈도 보이지 않고 훈련을 했다. 그리고 언제나 일관된 행동을 보였다. 한스는 자신이 아버지를 닮았다는 것을 알지 못했다. 아버지처럼 스스로에게 엄격했고 자신이 하고자 하는 일은 반드시 정확하게 이루어내는 것을 원칙으로 삼았다.

겨울이 되면 한스는 단원들과 함께 종종 촛불을 켜고 장작이 타오르는 화로에 둘러앉았다. 함께 노래를 부르거나, 한스가 읽어준 내용을 가지고 단원들끼리 토론을 벌였다. 청년단 중앙지도부는 정기모임에서 독일과 관련된 주제만 다루라는 지시를 내렸다. 인종학, 선별된 독일 설화 몇 가지, 민족 공동체 이념, 국경 지방과 외국에 살고 있는 소수 독일인 문제가 주요 주제였다.

그런데 이러한 지시에 막스가 이끄는 울름의 중대장들은 융통성 있게 대처했다. 물론 그런 주제도 다루어야 하지만 세상에는 소년들이 관심을 두는 다른 주제들도 많이 있었기 때문이다. 많은 중대장들이 투스크의 저서를 잘 알고 있었다. 그들은 투스크의 책을 읽으면서 자랐다. 서로 돌려보기도 했다. 투스크는 북유럽 민족과 소련에도 관심을 가졌을 뿐만 아니라 일본의 사무라이에 대해서도 글을 남겼다. 그들 앞에는 투스크의 세계가 펼쳐져 있었다. 그렇게 하여 한스는 막스한테 전수받은 의용대의 전통과 관습을 계속 존속시켰다.

한스가 이끄는 단원들은 그해 겨울 새로운 깃발을 제작했다. 물론 한스가 안을 내고 깃발을 도안했다. 행진을 할 때면 대형 깃발을 매단 긴 대나무를 어깨에 걸머지고 앞에서 행진하는 기수들의 수가 점점 더 많아졌다. 그들은 자랑스러운 마음에 깃대를 거의 일직선으로 들어올리고 행진했다. 환상 속에서 그들은 전사나 기사가 대적하여 싸웠던 괴물과 전설의 동물로 가득 찬 영웅의 세계를 돌아다녔다. 한스의 중대는 모험과 관련된 명칭을 달고 있었다. 당에서는 보통 소년단에게 검은색 바탕에 하얀색으로 승리의 룬 문자를 그려넣은 간결한 깃발을 만들도록 지시했다. 한스의 단원들은 깃발을 만들기 위해 끙끙거리면서 바느질을 시작했다. 그 당시 학교에서는 여학생만 바느질을 배웠기 때문에 남자아이들이 바느질을 하기란 쉽지 않았다. 어딘가에서 구해온 조각 천으로 환상적인 동물의 모양을 만들었다. 그러자 검은색 깃발을 모두 채울 정도로 큰 동물 모양이 완성되었다.

다음해 봄 그들은 새로운 깃발을 휘날리며 행진에 참여했고 이 깃발은 칭송거리가 되었다. 깃발은 매우 독특해서 당시 울름에서 중대의 지휘를 맡고 있던 막스의 동생도 자신의 단원들에게도 새로운 깃발을 제작할 것을 요구했을 정도였다. 막스의 동생은 깃발을 고안할 때 의미 있고 친숙한 상징을 개발해야 한다고 요구했다.

그해 집에서 한스를 보기란 하늘의 별 따기만큼이나 어려운 일이었다. 거의 밥 먹을 때만 집에 들어왔다. 게다가 식사 분위기도 항상 화기애애한 것만은 아니었다. 한스는 가족들과 함께 식사를 하면서 역사 시간에 배운 내용을 이야기한 적이 있었다. 역사 시간에 비스마르크에 대해 배웠다는 것이다. 비스마르크는 당의 선전에서 공식적으로 히틀러의 전신으로 추앙되고 있었는데, 지도자 히틀러가 비스마르크의 제국 사상을 완성했다는 이야기였다.

그러자 아버지가 한스의 말을 반박했다. "도대체 학교에서는 아이들에게 무슨 이야기를 해주고 있는 거지?" 아버지는 흥분해서, 그런 설명은 앞뒤가 맞지 않는 거짓말일 뿐이라고 말했다. 한스는 혼란에 빠졌다. 도대체 누구를 믿어야 한다는 말인가? 한스는 갈등에 휩싸였다. 그는 자신을 달래주던 어머니에게 괴로운 심정을 토로했다.

방학이 시작되자 한스는 여행을 떠났다. 옥센하우젠에 부활절 야영 캠프를 쳐놓고 그곳에서 소년단과 함께 부활절을 보냈다. 여름방학 동안에는 방엔으로 중대 단위의 장정을 떠났다. 그리고 9월이 되자 한스는 기대감에 부풀었다. 뉘른베르크에서 열린 전당대회에 울름 소년단의 기수로 참석하여 직접 만든 깃발을 들고 지도자 앞에서 행진을 하게 된 것이다.*

한스가 중대장으로 진급했을 무렵 조피와 안리스는 소녀단의 분대장으로 임명되었다. 그리하여 생전 처음으로 열 살 또래의 소녀들을 지휘하는 책임을 맡게 되었다. 조피가 맡은 지역은 조그만 가톨릭 마을인 비블링엔이었는데, 이 마을은 바로크 양식으로 지어진 베네딕트 수도원으로 유명한 곳이다. 일주일에 두 번 조피는 자전거를

---

* 전당대회 참석에 대해서는 다음을 참조하라. Lechner 1988. S.99; Urteil Düsseldorf 1938: 그후 한스는 1938년 부활절 무렵 청년단원 자격을 정지당했다. 규정에 따르면 그는 더 이상 청년단원으로서 명예를 회복할 수 없었다.

타고 비블링엔으로 가서 소녀단의 국가 청년의 날 활동과 정기모임을 지도했다. 그 밖에도 일주일에 한 번씩 카를로가 이끄는 지도자 모임에 참가하여 조직 활동에 대한 교육을 받았다.

소년단과 마찬가지로 소녀단에서도 스포츠나 신체 단련을 가장 중요한 활동으로 여겼다. 조피도 스포츠를 좋아했지만 안리스는 특히 더했다. 청년단 중앙지도부는 목표를 제시하기 위해 스포츠 활동에 인증서 제도를 도입했다. 모든 소년 소녀에게 이 인증서를 따야 하는 영광스러운 의무가 부여되었다. 달리기, 높이뛰기, 멀리뛰기, 공 던지기, 투포환, 등산, 수영, 다이빙, 독도법, 응급처치 분야에서 인증서가 요구되었다. 물론 간부들에게 적용되는 기준은 일반 단원보다 높았다.

나무 타기, 장애물 뛰어넘기, 수영, 달리기를 할 때 조피가 보여준 열성은 다른 소녀단원들의 마음에 부지불식간에 스며들었다. 조피 역시 건강한 정신은 건강한 신체에만 깃든다는—의심의 여지가 있는—구호를 확신하고 있었다. 상부에서 지시한 대로 소녀단 활동 시간의 3분의 2는 스포츠 활동에, 나머지 3분의 1은 세계관 학습에 할애되었다.

단원들이 연습을 잘 따라오지 못하거나 멀리뛰기를 할 때 물에 젖은 자루처럼 땅에 떨어지면 조피의 지도 아래 한 동작만 계속 연습해야 했고 지쳐서 더 이상 하지 못할 때까지 연습을 반복해야 했다. 한스 오빠가 보여준, 스스로를 이기는 강인함의 이상형이 조피의 몸과 피에도 전해져 흐르고 있었다.

히틀러 청년단원들은 늘 무언가를 하고 있었고 언제나 바빴다. 처음에는 회관을 정리하고 꾸미느라 정신이 없었다. 소녀단원들은 마을회관의 빈방이나 비어 있는 하녀 방처럼, 사용하지 않는 장소들을 찾아내어 자신들의 집회 공간으로 활용했다. 그들은 여기저기서 손쉽게 구할 수 있는 물품들을 이용해서 자신들의 공간을 꾸몄다. 값싼 아마천으로 벽을 가렸고 종이를 오려 천장을 장식했으며 여기저기 초를 놓아 아늑한 분위기를 만들었다. 겨울에 있을 바자회 행사를 위해 뭔가 쓸모 있는 것을 만들기도 했고, 다가올 모금 행사에 대하여 의논을 하기도 했다. 한스처럼 조피도 낭독을 좋아했다. 주로 영웅담이나 동화였다. 물론 함께 노래 부르는 시간도 많았다. 매달 새로운 노래를 한 곡씩 연습해야 했기 때문이다.

조피는 카를로가 가르쳐준 것 중 많은 부분을 그대로 따라했다. 카를로 그룹에 속한 소녀들은 그 사이에 한 명도 빠짐없이 모두 간부로 성장했다. 카를로는 대학입학자격시험을 코앞에 두고 있었다. 그녀는 여름방학이 끝나면 청년단 지구당 위원장직을 내놓으려고 마음먹고 있었다. 숄 가의 자매들과는 친구 사이여서 가끔 조피네 집에서 자고 가는 적도 있었다. 카를로는 조피와 안리스가 알던 여느 여성들과는 전혀 달랐다. 그리고 그것이 가장 큰 매력이었다. 조피의 어머니처럼 가정주부이든 안리스의 어머니처럼 가게 일과 집안일을 병행하든 어머니들은 다들 일을 했다. 안리스의 부모님은 도나우 다리 아래편에서 사진관을 경영하고 있었는데 장사가 제법 잘되었다. 조피의 어머니와 안리스의 어머니는 아침부터 저녁까지 일만 했고 다른 것에는 전혀 관심이 없었다. 여성들은 외모를 가꾸거나, 육아나 가사 등의 집안일에만 신경을 썼다. 학교에서 만나는 여선생들은 이런 여성들과는 달랐다. 그러나 그들은 무미건조했으며, 자신들의 직업인 가르치는 일에만 전념했다. 카를로는 이 두 가지 유형 어디에도 속하지 않았다. 카를로는 그들 모두를 속물이라고 생각했다. 그들은 이미 일생을 다 살아버린 늙은이였다. 새로운 세상을 살아가는 젊은이들에게 해줄 어떠한 말도 갖고 있지 않았다. 카를로가 생각하는 젊음은 달랐다. 카를로는 생생한 정신으로 살고 싶어했다. 세계를 마음껏 즐기며 강하고 건강하길 원했다. 생의 모든 영역에서 스스로 경험을 쌓아갈 수 있는 능력을 갖추길 원했다. 절대로 속물이 되고 싶지 않았다. 꾀를 부려 편안한 곳에 안주하려 하지 않았고 겁을 집어먹고 삶의 중요한 순간을 놓쳐버리고 싶지 않았다.

조피와 안리스는 카를로의 눈으로 부모님의 세상을 새롭게 바라볼 만한 나이가 되었다. 그들은 이제 막 어른으로 성장하고 있었다. 그들은 부모님의 가치관과 생각에 문제를 제기하기 시작했다. 여자아이들도 자유를 누릴 수 있음을 카를로를 통해 알게 되었다. 카를로는 그들에게 자유의 의미를 새롭게 가르쳐주었다. 조피는 그해에 많은 변화를 경험했다. 그리고 그러한 변화를 밖으로 표출했다. 조피는 그때까지 늘 단발머리를 하고 있었다. 대부분의 여자아이들이 독일의 전통적인 관습에 따라 긴 머리를 한 갈래나 두 갈래로 땋았지만, 조피는 남자아이처럼 머리를 잘라버렸다. 뒷머리는 목 언저리까지 자르고 옆머리는 아주 짧게 깎았다. 앞머리만 길게 남겨서 이

마를 덮었다. 부모님은 처음 이 머리 모양을 보고는 매우 놀랐다. 아이들의 돌출 행동에 익숙해졌지만 이번만은 너무 지나치다고 생각했다. 그러나 조피는 아랑곳하지 않았으며 자신의 헤어스타일이 멋있다고 생각했다. 사내아이들처럼 자유로워지고 싶어서 그런 감정을 헤어스타일로 표현했을 뿐이었다. 안리스도 머리를 짧게 잘랐지만 아버지가 매우 엄했기 때문에 조피만큼 파격적이지는 않았다.

그해 여름방학 잉에와 리즐은 카를로를 비롯한 간부들과 함께 뵈머발트로 떠났다. 뵈머발트는 체코슬로바키아에 인접한 국경 지대의 바이에른 숲을 일컫는 그들만의 용어였다. 부모님은 아직도 병아리 같은 조피가 그 여행에 따라가는 것을 허락하지 않았다. 조피는 그런 여행을 하기에는 아직 어리다고 판단했던 것이다.

잉에는 다른 사람들보다 일찍 여행에서 돌아와야 했다. 휴가가 이 주밖에 안 되었기 때문이다. 하지만 여행에서 돌아온 후에도 잉에의 마음은 온통 여행에서 겪은 일들로 가득 차 있었다. 가장 엄청난 사건은 지도자 히틀러를 만난 일이었다.

야영장에 가려면 우선 집에서 킴제 호수까지 기차를 타고 한참을 가야 했다. 기차에서 내린 일행은 자전거를 타고 베르히테스가덴 방향으로 한동안 이동했다. 힌터제 호수 근방의 람자우에 도착하자 멀리 야영 텐트가 보였다. 잉에가 그곳에 머문 지 일주일 정도 되었을 때였다. 그날 아침 잉에는 하얀 제복 블라우스를 빨아서 빨랫줄에 널고 운동 기구를 나르던 참이었다. 청년단원 몇 명이 텐트 쪽으로 뛰어오더니 지도자가 오고 있다고 큰소리로 외쳤다. 다들 하던 일을 멈추고 달려나가 큰길가에 늘어서서 손에 손을 잡고 기다렸다. 가장 먼저 오토바이가 도착했다. 오토바이는 화가 나서 청년단원들을 내쫓기라도 하려는 듯이 단원들 곁을 스치면서 질주했다. 곧이어 지도자를 태운 커다란 검은색 승용차가 멈춰 섰다. 여자아이들이 달려가 발판 위에 올라탔다. 경호원들이 제지하려고 했지만 차에서 내리던 지도자는 그냥 놔두라고 지시했다. 단원들은 흥분에 휩싸여 지도자를 에워쌌다. 지도자는 일일이 아이들과 악수를 하면서 어디서 왔는지 물어보았다. 잉에와 카를로는 울름에서 소녀단을 이끌고 여행을 왔노라고 자랑스럽게 대답했다. 지도자는 여행 경비로 쓰라며 얼마간의 돈을 주고는 다시 차에 올라탔다. 아이들은 너무나 행복해서 어떻게 야영장으로 되돌아왔는지 모를 지경이었다. 지도자의 빛나는 푸른 눈을 직접 보다니! 악수할 때 힘이 별로 없더라고 말하는 아이들도 있었다. 그렇지만 서른 명의 아이들과 한꺼번에 악수를 하려면 힘이 없어지는 것이 당연하다고 생각했다. 어쨌거나 지도자가 손수 악수를 청했던 것이고, 별로 중요하지도 않은 일개 청년단원들에게 인사를 건네고 몇 마디 말도 주고받았던 것이다. 사실 주고받은 말의 내용은 중요하지 않았다. 이미 그들은 자신의 지도자를 마음속 깊이 신뢰하고 있었던 것이다.

당연히 조피는 이 일 때문에 언니를 매우 부러워했다. 자기도 야영다운 야영을 갈 수 있다면 얼마나 좋을까? 울름 외곽에서 자신이 이끄는 소녀단원들과 함께 주말에 하룻밤 자고 오는 야영말고 진짜 야영을 가고 싶었다. 부모님은 왜 자기를 놓아주지 않는 것일까? 벌써 열네 살이나 되었고 소녀단을 이끄는 간부가 아닌가? 자신에 대한 대우가 불만스럽기만 했다. 이제 자기도 충분히 컸다는 것을 증명하기 위해서 뭔가 깜짝 놀랄 만한 행동을 해보이고 싶었다. 그것은 바로 담배를 피우는 일이었다. 조피는 리즐을 꼬드겼다. 물론 새로운 조국에서 여성이 담배를 피우는 것은 바람직한 일이 아님을 알고 있었다. "독일 여성은 담배를 피우지 않습니다!"라고 씌어진 포스터가 지난 가을부터 술집 곳곳에 붙어 있었다. 게다가 나이가 어려서 담배가게에서 담배를 살 수도 없었다. 아는 선배에게서 담배 몇 개비를 구해야만 했다. 아무런 방해를 받지 않고 담배를 피울 수 있는 조용한 장소를 물색하는 것도 쉽지 않은 일이었다. 성인이라도 여성은 길거리에서 담배를 피울 수 없었다. 길에서는 음식을 먹는 것조차 허용되지 않았으니 하물며 담배를 피우는 것은 꿈도 꾸지 못할 일이었다.

리즐과 조피는 도나우 강 쪽으로 내려가서 강둑을 한참 걸었다. 그리곤 담배를 꺼내 불을 붙였다. 그런데 첫 모금을 빨아들이는 순간 저쪽 모퉁이에서 아버지가 오고 있는 것이 아닌가! 아버지는 혼자서 산책하러 나온 모양이었다. 가슴이 쿵쿵 뛰었다. 아버지가 본 것은 아닐까? 야단치며 한바탕 훈계를 하는 것은 아닐까? 조피는 잔뜩 겁을 먹고 아버지 쪽을 바라보았다. 달아날 수도 없었다. 아버지는 이미 조피를 보았다. 그러나 전혀 예상하지 못한 상황이 벌어졌다. 평소 그렇게 엄격하던 아버지가 담배에 대해서는 한마디도 하지 않았던 것이다! 안도의 한숨을 내쉬면서 조피는 집으로 뛰어갔다. 한동안은 담배를 피우고 싶은 마음이 사라져버렸지만 얼마 지나지 않아 안리스와 조피는 몰래 담배를 피우기 시작했고 횟수도 잦아졌다. 결국 집에서도 알았지만 허용해주었다.

9월과 함께 전당대회 날짜가 다가오고 있었다. 한스와 동생들은 이미 오래 전부터 전당대회를 손꼽아 기다리고 있었다. 가족의 한 사람이 울름의 히틀러 청년단을 대표하여 전당대회에서 깃발을 들게 되었다는 사실이 너무도 자랑스러웠던 것이다. 동생들은 한스를 기차역까지 배웅했다. 한스는 다른 사람들과 함께 특별 열차를 타고 떠났다. 기차역에는 많은 사람들이 모여 행진곡을 연주하고 깃발을 흔들면서 특별 열차를 배웅했다. 흥분에 들뜬 한스는 자랑스러운 표정으로 떠나는 열차 칸에서 손을 흔들었다. 이날 독일 전역에서 수천 명의 사람들이 뉘른베르크로 모여들었다. 광장에는 대규모 전당대회를 치르기 위한 준비가 끝나 있었다. 제복을 차려입은 수천 명의 사람들이 광장에 도열했다. 지도자의 연설이 끝나자 그들은 일사분란하게 지도자 앞을 지나는 행진을 벌였다.

일주일 후 한스가 집으로 돌아오던 날 동생들은 역으로 마중을 나갔다. 그리고 한스를 만나자마자 질문을 마구 퍼부었다. 지도자를 보았는지, 잉에와 리즐처럼 직접 악수를 했는지, 느낌이 어땠는지…… 그러나 한스는 질문에 대답하지 않았다. 그냥 자신을 놔두라고, 너무 피곤하여 아무 말도 하고 싶지 않다고 했다. 동생들은 자신들의 질문이 그렇게 많다고 생각하지 않았기 때문에 한스의 태도를 이해할 수 없었다. 실망감만 안은 채 한스의 뒤를 따라 집으로 돌아왔다. 평소엔 그렇게도 말하기를 좋아했는데 무슨 일이 일어났던 것일까? 잉에는 최소한 지난 여름에 자기가 기뻐했던 것만큼은 기뻐하리라 기대했었다. 그러나 지금 한스는 전혀 다른 사람이 된 듯했다. 지금까지 알고 있던 동생의 모습이 아니었다.

며칠 동안 한스는 시무룩하고 통 말이 없었다. 전당대회에 대해서 물어보아도 마지못해 몇 마디 대답하고는 그만이었다. 차츰 동생들은 자기들 나름대로 오빠의 말을 맞추어 추론해보았다. 한스는 45만 명에 달하는 히틀러 청년단을 수용할 수 있는 엄청난 규모의 텐트 도시에서 일주일을 지냈다. 내내 연습을 했을 것이고 곳곳에서 울리는 확성기 소리로 귀가 터질 지경이었을 것이다. 한스는 몇 시간이고 행진 연습을 해야 했을 것이고, 부동 자세로 서서 끝도 없이 이어지는 연설을 들어야 했을 것이다. 명령에 따라서 환호도 질러야 했을 것이다. 그러니 아무리 열의에 가득 차 있다고 하더라도 몹시 힘이 들었을 것이다. 동생들의 추측이었다.

한스를 힘들게 한 것은 전혀 다른 문제였다. 그러나 그 문제에 대해서는 동생들에게 얘기해주고 싶지도 않았고 얘기해줄 수도 없었다. 한스가 묵던 숙소는 성별에 따라 나뉘어 있었다. 그러나 전당대회 기간 동안 독일소녀연맹 단원 900명이 임신했으며 그중에서 겨우 반 정도만 아이의 아버지를 확인할 수 있다는 소문이 퍼지기 시작했다. 한스는 얼토당토않은 이야기와 저열한 농담들을 끝도 없이 들어야만 했다.

병영 같은 생활에서 성적인 농담들은 일상의 일부라고도 할 수 있다. 한스가 몸담고 있던 세계는 이성과 동등한 관계를 만들기는커녕 이성에 대하여 알 기회조차 없는 남성들만의 세계였다. 소년단 간부들은 이제 막 성년기에 접어들고 있었다. 바야흐로 사고와 감각에서 성이 큰 비중을 차지하기 시작하는 시기였다. 그들은 이제 자신의 성적인 정체성을 찾아야 했다. 그런데 뉘른베르크에서는 이성에 관한 이야기들뿐만 아니라 동성애적인 비유도 거침없이 나왔다. 물론 공식적으로는 동성애란 의용대에서나 있을 만한 문제이지 히틀러 청년단과는 아무 상관이 없다고들 했다. 그러나 겉보기에만 그럴 뿐 자세히 속을 들여다보면 사정은 달랐다. 동성애 문제는 히틀러 청년단이나 나치당의 다른 조직이라고 예외는 아니었다.

뜻하지 않게 한스는 자신이 한 번도 경험해보지 못한 세계를 알게 되었고 내적인 균형은 무너지고 말았다. 이런 문제를 동생들과 이야기할 수는 없었다. "깨끗하게 지내자!"는 말은 히틀러 청년단원들이 헤어질 때 종종 하는 인사말이었다. 당시 중산층 가정의 소녀들 대부분은 성에 무지했고 순진했다. 소녀들은 막연하게 자신이 성적인 말을 쓰지 않으면 더럽혀지지도 않을 거라고 믿었다. 그래서 '더러운' 말은 입에 담지 않았고 서로 친구 사이일 뿐 아무 관계도 아니라는 사실을 확신하고 있었다. 소녀들은 결코 다른 생각을 하지 않았다.

한스는 외설스러운 이야기를 들으면서 성에 눈을 뜨게 되었다. 친구인 롤프와 장난을 칠 때 이상했다. 몸싸움을 하다가 롤프와 몸이 닿는 순간 갑자기 피가 거꾸로 솟는 듯한 느낌이 들었던 것이다. 그 맘때의 아이들이 다 그러하듯이 한스도 자신의 성정체성을 염려하기 시작했다. 게다가 뉘른베르크에서 신개정법인 형법 175조, 동성애자 처벌에 관한 조항을 처음으로 접했던 것이다. 한스가 이러한 새로운 경험을 자기 방식으로 해결하고 다시 정상적인 가족생활로 돌아가기까지는 상당한 시간이 걸렸다.

전당대회가 끝난 지 얼마 되지 않은 그해 말 한스는 에른스트 레덴을 알게 되었다. 에른스트는 제56보병사단으로 배치를 받아 울름으로 왔다. 그는 한스보다 네 살 위로 쾰른 출신이었다. 그는 다른 젊은이들과 마찬가지로 대학입학자격시험을 치르고 난 뒤 6개월 동안 공익 근무를 하고 있었다. 그러나 그해 봄 다시 도입된 병역 의무 때문에 예전에 세워두었던 학업 계획을 모두 포기해야만 했다. 그는 대학에서 두 학기 동안 철학을 공부했다. 에른스트는 바이마르 공화국 시절에 베르너와 프리츠가 속해 있던 단체이기도 한, 청년국민의용대에서 활동했다. 그는 의용대가 해체될 때까지 쾰른 그룹을 독일 소년단 방식으로 지도했다. 1933년 5월 히틀러 청년단에 가입하여 한스처럼 소년단의 중대장을 역임했다. 그는 의용대 출신으로 히틀러 청년단에 들어간 소년단 간부들이 그러했던 것처럼 dj. 1. 11(독일 청년단)의 전통에 충실했다.

에른스트에게는 뭔가 다른 구석이 있었다. 소년들은 그를 유난히 잘 따랐다. 에른스트는 자신에게 동성애적인 성향이 있음을 잘 알고 있었다. 물론 그는 이 사실을 철저하게 비밀로 했다. 혼자 울름에 온 에른스트는 쾰른에서 자신이 활동하던 소년단 그룹과 비슷한 그룹을 찾아다녔다. 그러다가 한스를 알게 되었다. 의용대에 대한 한스의 열정이 널리 알려져 있었기 때문이다. 한스는 연장자인 에른스트를 자기 그룹의 고문으로 받아들이고 야영도 같이 갔다. 얼마 지나지 않아 에른스트는 정기모임에서 핵심적인 역할을 하게 되었다. 그는 한스보다 경험도 많았고 독서량도 상당했다. 특히 투스크의 저작은 모두 갖고 있었고 투스크와 직접 편지도 주고받았다. 그러나 히틀러 청년단은 의용대의 전통을 존중하지 않았다.

1935년 말 프라하의 독일 이주민 잡지인 『노이에 벨트뷔네(새로운 세계 무대)』에 눈에 띄는 기사가 실렸다. 독일에서 의용대가 다시 등장하고 있다는 기사였다. 기사는 독일 의용대는 비합법적인 그룹을 결성했으며, 단순한 친목 단체에 그치지 않고 본격적인 대규모 반체제 집단으로 변질되고 있다고 주장했다. 이에 히틀러 청년단 중앙지도부는 이러한 움직임을 대단히 위험하다고 판단하여 1935년 11월 1일, 전설적인 dj 1. 11의 창설 6주년이 되던 날 의용대의 영향으로 보이는 상징들과 외국 영향을 받은 것으로 보이는 모든 상징들을 금지했다. 코테, 검은색 단추, 스코틀랜드식 셔츠, 그리고 투스크의 책을 출간했던 귄터 볼프 출판사의 책 모두가 금지 대상이 되었다. 에른스트와 한스는 이 금지 조항을 매우 유감스럽게 생각했다. 그런데 더 좋지 않은 일이 일어났다. 한스의 A팀이 해체되어 다른 그룹으로 흡수되어버린 것이다.*

---

* Urteil Düsseldorf 1938, S.11에 따르면 A팀의 해체는 이미 1934년에서 35년 사이에 일어났다고 하는데 이것은 오기인 것 같다. 팀이 해체되었는데 한스가 뉘른베르크로 갈 수는 없기 때문이다.

한스는 자신이 키워온 엘리트 그룹을 해체했다는 사실을 이해할 수 없었다. 크게 실망했다. 정말 분통 터지는 일이었다. 게다가 막스와 대립하는 일이 자주 발생했다. 막스는 그 사이에 계속 진급하여 울름 히틀러 청년단의 지구당 위원장이 되었다. 지금까지 한스는 막스의 자리를 물려받았는데 예전 의용대 대원들에 대한 냉대 정책이 실행되면서 더 이상 한스는 진급 기회를 갖지 못했다. 다른 중대장이 막스가 떠난 대대장 자리를 물려받았다.

더 이상 특별한 깃발은 필요 없다!

이듬해 히틀러 청년단 내부에서는 의용대 대원들의 음모에 대처하기 위한 조치가 더욱 강화되었다. 2월에는 프로이센에서 의용대 조직을 계속 유지하며 활동한 대원들이 게슈타포한테 체포되어 유죄를 선고받았다. 이즈음 전대미문의 일이 발생했다. 열 살짜리 소년과 소녀들이 모두 히틀러 청년단에 한꺼번에 가입한 것이다. 이로써 자유 청소년 단체의 구조는 붕괴되고 말았다. 이때까지는 누구나 자신이 원할 때 가입할 수 있었고, 또한 자신에게 맞는 청소년 단체를 골라 가입할 수 있었다. 그러나 히틀러의 생일인 4월 20일을 기념하여 1926년생 아이들이 모두 히틀러 청년단에 가입해버린 것이다. 이로써 어린이와 부모에게 가해지는 국가사회주의당의 압력에서 벗어나는 일은 완전히 불가능해졌다. 청년들의 자원 입대 역시 대대적으로 선전되었다.

그러는 사이 지도자는 계속해서 성공을 거두었다. 3월 7일 독일 군대가 프랑스인이 점령했던 라인란트로 진군하자 모든 국민들이 환호했다. 이제 그들의 지도자가 프랑스의 지배 아래 신음하던 이 지역을 독일제국으로 복귀시킨 것이다. 히틀러는 2주 후 라인란트 점령 승인 여부에 대한 찬반투표와 함께 실시된 제국의회 선거에서 국민들의 막강한 지지를 확인할 수 있었다. 물론 울름에서는 이번에도 화환으로 장식된 선전 벽보가 뒤덮였고 온 거리에 깃발이 물결쳤다. 90퍼센트 이상의 찬성표를 획득한 울름 지역은 완전히 축제 분위기였다.

독일 전역이 그러했지만 특히 히틀러 청년단의 소년 소녀들은 올림픽 경기 준비에 들떠 있었다. 스포츠는 인생에서 엄청나게 중요한 일로 자리잡았다. 청년단원들은 가능한 한 자주 연습을 했다. 지도자가 지난 3년 동안 당부한 대로 그들은 열심히 신체를 단련했고 강하고 튼튼한 사람이 되었다. 생명에 지장을 주지 않는다면, 강인해지기 위해서 무엇이든 할 수 있다! 조피도 이런 생각을 신조로 삼고 있었다. 조피는 한겨울에 털모자도 쓰지 않고 비블링엔까지 자전거를 타고 달렸다. 어느 날인가는 리즐과 조피 둘이서 자전거를 타고 쌩쌩 달리다가 갑자기 조피가 자전거를 세우고 귀가 붙어 있나 손으로 만진 적도 있었다. 그 정도로 매서운 추위였다. 하지만 훈련과 인내력 테스트가 아무리 혹독해도 견디기 어렵다는 말을 입 밖에 낸 적은 한번도 없었다. 항상 자기 자신을 시험대에 올려놓는 데 익숙해져 있었기 때문이다. 신체와 정신을 단련시키는 모든 것을 찬미하라!

올림픽 개최 소식에 많은 사람들이 깊은 관심과 애정을 표했다. 그해 초에는 가르미쉬 파르텐키르헨에서 알프스 스키 예선전이 열렸다. 드디어 여름이 다가왔다. 올림픽에 참가하기 위해 전세계의 젊은이들이 베를린으로 모여들었다. 개막식 기사가 대문짝만하게 호외에 실리고 개막식 광경이 라디오를 통해 생중계되었다. 전세계가 독일을 주목하고 있었다. 독일이 관심의 초점이 되면서 가장 아름답고 가장 강한 조국의 모습을 전세계에 보여줄 수 있게 되었다. 히틀러를 반대하는 데 목소리를 높이던 외국인들이 이제는 국가사회주의 체제 하의 독일이 어떤 능력을 갖추게 되었는지 보게 될 것이다. 재건된 독일과 새롭고 강하게 피어난 독일 젊은이들을 보게 될 것이다. 독일인들은 자신의 조국이 더없이 자랑스러웠다.

그러나 한스는 달랐다. 한스는 올림픽이 열리는 해에 히틀러 청년단에 불만을 느끼고 있었다. 한스는 에른스트와 한층 더 가까워져서 당시 에른스트는 한스네 집에서 같이 살았다. 에른스트를 통해서 숄가의 여자 형제들도 dj. 1. 11의 이상을 좀더 자세히 알게 되었다. 에른스트는 그 동안 혼자서만 히틀러 청년단의 목적에 회의를 품어왔었다. 그러나 이제는 조심스럽게 한스네 식구들에게 속내를 털어놓기 시작했다. 에른스트는 조심스럽게 질문을 던지고 관련된 책을 추천했으며 소중하게 간직해온 책을 빌려주었다. A팀 해체 이후 한스는 소년단 내에 A팀 팀원을 주축으로 '사모임'을 만들었다. 이 모임의 구성원들은 한스가 잘 알고 있던 소년들과 동생인 베르너였다.

이들은 새로운 회원을 모집하기도 했다.

회원들은 자신들이 선별된 멤버들의 집단이라는 의식이 강하게 남아 있었다. 비록 히틀러 청년단은 의용대와 관련된 모임을 금지했지만, 한스는 자신의 사모임을 유지했고 더 열성적으로 dj. 1. 11의 이념을 추구했다.

한스는 에른스트의 적극적인 격려에 힘입어 투스크의 저작을 좀 더 집중적으로 분석할 수 있었다. 투스크는 dj. 1. 11의 결성 이후 슈투트가르트에서 베를린으로 이주했고 그곳 출판사에서 일을 했다. 그는 제국의 수도인 베를린에서 청소년 그룹을 코뮌으로 조직한 후 적회색 운동(1931년 여름 청소년들에게 새로운 생활양식을 추구하게 할 목적으로 dj. 1. 11가 전개한 운동―옮긴이)을 일으켰다. 코뮌에는 합창단과 오케스트라가 만들어지기까지 했고 1931년 여름에 투스크는 일단의 청소년을 이끌고 소련 북극해 연안의 노바야 제믈랴 섬을 향했다. 곧이어 그는 그곳에서 공산당에 가입했다. 1934년 투스크는 게슈타포에 체포되어 고문을 당했다. 구속된 상태에서 두 번 자살을 기도했지만 실패했다. 나치 당국은 결국 그를 석방했다. 그가 의용대 청소년들에게 너무나 잘 알려져 있는 인물이고 공연히 순교자를 만들고 싶지 않았기 때문이다. 그는 독일을 떠나 스웨덴을 경유하여 영국으로 건너갔고, 런던에 정착했다.

1933년에 간행된 『영웅 입문서』라는 저작에서 투스크는 자신이 체험한 자유롭고 낭만적인 야영생활에 대하여 써놓았다. 이 책에서 그는 모든 사람들이 서로를 동등하게 대하는 공동체를 만들어야 한다고 역설했다. 투스크는 자연 친화적인 삶에 동반하는 생의 활기뿐만 아니라 자연의 아름다움과 위험을 동시에 만끽할 수 있는 야생의 생활, 그 속에서 전개되는 공동체의 삶을 찬미했다. 그는 영웅다운 태도를 지녀야 한다고 주장했다. "위대한 영웅은 세계를 사랑할 뿐, 개인적인 소망이나 헛된 환상을 사랑하지 않는다. 세계와 인생은 가혹하다. 삶의 달콤한 측면만을 생각하지 말자. 모두가 달콤한 것만 좋아한다. 시간이 갈수록 점점 더 단것을 선호하는 경향이 뚜렷해진다. 모든 것은 다 일정한 가치를 갖고 있으며 그런 점에서 동등하다. 우리의 삶은 그러한 가치들 속에서 이루어지고 있다."

자기 자신과 동료에게 요구하는 내용으로 미루어보면 그의 사고는 매우 엘리트적이다. 투스크는 항상 다른 사람보다 자기 자신에게 더 많은 것을 요구했다. 어떤 일이든 적당하게 해서는 안 되고 아주 잘해야만 한다. 투스크의 요구는 완벽을 지향했다. 한스 역시 완벽을 좇았다. 한스 자신은 잘 몰랐지만 완벽에 대한 추구는 아버지한테 물려받은 것이었다. 투스크의 요구는 다음과 같았다. "양심이 시키는 대로 살아라. 항상 자신의 태도를 점검하여 실수를 찾아내고 그 실수에서 배우라. 다수의 견해와 권위적인 견해를 의심하고 철저하게 분석하라. 소수의 의견이 무엇인지 살펴보라. 권력을 가진 자와 같은 길을 가지 마라. 불의와 폭력에 저항하라." 그리고 투스크는 자신을 추종하는 젊은이들에게 열정적인 삶을 살라고 가르쳤다. "스스로 모든 것을 체험하라. 더 많이 배우고, 더 많은 능력을 길러야 한다. 노래를 부를 때는 열과 성을 다하고, 침묵해야 할 때 제대로 침묵하라. 음식을 가리지 말 것이며, 금식을 하려면 철저하게 지켜야 한다. 모든 일에 책임을 다하고, 게으름을 피우려거든 남의 눈치를 보지 마라."

에른스트는 투스크의 엘리트적인 사고를 더욱 강화했다. 물론 에른스트가 그렇게 한 데에는 다른 이유가 있었다. 투스크는 엘리트적인 사고에 깔려 있는 숨은 동기를 다음과 같이 묘사한 바 있다. "청년에 대한 이끌림이 하나의 본성으로 굳어져 아무에게도 방해받지 않는 외딴 정원에서 미소년과 사는 것을 제일로 치는 사람들이 입으로만 위대한 말들을 내뱉으며 아무도 눈치채지 못하게 청년운동으로 잠입해 들어왔다. 이들은 자신들의 목적을 위해 비밀스러운 왕국과 시끄러운 일상사의 저편으로 벗어날 것을 선전하지 않을 수 없었다. 그들은 귀족과 다를 바 없었다."

그러나 한스의 여동생들은 이러한 사실을 전혀 눈치채지 못했다. 한스가 기사나 사무라이 같은 위대한 영웅의 이야기를 실감나게 들려주면 한 점 의심 없이 귀기울여 들었다. 그들은 한스한테 야생의 생활을 묘사한 노래를 열심히 배웠다. 노래에는 전투를 직업으로 삼고 러시아 황야를 돌아다니는 코사크족의 삶과 영웅담이 담겨 있었으며 한스는 소년들과 함께 이 노래를 불렀었다.

투스크는 일곱 별의 맹세를 제정했다. 이 맹세의 목적은 소년단원들에게 더욱 정의롭고 고양된 삶으로 나아가는 올바른 길을 보여주는 데 있었다. 숄 가의 형제자매들은 이 일곱 가지 조항을 삶의 목표로 삼았다.

첫번째, "우리는 삶을 스스로 개척한다." 구세대들은 독일에 거듭된 실패만 안겨주었다. 청년들은 이들의 길을 맹목적으로 되풀이할 것이 아니라 새롭고 더 나은 길을 모색해야만 한다. 청년들은 자신들만의 고유한 미래를 가질 권리가 있다. 두번째는 사회주의적이며 공산주의적인 성격의 구호이다. "전체를 위한 전체!" 청년은 이기주의, 개별성이라는 시대 사조에 대항하여 싸워야만 한다. 민족 공동체를 형성하는 것이 청년의 과제이다. 여행을 떠나면 먹을 것은 항상 공평하게 분배한다. 공동 기금을 마련하여 가난한 단원을 위한 제복을 산다. 모든 것을 같이하고 모든 행동은 팀 전체를 위한다. "욕심을 없애자. 그러면 질투도 사라진다." 이런 내용은 국가사회주의자들의 다짐보다 훨씬 급진적이었다. 세번째 별도 히틀러 청년단에서 항상 듣던 것과 매우 유사했다. "명령과 복종을 배워라!" 그러나 네번째 별에서 히틀러 청년단과 상충되는 원칙을 조심스럽게 덧붙였다. "생각하는 것을 잊지 말 것!" 다섯번째 별은 이미 상충된 원칙에 또 한번 부딪치는 불필요한 원칙이었다. "우리의 지도자는 자신이 무엇을 하는지 알고 있다." 결국 누구든 자신에게 필요한 구절을 이 조항과 부연 설명 안에서 찾아낼 수 있게 된 것이다. 투스크는 여섯번째 별에서 새로운 세계의 건설을 위한 작업과 투쟁에 동참할 것을 요구했다. 이 부분 역시 한스 형제들에게는 매우 익숙한 구절이었다. 히틀러 청년단은 끊임없이 봉사와 모임과 집회를 하라고 요구한다. 새롭고 나은 세계를 만들고자 한다면 할 일은 널려 있는 것이다. 한스네 형제들은 투스크가 청년들에게 요구했던 바 그대로 끊임없이 "앞으로, 미래로!" 돌진하고자 하는 태세를 갖추고 있었다. 그들은 청년이며 지금 살아 숨쉬고 있었다. "눈물을 흘리면서 과거를 뒤돌아보는" 사람들이 아니었다. 일곱번째 별은 절대적인 충성 의무에 관한 것이었다. "사랑하는 사람 모두를 잃어버리거나 토끼처럼 쫓기거나, 어떤 사람에게 희생이 따른다고 하더라도, 공동의 사안에는 반드시 충성을 바쳐야만 한다. 우리가 나아갈 바를 잊어서는 안 되며 동지를 배반해서도 안 된다."

충성은 곧 지고의 선이다. 조국에 대한 충성, 공동의 사안에 대한 충성, 공동체의 상징인 깃발에 대한 충성, 지금껏 귀가 닳도록 들어온 내용이었다. 집회 때나 횃불 행렬을 할 때 울리는 둔중한 북소리처럼 독일 청년 전체의 삶을 관통하는 것이었다. 충성을 던져버리면 명예를 상실하게 된다. 충성과 명예는 자신의 삶보다 중요하다. 너무나 신성한 개념 앞에서 개인의 삶은 아무 의미도 지니지 못하는 하잘것없는 것이었다. 청년들이 즐겨 부르는 노래에 나오듯이 조국을 위해서라면 언제라도 개인의 삶을 내주어야 마땅했다.

근본적으로 따져보면, 투스크의 별은 히틀러 청년단에서 요구하는 조항과 크게 다르지 않았다. 그러나 한스는 최근 몇 년 동안 독일에서 금지된 것들에 주목하기 시작했다. 한스는 예전에는 막스를 통해서 그리고 지금은 에른스트를 통해서 의용대 대원들이 돌려보던 노래책들을 보았다. 그 책들에 담긴 멜로디와 가사는 최근 몇 년 사이에 "이민족적인 것"으로 비난을 받게 되었고 이는 의용대에서 만든 책이나 잡지들도 마찬가지였다. 금서 목록에 들어간 것은 유대인 작가나 좌파 작가의 책만이 아니었다. 한때는 금지곡 지정에 대해 대수롭지 않게 여기고 코웃음을 친 적도 있었는데, 지금은 이 노래들을 부르려면 처벌을 각오해야만 했다.

그리고 또 여러 가지 것들을 히틀러 청년단은 금지했다. 국가사회주의 세계관을 벗어난 문학작품과 철학 서적, 예술 및 문화 활동, 정치 이념 모두가 금기 사항이었다. 그러나 열일곱 살의 한스는 다방면에 걸쳐 점점 더 많은 관심을 가지기 시작했다. 에른스트의 영향으로 그는 새로운 정신과 창조의 세계에 눈을 떴다. 에른스트는 한스가 금지된 문학작품이나 예술작품에 관심을 기울이도록 만들었다. 이러한 것들은 당시 퇴폐적인 작품이라고 낙인찍혔지만 실제로는 공인된 독일 예술의 매끈하고 현실주의적인 계열보다 당대의 문제에 대하여 훨씬 더 많은 것을 시사해주고 있었다.

에른스트와의 우정은 막스에 대한 소원함으로 이어졌다. 막스는 한스와의 관계가 자꾸 소원해지는 이유를 알 수 없었다. 밖으로 드러내지는 않았지만 막스한테 느끼는 한스의 질투도 한 몫을 담당했다. A팀이 해체된 데 대한 원망도 아직 사그라들지 않은 상태였다. 결국 1936년 부활절에 그 동안 쌓였던 갈등이 폭발하고 말았다. 그날 저녁 히틀러 청년단이 소집되었다. 한스의 단원들은 항상 그랬듯이 전설 속의 동물이 그려진 깃발을 치켜들고 당당하게 행진하며 지도자를 향해 경축 인사를 했다. 이 깃발은 단원들이 가장 소중하게 생각하는 물건이었다. 그들의 생각과 그들이 부르는 노래 속에서 이 깃발은 힘의 원천이었다. 투쟁을 격려하고 명예로운 전사를 약속하는 것이었다.

새로운 간부가 차려 자세를 하고 있는 단원 앞으로 다가왔다. 갑자기 기수 앞에 서더니 당장 깃발을 내리라고 소리를 버럭 질렀다. 단원들은 당황해서 어찌해야 할지 몰랐다. 새 간부는 특별한 깃발은 필요하지 않으며 모두에게 해당하는 정해진 규율에 따라 행동하라고 명령했다. 그러더니 한스가 북유럽의 룬 문자로 손수 장식을 그려 넣어 만든 깃대를 빼앗아 들었다.

한스가 보기에 이런 행동은 너무 지나친 것이었다. 사람들이 보는 앞에서 깃발을 빼앗다니, 언제부터 우리의 깃발이 금지되었나? 한스는 분을 삭이지 못하고 그 간부에게 다가가 따귀를 때렸다. 막스가 말리지 않았다면 금방 패싸움이라도 벌어졌을 것이다. 막스가 문제의 깃발을 넘겨 받아 둘둘 말아서는 집으로 가지고 갔다. 하지만 이번 일은 이렇게 끝날 성격의 것이 아니었다!

한스는 그대로 물러서려고 하지 않았다. 어떻게 해서든 깃발을 되찾고 싶었다. 한스는 밤중에 막스네 집으로 들어갔다. 돌을 던져 창문을 깼는데, 그 바람에 시끄럽게 소동이 일어났다. 어머니가 달려와 분노하는 아들을 달래서 집으로 데려가야 했다.

물론 이 일은 유례 없는 명령 불복종 사건으로 처리되었고 그 결과 한스는 중대장 자리에서 해임되었다. 히틀러 청년단에서 쫓겨나는 것만은 겨우 면했다. 만약 히틀러 청년단에서 쫓겨났더라면 다니던 학교에서도 퇴학을 당했을 것이다. 울름에 있는 학교는 이미 국가사회주의 원칙이 엄격하게 적용되는 곳이었다. 몇 주 후 한스는 청년단 활동을 새로 시작했다. 소년단 간부로서의 활동은 계속되었다. 그후 한스는 매사에 조심했고 더 이상 문제를 일으키지 않았다.

깃발 사건 때문에 가족들 사이에서도 긴장이 감돌았다. 어머니로서는 한밤중에 불미스러운 일로 아들을 데리고 와야 했던 것이 마음 편할 리 없었다. 그러나 형제들은 모두 다 한스 편이었다. 단원들 간의 우애와 신의의 최고 상징이었던 깃발에 관한 한 그들은 철두철미하고 진지했다. 그 깃발은 모든 것을 걸고, 심지어 목숨을 걸고서라도 지켜내야 하는 가장 신성한 물건이었다. 라이너 마리아 릴케는 「기수 크리스토프 릴케의 사랑과 죽음의 노래」라는 시에서 깃발에 대하여 이와 동일한 태도를 묘사한 바 있다. 한스의 형제들은 오랜 기병생활 끝에 기병대의 기수로 선발되어 장군 앞에 나가게 된 고귀한 젊은이를 흠모하고 있었던 것이다.

여성과 남성의 특징이 싹트기 시작하는 사춘기를 겪고 있던 그들은 처형당하기 전날 기수가 했던 깃발에 대한 사랑 고백을 읊조리면서 그와 정신적 일체감을 느끼곤 했다. 그들은 상상 속에서 그 기수와 함께 성에서 빠져 나왔다.

불이 활활 타오르는 복도를 지나 목숨을 걸고 문을 빠져 나왔다. 등뒤에서는 삼킬 듯한 불꽃이 따라오고 있었다. 계단을 달려 내려가 무너져가고 있는 건물에서 빠져 나왔다. 그는 마치 의식이 없는 듯 백지장처럼 새하얀 여인 같은 깃발을 손에 거머쥐고 있었다. 그리고 말을 찾았다. 말은 바람처럼 모든 것을 스쳐 지나갔다.

그의 집도 스쳐 지나갔다. 그는 말에 앉아 깃대를 다시 제대로 치켜들었다. 깃발이 그렇게 위풍당당했던 적은 없었다. 이제 모두 그 깃발을 보게 될 것이다. 저 멀리서 모자를 쓰지 않은 환한 얼굴의 기수가 나타났다. 모든 사람들이 깃발을 알아차렸다. (……)

바로 그때 깃발이 빛을 반사하기 시작하면서 자신의 모습을 드러냈다. 깃발은 점점 더 커지고 붉은색을 띠기 시작했다.

깃발이 적군들 한가운데에서 활활 불꽃을 피웠고 그들은 깃발을 뒤쫓아 따라갔다.

공상적인 영웅담에 나오는 이 젊은 기수처럼 한스의 형제들 역시 앞으로 돌진하다가 갑자기 외롭게 남겨진 자신들을 발견했다. 결국 그들은 그 기수를 죽음으로 몰아넣은 이교도의 개들 사이에 있음을 알아차렸다.

여행과 야영

1935년 크리스마스 직후 조피는 이름과 함께 여행을 떠났다. 이름은 울름에 처음 왔을 때 사귄 친구이다. 이름은 조직 개편과 함께 제7소녀단을 지휘하게 되었다. 조피 역시 분대장으로 진급하여 죄플링엔 소녀단을 맡았다.

이름은 그해의 마지막 날까지도 울름 소녀단 간부들의 제1회 겨울 야영을 준비했다. 그때까지만 해도 추운 겨울에 야영을 떠나고 스키를 타는 일은 여자단원들의 몫이 아니었다. 여자들이 감당하기에는 힘이 들 거라는 이유에서였다. 남자대원들만의 특권으로 남아 있던 겨울 야영을 이번에는 여자들도 할 수 있게 된 것이다. 조피는 다른 단원들보다 훨씬 더 기분이 들떠 있었다. 히틀러 청년단에 입단하고 나서 처음 가는 진짜 야영이었기 때문이다.

야영 장소는 알프스협회 소속의 오두막이었다. 무거운 배낭을 메고 산에 오르니 발 아래로 멋진 원시림이 펼쳐졌다. 오두막은 방의 구분 없이 하나의 공간으로 되어 있었다. 가구라고 해봐야 탁자와 의자 몇 개가 전부였다. 육중한 무쇠 난로가 유일한 난방 기구 겸 화덕이었다. "아늑한 집"을 연상케 하는 것들, 수도나 전기는 말할 것도 없거니와 침대조차 없었다. 그렇지만 아무도 불평하지 않았다. 조피는 오두막 앞에 집합하면서 굳게 마음을 다졌다. 그리곤 주변을 돌아다니며 솔가지를 주워 모았다. 잠잘 때 깔고 자거나 불을 피우는 연료로 쓰기 위해서였다. 오두막에서의 생활을 최대한 아늑하게 꾸미려고 노력했다. 얼마 뒤 삐걱거리는 탁자 위에 김이 모락모락 나는 수프 냄비를 올려놓고 모여 앉았다. 다들 허겁지겁 먹기 시작했다. 밤엔 바닥에 솔가지를 펴놓고, 옷을 그대로 입은 채, 가지고 온 이불로 몸을 둘둘 말고 잠을 잤다.

야영생활은 편안함이나 위생과는 거리가 멀었다. 그들은 이것이야말로 진짜 모험이라고 생각했다. 대원들 모두가 동등한 권리를 누리고 공동의 의무를 나누어 가졌다. 단지 조피에게만 의무가 주어지지 않았는데, 조피는 가장 어린 대원이기 때문이었다. 집에서 언니나 오빠들이 그랬던 것처럼 다른 소녀들이 조피를 돌보아주었다. 이름은 조피를 위해 가장 따뜻한 난로 옆자리를 내주었다. 새벽의 추위를 걱정한 배려였다. 낮에는 대부분 밖에서 지냈다. 일부는 스키를 타고 나머지 대원들은 주변 지역을 산책했다. 오후 일찍 해가 지기 시작하면 다시 모여 앉아서 촛불을 켜놓고 노래를 부르거나 책을 낭독했고 이야기를 나누었다. 조피는 조용히 다른 사람들의 말에 주의를 기울었다. 집에서도 오빠나 언니들이 이야기를 하고 조피는 듣는 편이었다. 간혹 한번씩 이야기를 할 때도 늘 나지막한 목소리로 이야기했다. 가끔 중요한 부분은 힘을 주어 말하기도 했지만 전반적으로는 수줍어하는 모습을 숨기지 못했다.

야영을 끝내고 집으로 돌아와서는 다른 형제들이 그랬듯이 조피역시 경험담을 늘어놓았다. 정말로 근사한 야영이었다고 자랑을 했다. 한껏 우정을 나누고 원없이 자유를 누리고 왔던 것이다. 물론 몇몇 대원들과 사소한 갈등과 다툼이 있긴 했지만 그런 것들은 과감하게 잊기로 했다. 집에서는 평소의 생활 리듬에서 벗어나는 일을 하려면 매번 허락을 구해야 했지만, 오두막 야영에서는 아무도 조피에게 무엇을 하지 말라고 금지한 적이 없었다. 지시를 내리거나 부탁을 할 어머니, 아버지, 오빠가 있지도 않았다. 집에서는 항상 청소나 설거지를 해야만 했다. 가사를 돕는 것은 당연한 일로서 의무나 마찬가지였다. 지켜야 할 것도 많았다. 그러나 오두막에서의 생활은 달랐다. 청결이나 위생에 신경 쓰지 않아도 되었다. 눈을 녹여 물로 썼으므로 고양이 세수 이상은 할 수도 없었다. 낮에는 돌아다니느라 땀도 많이 흘렸지만 일주일 동안 거의 씻지도 못했다. 그래도 아무탈 없이 건강하게 집으로 돌아올 수 있었다. 조피는 벌써부터 오순절 야영이 오기만을 기다리고 있었다.

한스는 그해 봄에 거의 격주로 주말마다 소년단원들과 함께 야영을 떠났다. 8월 여름방학 때에는 난생처음으로 외국으로 야영을 떠날 계획도 세웠다. 아직 소년단 일을 하고는 있었지만 예전과 같은 마음은 아니었다. 한스는 자신이 이끄는 소년단 그룹에만 정성을 쏟았다. 이 그룹은 여전히 히틀러 청년단의 공식 일정에 따라 운영되고 있었다. 한스와 단원들은 투스크 그룹이 활동 중인 스웨덴이나 핀란드로 여행을 가려고 했다. 오래 전에 히틀러 청년단 조직 중앙에 여행 계획을 보고했고 허락도 받아놓은 상태였다.

그러나 매우 실망스러운 일이 벌어졌다. 여행을 떠나기 며칠 전 갑자기 허락이 취소되었다. 아주 짧게 그리고 아무런 설명도 없이, 여행을 불허한다는 통고가 전달되었다. 꿈은 산산조각이 났다! 이제 무엇을 해야 한단 말인가? 실망을 넘어 화가 났다. 서글프고 절망적이기까지 했다. 이번 여행을 생각하며 한스는 얼마나 기뻐했던가? 그는 돈을 아껴 모으면서 차곡차곡 여행 준비를 해왔다. 투스크의 친구와 약속까지 잡아놓은 터였다. 이 모든 것이 허사가 아닌가? 일이 이렇게 끝나서는 안 된다고 생각했다. 자신의 꿈을 빼앗기고 그냥 있을 수는 없었다. 반드시 여행 허락을 받아내야만 했다. 자신이 이끄는 소년단 그룹의 비상회의를 소집했다. 상부의 지침에도 불구하고 떠나야 할 것인가? 모두가 비밀을 지킬 수 있을 것인가? 히틀러 청년단 내에 이미 밀정이 있어서 소년단이나 히틀러 청년단에서 지정하지 않은 단체가 주최하는 야영에 참여하는 것을 적발하고 있었다. 금지된 야영을 하는 것이 발각되면 처벌을 각오해야 했다. 그러니 계획을 강행하려면 혼자서 떠나거나 둘이 짝을 지어 떠나는 식으로 눈에 띄지 않게 조심하는 수밖에 없었다. 방학이 시작되자 한스네 그룹은 인원을 나누어 몰래 여행길에 올랐다. 국경을 넘을 때 한스는 치약 통에 돈을 숨겼다. 당시에는 정부의 허락 없이 외국으로 독일 화폐를 반출하는 것이 금지되어 있었다. 발각되면 외환관리법 위반으로 처벌을 받았다. 다행스럽게도 한스 일행의 여행은 순조롭게 진행되었고 별 탈 없이 집으로 돌아올 수 있었다.

잉에도 소녀단에서 간부들과 함께 긴 여행을 준비하고 있었다. 이번에는 멀리 북해에 있는 란게오그 섬이었다. 조피도 잉에 그룹의 일원으로 활동하고 있었다. 부활절 이후 이름이 직업 훈련 과정에 참여하느라 소녀단 활동을 그만두었던 것이다. 이번 여행이 조피로선 처음으로 떠나는 장거리 여행이었다. 게다가 조피는 기수로 선발되기까지 했다. 20명이 한 조가 되어 떠나는 여행이었다. 모든 인원을 제대로 통솔하는 일은 쉬운 일이 아니었다. 그렇지만 감동적이고 소중한 순간들도 있었다. 특히 도착 첫날이 기억에 남았다. 단원들은 란게오그 섬에 텐트를 치고 저녁식사를 마친 후, 모닥불 앞에 모여 앉아 다 같이 노래를 불렀다. 북해는 위도가 높기 때문에 밤이 되어도 오랫동안 해가 지지 않았다. 이윽고 석양이 어둠 속으로 잦아들자 달빛이 환하게 대지를 비추었다. 조피는 신성한 깃발을 들고 선두에 서서 바닷가로 향했다. 엄숙한 자세로 깃발을 바닷물에 담그는 깃발 봉헌식을 거행하면서 조국에 대한 충성을 맹세했다.

란게오그 섬으로 여행을 다녀온 후 조피는 분대 간부들과 함께 처음으로 소녀 캠프를 추진했다. 자신이 지휘하고 있는 단원들과 함께 일주일 미만의 짧은 여행을 떠났다. 지금까지는 주말에 울름 근교로 떠나는 여행이었다. 그러나 이번에는 자전거를 타고 보덴제 호수로 향했다. 규모도 꽤 컸다. 자전거에 천, 냄비, 텐트 받침대를 실었다. 커다란 텐트를 칠 계획이었다. 텐트를 치는 데 필요한 작은 통나무는 여행 도중에 직접 구했다. 가끔은 헛간에서 잠을 청하기도 했다. 간부들은 단원들에 대한 막대한 책임감이 있었다. 단원들에게 아무런 사고도 일어나지 않도록 각별히 신경을 써야 했다. 부모들은 간부들을 믿고 딸들을 맡긴 것이다. 그러나 가끔은 간부나 단원 같은 지위는 잊어버리고 모두가 가파른 절벽을 기어올랐다. 정상에 오르는 시합을 하기도 했다

단체의식이 너무나 강하여 모두들 불평 한마디 없이 움직였다. 흠잡고 헐뜯는 것은 동료애가 부족하기 때문이라고 여겼다. 모두들 동료애가 두터운 사람으로 평가받고 싶어했다. 여행 도중에 묵는 숙소가 지저분하게 어질러져 있어도 아무도 불평하지 않았다. 마실 물은 샘에서 길어 오고 설거지는 시냇가에서 해결했다. 집에서라면 다른 사람이 먹다 남긴 사과 같은 것은 거들떠보지도 않았을 까다로운 소녀들도 군말이 없었다. 남의 숟가락으로 식사하는 것도 마다하지 않았다. 조피와 다른 간부들은 단원 모두가 이 모든 어려움에도 별 탈 없이 건강하게 여행을 마칠 수 있어서 정말 다행이라고 생각했다.

조피는 한스가 보여준 모범을 닮아갔다. 진정한 동료애란 모든 것을 공정하게 나누는 것이라는 투스크의 규범은 특히 조피가 중시하는 기본 원칙이 되었다. 공평무사 정신은 많은 아이들을 거느린 가족 생활에서 어머니가 지켜왔던 원칙이기도 했다. 어쩌다 이 원칙이 무너지기라도 하면 가장 큰 피해자가 어린 조피였던 만큼 조피는 더

철저히 공평무사 정신을 실천하려고 했다.

히틀러 청년단의 일원으로 가입하는 날, 소녀단원들은 단복을 입었다. 그러나 완벽한 복장은 아니었다. 정식 단복에는 동그랗게 말아서 목에 두른 후 가죽 고리로 고정시키는 검은색 손수건이 달려 있어야 했는데 이것은 수련 기간이 지난 6개월 후에야 지급되었다. 히틀러 청년단 제국지도부에서 제시한 체력과 세계관의 요건이 수련 과정을 성공적으로 마쳤는지에 대한 기준 역할을 했다. 멀리뛰기와 공 던지기는 말할 것도 없고 당일 여행도 그 요건 중의 하나였다. 물론 여자대원들도 빠짐없이 이 여행에 참가해야 했고, 참가 확인서를 받아 제출해야만 했다. 분대원 전부가 열심히 노력하여 이 시험에 통과하게 되면 새로운 단원 배지를 받게 되고 아울러 공동체에 대한 완전한 소속감을 갖게 된다. 이 소속감을 상징하는 것이 바로 깔끔하고 단정한 단복이었다. 단복을 입는 순간 신분의 격차는 사라졌으며 누구나 동등한 지위에 서게 되었다.

조피는 이러한 사회적 신분 격차의 폐지를 매우 진지하게 받아들였다. 단복과 함께 소녀들 모두가 동등한 존재가 되기 때문이었다. 단원들의 가족 환경은 서로 달랐다. 소풍을 가게 되면 도시락을 싸오는데 어떤 단원은 마가린만 얇게 바른 빵만 싸오는가 하면 두툼한 햄을 끼운 빵을 싸오는 단원들도 있고 모두가 부러워하는 초콜릿 빵을 싸오는 단원들도 있었다. 조피는 단원들에게 도시락으로 싸온 빵을 모두 내놓을 것을 요구했다. 그리고 점심시간이 되면 천을 깔고 그 위에 빵을 모아놓고는 단원들의 눈을 차례로 손수건으로 가렸다. 그렇게 해서 한 명씩 돌아가며 빵을 집어 들게 했다. 단원들의 빵을 공평하게 배분하기 위해서였다. 물론 몇몇 어머니들은 이 일을 두고 몹시 화를 내기도 했다. 자기 아이가 진정한 민족 공동체의 이상을 추구하느냐의 여부는 이들에게 전혀 문제가 아니었다. 그들은 자기 딸이 히틀러 청년단에서 가난한 집 아이들과 어울리는 것이 내키지 않았다. 조피가 표방하고 있던 국가사회주의식 '공산주의'가 그들의 눈에는 부당하게 보였다. 그들은 늘 집 안팎을 깨끗이 청소하며 위생과 청결에 신경을 곤두세웠다. 그래서 아이들이 밖에 나가 더러운 데서 놀까봐, 질병에 감염되거나 해충을 묻혀 집으로 들어올까봐, 나쁜 아이들과 어울려 예절 바르지 못한 행동을 하고 다닐까봐 전전긍긍했다.

조피는 그들을 이해할 수 없었기 때문에 '늙은이'들의 의견에는 그다지 마음을 쓰지 않았다. 확실히 어떤 점에서 조피는 매우 순진했다. 형제들에게서 그리고 히틀러 청년단에서 배운 이상들을 옹호하는 조피의 태도는 대단히 낙관적이었고 무엇보다도 진심이었다.

그리하여 조피는 소녀단을 발전시켜 지도자에게 절대적인 충성을 바치는 공동체로 만들고자 노력했다. 그들은 죽을 때까지 우정과 충성을 지킬 것을 맹세했고 칼 마이의 글에 항상 등장하는 피의 의식을 통해 그 마음을 가슴 깊이 새기고 싶었다. 소녀단 간부들은 술래놀이 프로그램을 준비했다. 숨었다가 붙잡힌 단원들은 나무에 묶었다. 그러고는 마치 무슨 의식이라도 치르는 것처럼, 단원 중 연장자가 칼로 자기 자신과 붙잡힌 단원의 피부에 살짝 상처를 내어 흐르는 피를 서로 섞었다. 대다수의 어린 단원들은 영문도 모른 채 공포에 떨었다. 하지만 그 공포를 밖으로 드러낼 수는 없었다. 의식에 열광하는 소녀단 간부들은 단원들의 공포를 알지 못했다.

그러나 모든 소녀단원들이 이런 식의 공포만 경험했던 것은 아니다. 한스가 이끄는 히틀러 청년단 그룹처럼 많은 소녀들은 소녀단 활동을 통해 진정한 자유를 만끽했고 스포츠와 놀이를 즐겼다. 조피와 함께 떠나는 여행은 언제나 신바람이 났다. 어둔 하늘 아래 모닥불을 피우고 둘러앉아 조피의 노래를 듣는 것은 너무나 재미있었다. 조피가 단원들에게 불러준 노래는 전투, 휘몰아치는 바람과 펄럭이는 깃발, 전리품에 관한 것들이었다. 부모들은 불만이 많았다. 그들이 생각했던 소녀단 활동은 이런 것이 아니었다. 초기 카를로가 이끌던 그룹처럼 소녀단원들의 다수는 죄플링엔에서 탄탄한 기반을 갖춘 수공업자 집안 출신이었다. 이들 부모들은 조피가 딸들을 사내아이처럼 만들어버린다고 원망을 했다. 그들이 보기에 조피는 너무나 천방지축인 아이였다.

소녀단 간부로서 조피는 매일매일 산더미 같은 일을 처리해야만 했다. 대부분의 하루 일과를 히틀러 청년단 활동을 하면서 보냈다. 일주일에 한 번은 세 자매가 모여서 '간부 토론'을 했다. 잉에는 당시 울름 지역 소녀단의 지휘관이었다. 예전에 카를로에게 향했던 존경심이 이제는 잉에에게 쏟아졌다. 잉에는 카를로보다 좀더 신중하고 원칙에 충실한 편이었다. 조용히 그리고 끈기 있게 자신의 일을 추진했고 원하는 바를 이뤄내기 위해 진지하게 노력했다. 잉에가 이끄는 토론은 언제나 성공적이었다. 토론 주제는 보통 독일소녀연맹에서 소녀단 간부를 위해 특별히 발행하는 잡지인 『우리의 길』에 게재된 글이었다. 당 강령, 최근의 정치적 사건, 4개년 경제계획, 유대인 문제, 상속법을 비롯하여 국가사회주의 세계관을 기초로 하는 여러 주제들이 토론 대상이 되었다. 이 밖에도 매번 새로운 노래를 한 곡씩 배워나갔다.

조피의 소녀단 그룹 16명이 참석하는 모임은 이틀에 한 번꼴로 있었다. 단원들은 돌아가면서 저녁 모임을 준비하고 다른 단원들 앞에서 발표를 해야 했다. 단원들은 뭔가 잘못된 것이 있으면 주저 없이 비판했다. 가차 없는 비판이 오고 갔고 의견 차이가 심할 때도 있었다. 발표와 토론 과정은 엄격한 자기 훈련 과정이었다. 그들은 매우 진지한 자세로 임했다. 소녀들의 나이를 고려하면 너무나 진지했고 너무나 열성적이었다. 모두 소녀단에서 훌륭한 모범이자 진정한 지도자가 되기를 열망했다. 그들은 상호 경쟁을 통해서 각자의 역량을 강화하고 있었다. 그들은 오직 소녀단 활동이라는 안경을 통해서만 자신의 삶 전체를 바라보았다. 학교나 집에서 배우고 경험하는 모든 것들에 대한 평가는, 소녀단 정기모임에서 활용할 만한 것인지 여부에 달려 있었다.

조피와 언니들은 수요일 오후마다 자신들만의 모임을 가졌다. 다들 시간을 엄수했으며 모임에 빠지는 일도 없었다. 집안일을 하다가도 정기모임 시간만 되면 일을 멈추고 제복으로 갈아입어 어머니한테 불만을 살 정도였다. 그러나 조피는 공적인 의무를 수행하는 것이 더 중요하다며 강하게 맞섰다.

소녀단원들은 지도자의 지시를 따라야 했고 어떤 경우라도 자신의 의무를 다해야 했다. 조피 역시 자신이 이끄는 소녀단원들에게 시간을 엄수하여 정기모임에 참석할 것을 요구했다. 지역 단위의 간부 모임에서는 특별한 사유 없이 여러 차례 불참하는 단원들한테 제재를 가할 것을 요구했고, 방법도 알려주었다. 그 방법은 이러했다. 세 줄로 선 대원들이 불참한 대원의 집 앞까지 행진해 간다. 그리고는 거리에 서서 누구누구는 소녀단 활동에 참여해야 한다고 큰소리로 외친다. 이것이 효과가 없을 때에는 간부가 부모를 만났다. 부모가 소녀단 활동에 반대하여 참여하지 못하게 할 때는 아주 당돌한 태도로 대들기까지 했다. 소녀단 활동을 반대한다는 것이 소녀단 간부들에게는 상상조차 할 수 없는 일이었다. 간부들은 부모가 괜한 걱정으로 아이들을 온실 안에 가두려 한다고 생각했다. 나중에 히틀러 청년단이 국가에서 인정하는 유일한 청소년 단체가 되었을 때에는 참석을 종용하기 위해 경찰이 동원되기도 했다.

체육관 시설이 부족해 가을과 겨울에 스포츠 활동을 하기가 어려워지면 여러 가지 다양한 구호 활동을 했다. 들판이나 강가에서 약초를 캐서 말리기도 했다. 한 달에 한 번씩 일요일이면 거리에서 가난한 사람들에게 식사를 나누어주는 행사에 자원봉사자로 참여하기도 했다. 외국에 거주하는 독일인들을 돕기 위해, 집집마다 찾아다니며 조그만 배지를 팔고 기부금을 받기도 했다. 그들은 거리나 집에서 물건을 모았다.

이러한 활동들은 엄청난 노력을 필요로 했지만 카를로가 이끌었던 최초의 소녀단 출신인 소녀단 간부 집단의 결속력은 점점 더 강해졌다. 가끔씩 주말이면 텐트를 가지고 도나우 강, 일러 강, 알프탈 계곡으로 자전거 여행을 떠나 그곳에서 야영했다. 물론 열성적인 단원들만 참가했다. 이들은 그룹 안에서 자신들이 특별한 존재라는 느낌을 가지고 있었고 자신이 속한 그룹에 대한 대단한 자부심 있었다. 한스 그룹의 소년단원들처럼 이들 역시 다른 단원들보다 좀더 고상한 이상을 지니고 있었고 그래서 다른 단원들을 약간 낮춰보기도 했다. 다른 단원들보다 좀더 나은 존재이고 싶었고 무슨 일이든 좀더 잘할 수 있기를 바랐던 것이다. 서로를 변화시키기 위해 노력했고 삶을 보다 더 잘 이해하기 위해 서로 힘을 합쳤다. "학교나 부모의 간섭으로부터 벗어나 어떤 구속도 받지 않으며, 소시민적인 생활에서 벗어나 마치 예술가처럼, 아름답고 자유롭게 하루 하루를 창조할 수 있기"를 희망했다.

야영을 할 때는 모닥불을 피워놓고 둘러앉아서 함께 노래를 부르거나 진지한 대화를 나누며 밤을 지새웠다. 조국의 자연을 사랑했으며, 아름다운 것들에 관심을 기울였고, 사진을 찍거나 그림을 그렸다. 밤에는 밤하늘의 별자리를 헤아려보았다. 독일의 담시(談詩), 슈티프터나 릴케의 시, 그림 형제의 동화, 브렌타노의 동화, 한스 바우만의 신작시, 발터 플렉스, 드윙거 같은 현대 작가들의 단편들을 읽었다. 나중에 제2차 세계대전에서 살아남은 사람들은 이 시절의 나날들을 평생 동안 추억거리로 간직하고 있었다.

그렇게 조피의 소녀 시절은 끊임없는 활동의 연속이었다. 학교생활은 아주 작은 부분을 차지했을 뿐이다. 그 사이 한스는 학교를 졸업했다. 당장 해야 할 일은 이미 정해진 상태였다. 반 전체가 최상급반인 13학년으로 진급한다는 승인을 받았기 때문이다. 1937년 부활절 졸업시험을 통과했다. 그후 6개월 동안은 의무적인 제국 노동복무를 마치고 군에 입대했다. 제1차 세계대전을 치르느라 1917년과 1918년에 태어난 신생아 수가 현격하게 감소했기 때문에 한스의 동료들 모두가 군대에 가야 했다. 지도자는 군인을 필요로 하고 있었다. 제국 노동 복무는 선택의 여지가 없었지만 군복무는 선택할 수 있었다. 한스는 기마부대에 지원했다. 최소한 말을 탈 수 있었기 때문이다.

당국의 허가를 받지 않고 떠난 여행에서 돌아온 후 한스는 매사에 좀더 조심스럽게 행동했다. 그가 이끄는 그룹은 더 이상 소년단 건물에서 모이지 않고 단원들의 집에서 모임을 가졌다. 통제가 좀더 강화되었다. 프로이센 지방의 단체 결성 금지령이 뷔르템베르크에도 머지않아 적용될 것이 분명했다. 단지 시간 문제임을 그들도 잘 알고 있었다. 연말이 되자 소녀단원들과 소년단원들은 비더슈타인에서 겨울 캠프를 개최하여 그곳에서 스키를 즐겼다.

그러나 한스네 그룹은 점차 와해되기 시작했다. 일부 단원들은 자신들의 활동이 너무나 위험하다고 판단했다. 발각되어 형사 처벌을 받기 전에 그만두고 싶어했다. 한스 역시 그 때문에 골머리를 앓고 있었다. 게다가 그의 관심은 이미 자신의 미래와 성인이 된 후의 새로운 삶으로 향해 있었다. 한스가 없다면 그룹은 내적인 결속력을 잃고 말 것이었다. 한스는 그룹 전체를 이끄는 영향력 있는 리더였다. 졸업시험 직전인 2월이 되자 이미 정기적인 사모임은 더 이상 열리지 않았다.

부활절 직전 일요일에 조피와 베르너는 수비대 교회에서 견진성사를 받았다. 대부분의 아이들은 국가사회주의자들이 개최하는 청소년 축제보다 견진성사라는 교회 예식을 선호했다. 바로 견진성사에서 이 시기의 청소년들이 자신의 길을 선택하면서 겪었던 갈등과 문제점을 잘 엿볼 수 있다. 그들은 지도자와 조국에 대한 믿음을 지키겠노라고 거듭 맹세했고 그것은 이미 종교에 가까웠다. 게다가 국가사회주의자들은 교회와 관련된 모든 일들에 점점 더 많은 압력을 행사하기 시작했다. 이를테면 부활절이 지난 지 얼마 되지 않아 울름에서 유일한 가톨릭 여학교의 등록이 취소되었다. 가톨릭 여학교의 일부 학생들은 조피가 다니는 학교로 전학을 오게 되었다. 한 학급당 학생 수가 10명에서 20명으로 갑자기 불어났다. 물론 전학 온 학생들은 독일소녀연맹에 가입되어 있음을 증명해야만 했다. 2년 전에는 한 여학생이 가톨릭 청소년단 간부직을 포기하고 독일소녀연맹에 가입하라는 요구를 거부했다는 이유로 조피가 다니는 상급반에서 제명되는 일이 있었다.

그러나 다른 한편으로 부모님의 소망과 더불어, 수백 년에 걸쳐 내려오는 기독교적인 전통이 존재했다. 조피의 어머니는 아이들이 견진성사 외에 다른 의식을 받아들인다는 것은 상상할 수 없었다. 어머니에게는 두 막내가 기독교라는 거대한 공동체에 발을 들여놓는 견진성사야말로 새로운 단계의 삶을 시작하는 중요한 의식이었다. 설사 대규모 가족 축하연을 베풀어주지는 못하더라도 말이다. 어머니는 딸이 소녀단복을 입고 견진성사에 참여하는 데는 동의했다. 다른 여자아이들이 견진성사를 할 때 흔히 입는 검은색 예복은 성사를 마치고 나면 아무 데도 쓸모가 없기 때문이기도 했다. 여전히 근검절약하면서 살아야 했던 것이다. 그러나 소년단 단복은 그옷을 입은 사람이 국가사회주의 세계관을 갖고 있다는 것을 명백하게 상징하는 것이기도 했다.

견진성사와 함께 숄 가의 막내 두 명은 성인의 세계에 첫발을 디디게 되었다. 그로부터 얼마 지나지 않아 부활절 행사가 있었다. 부활절 행사는 많은 변화를 가져왔다. 부활절 일요일에 한스와 베르너는 그들 그룹에 남아 있던 몇 명의 대원들과 함께 알고이의 피셴으로 야영을 떠났다. 한스는 야영지에서 곧바로 군에 입대했는데 그곳에서 그리 멀지 않은 괴핑엔의 군부대에 배치되었다.

베르너는 형 한스와 가까이 지낼 수 없다는 것이 너무나 아쉬웠다. 형의 입대는 그들 둘이 속해 있던 소년단 그룹이 완전히 해체되는 것을 의미했다. 형제들 중에 베르너와 조피만 아직 학교에 다니고 있었다. 리즐은 유치원 보모가 되기로 마음먹고 졸업시험 직전에 학교를 그만두었다. 그해 부활절부터 리즐은 매일 죄플링엔에 있는 프뢰벨 전문학교로 자전거 통학을 했다. 전문학교에 진학하면서 더 바빠져서 자유시간도 거의 갖지 못했다. 조피는 예전처럼 학교생활과 소녀단 활동을 병행했다.

Sophie Scholl

3

| 그들은 잘못된 세계관을 가지고 있다 |

1938~1942

의혹의 시작

　한스는 군 입대와 함께 그때까지와는 전혀 다른 새로운 삶을 알
게 되었다. 삶의 쓴맛을 제대로 겪어보지 못한 젊은이들은 군생활을
낭만적으로 생각하기 쉽지만, 한스가 경험한 실제 군생활은 내무반,
이층침대, 속에 짚을 넣어 만든 이불, 군화, 혹독한 제식훈련이 전부
였다. 식당에는 딱딱한 긴 의자와 식탁보도 없는 탁자가 놓여 있었
고, 벽에는 솔가지로 장식한 지도자의 사진 액자와 제국 노동대 지
휘관인 콘스탄틴 히얼의 사진이 걸려 있었다. 히얼의 액자에는 솔가
지 장식이 되어 있지 않았다. 식당 안은 언제나 온갖 사투리들이 뒤
섞여 소란스러웠다. 젊은 군인들 중에는 콧물을 질질 흘리는 애송이
들과 음담패설이나 즐기는 교양 없는 놈들이 수두룩했다. 아마도 할
일이 너무 많았던 탓에 생각하기를 포기하고 살았을 것이다.
　그들은 새벽 다섯시에 기상했다. "아침 기상"하고 크게 외치는 소

리가 울려 퍼지면 모두 일어나 새벽 운동을 하러 연병장으로 나갔다. 내무반으로 돌아와서는 간단하게 세면을 하고 군복으로 갈아입었다. 아침식사 뒤에는 침대를 정돈한 다음 아침 소집에 임해야 했다. 깃발이 게양되고 그날의 구호를 함께 외쳤다. 훈련이 시작되고 중사가 체력 단련에 대한 교육을 했다. 그는 몸을 풀어주고 체력을 강화하는 법에 대해 설명하면서 강철 같은 인간을 만든다는 훈련 목표를 힘주어 말했다. 관물함에 여자 사진을 붙여놓는 것은 허용되었다. "그러나 나체 사진은 안 된다. 다시 한번 제군들에게 말하는데 오로지 건전한 사진만 허용된다"고 지휘관은 덧붙였다. 교육을 마친 다음에는 건설 현장으로 갔다. 그곳에서 땅을 평평하게 고르고 돌을 골라내어 돌밭을 다지는 작업을 했다. 점심시간에는 냄비 뚜껑에 보리 수프를 담아 빵과 함께 먹었다. 이때 다음과 같은 부대장의 연설이 덧붙여졌다. "여러분을 강하게 만드는 것은 무엇이든 찬미되어야 한다. 우리의 아버지들은 궂은 날씨에도 그 오랜 세월을 참호 안에서 버텼다. 여러분은 게으름을 피우려고만 한다. 여러분은 노동하는 군대가 되어야만 한다. 여러분에게는 25페니히의 일당이 지급되고 있다. 그러나 느려터지고 게을러빠진 여러분에게는 그것도 과분하다."

한스는 새로운 사람들을 알게 되었다. 대부분 한스가 전에 알던 친구들에 비해 거친 사람들이었다. 그러나 다른 부류의 사람들도 있었다. 그들은 위험을 각오하고 자신의 의견을 개진했다. 가만히 입을 다물고 있지 않았다. 그들은 자신의 자유로운 생각을 묻어두려하지 않았다. 강제수용소(KZ)에 대한 소문도 돌았다. 한스도 전에 소문을 들은 적이 있었다. 1933년 강제수용소가 처음 세워졌을 때 신문에 관련 기사가 실렸던 것이다. 그러나 대부분의 독일인이 그러했던 것처럼 한스 역시 강제수용소의 의미에 대하여 깊이 생각해보지 않았다. 한스 주위에는 강제수용소에 간 사람이 없었다. 혹시 그런 사람이 있었는지는 모르지만 누구도 강제수용소 경험에 대하여 이야기해주지는 않았다.

강제수용소에 갔다 온 사람들은 이미 얼굴에 모든 것이 드러났다. 그들은 마르고 나이 들어 보였다. 삶의 기쁨은 완전히 사라진 채, 항상 깊은 슬픔에 잠겨 있었다. 그들의 얼굴에는 절망과 회의의 빛이 역력했다. 그곳에서의 생활에 대하여 물을라치면 곧바로 거부 반응을 보였다. 자신을 그냥 놔두라고 짧게 말할 뿐 이야기하려 들지 않았다. 짙은 안개에 갇힌 것처럼 침묵과 불안이 그들을 짓누르고 있었다.

그들은 강제수용소에 있었던 동료들과의 접촉을 피하면서 그 기억을 지워버리려 했다. 일반 사람들은 강제수용소에 대해 알지 못했다. 그들은 그저 강제수용소에 갇혔던 사람들은 무언가 끔찍한 범죄를 저질렀을 것이라고 생각했다. 그런데 친분이 있던 젊은 교사가 돌격대원들한테 심한 모욕을 당하고 강제수용소로 끌려가자, 잉에와 여동생들은 혼란에 빠졌다. 아이들은 어머니에게 교사에 대해 물어보았다. 그러나 어머니는 다른 이들의 존경을 받는 소녀단 간부인 딸들에게 자세한 이야기를 해주지 않았다.

6주 동안의 노동 복무 기간을 끝낸 후, 한스는 오순절 휴가를 얻어 집으로 돌아왔다. 한스는 모든 가족이 함께 있을 수 있다는 사실에 너무나 감사하면서 알프스의 슈바벤으로 가족 여행을 떠났다. 한스는 아버지와 누이 잉에와 함께 봄볕을 쬐면서 산행을 했다. 다른 식구들과 떨어져서 한참을 걸어가다가 한스는 조심스럽게 강제수용소 이야기를 꺼냈다. 히틀러 청년단에 가입한 이래 한스가 먼저 아버지에게 시사적인 문제로 대화를 청한 것은 이번이 처음이었다. 아버지 로베르트는 한스와 잉에에게 강제수용소에 대하여 알고 있는 것을 솔직하게 이야기했다. 누구든지 정식 재판 없이 체포, 구금할수 있다는 사실도 이야기해주었다. 고문과 구타에 대해서도 언급했다. 아버지는 조국 독일에서 불의와 불법이 행해지고 있다는 사실에 흥분을 감추지 못하면서 자신이 알고 있는 모든 것을 두 아이에게 털어놓았다. 아버지는 독일이라는 국가가 자기 민족을 상대로 그리고 아무런 방어 능력도 없는 연약한 개인을 상대로 전쟁을 벌이고 있다고 목소리를 높였다.[*]

잉에가 곧바로 반론을 제기했다. 지도자는 강제수용소에 대하여 모르고 있을 것이라는 얘기였다. 잉에는 이해할 수 없는 일이 생기면 늘 지도자가 알지 못하기 때문에 그렇다는 식으로 스스로를 납득시켜왔다. 그러나 아버지는 잉에의 주장을 강하게 논박했다. "강제수용소는 이미 4년 동안이나 존속되어왔으며 이것을 만든 것은 지도자의 동료 당원들이다. 그들은 지도자의 의지와 의도에 부합하는

[*] Scholl 1997, S.18; Widerstandkämpfer 1954. S.15: 로베르트 숄은 다음과 같이 말했다. "나는 1937년이 되어서야 비로소 나의 자식들이 나와 같은 생각을 하고 있음을 알았다."

행동을 하는 사람들이다. 히틀러는 공포를 동원한 지배 방식으로 반대파를 숙청했고, 이를 통해 정권을 유지하고 있다. 잉에는 심한 충격을 받았다. 지금까지는 편안하고 안락하다고만 생각했던 집이었는데 갑자기 굳게 문을 걸어 잠근 지하실에서 끔찍하고 사악한 일이 일어나는 것만 같았다. 지금까지의 세계관이 송두리째 흔들리기 시작했다. 국가사회주의자들이 어떻게 범죄자가 될 수 있다는 말인가? 자신의 조국인 독일이, 고도의 문화 수준을 자랑하는 독일이 범죄자들에 의해 통치되고 있다는 사실을 믿을 수 없었다.

이날 저녁 아버지는 아내에게 기쁜 마음으로 입을 열었다. 기다리고 기다렸던 순간이었다. 큰아이 둘이 처음으로 아버지의 말에 귀를 기울였고 한번도 의심해본 적 없던 국가사회주의의 부정적인 측면에 대하여 눈을 뜨기 시작한 것이다. 아버지는 어쩌면 자식들이 기존의 신념을 버리고, 끔찍한 압제의 도구에 협력하는 일을 그만둘지 모른다고 생각했다. 조피, 리즐, 베르너 역시 한스가 새로운 생각을 하게 되었다는 것과 잉에가 법과 정의의 문제에 대해 고민하고 있다는 것을 느끼고 있었다.

한스가 염려했던 대로 5월 초 뷔르템베르크에서도 단체 결성 금지법이 통과되었다. 한스는 군대에서 이미 그 사실을 알았다. 가족 여행에서 돌아온 한스는 베르너와 다른 두 명의 소년단원들과 함께 여행을 떠났다. 그리고 예전처럼 코테를 치고 잠을 잤다.

한스는 여행, 정기모임, 체험, 열정, 이상 등으로 가득 차 있던 청소년 시절과 작별하고 싶지 않았다. 여름 여행을 가려고 계획을 짜기까지 했다. 조피와 잉에는 뵈머발트로 야영을 떠났다. 잉에는 예전에 리즐과 함께 그곳에 가본 적이 있었다. 물론 이 야영은 매우 사적인 성격의 것으로 네 명이 참여했다. 한스가 계획한 여름 여행은 실현되지 않았다.

첫사랑

여름방학이 끝나고, 조피네 반 전체는 남자 실업학교의 댄스 레슨에 오라는 제의를 받았다. 조피와 안리스는 끼고 싶은 생각이 없었다. 조피는 춤을 아주 좋아했지만 레슨에는 흥미가 없었다. 두 사람은 잉에와 친구들이 조직한 댄스 티파티에 가기로 결정했다. 조피는 이제 열여섯 살이 되었고, 히틀러 청년단에 가입하던 해와 모습이 약간 달라져 있었다. 좀더 차분해지고 여성스러워졌으며 생각도 깊어졌다. 세상사를 아무런 생각 없이 받아들이는 것이 아니라 자기 생각을 갖기 시작했고 좀더 구체적으로 세상을 들여다보았다. 한스가 염려하던 의용대 활동 금지법과 강제수용소를 다룬 기사에 대해서도 많은 생각을 했다.

이해 가을 조피는 프리츠와 사랑에 빠졌다. 프리츠를 알게 된 것은 울름으로 이사 왔을 때였다. 당시 조피는 열한 살이었고 프리츠는 조피보다 네 살이 더 많았다. 베르너가 유난히 잘 따랐다. 프리츠는 이미 성인이었다. 한스와 같은 해에 졸업시험을 보았고 노동복무를 마치고 한스와 같은 시기에 입대했다. 그리고 기본 교육을 받고 난 후 장교의 길을 걷기로 결심하여 소위로 진급했다. 짙은 갈색 머리에 얼굴 선이 깎은 듯 날카로운 유머러스한 청년이었다. 조피는 그런 그가 싫지 않았다. 프리츠는 조피와 안리스가 존경하던 카를로의 친구였다. 조피와 프리츠가 가까워지게 된 것은 어느 날 안리스가 두 사람을 집으로 초대하면서부터였다.

조피는 자주 안리스네 집에서 오후 시간을 보내곤 했다. 안리스네 부모님이 초단파 라디오를 구입했는데 성능이 좋아서 외국 방송도 잘 잡혔다. 안리스의 집에는 두 사람이 즐겨듣는 세 장의 음반이 있었지만, 안리스의 아버지가 싫어했기 때문에 조피와 안리스는 초단파 라디오로 룩셈부르크 방송을 청취하곤 했다. 그 방송에서는 당시 미국에서 유행하던 스윙 음악이 나왔고, 둘은 음악에 맞추어 춤을 추었다.

국가사회주의자들은 스윙 음악이 타민족의 리듬이며 "검둥이 음악 또는 원시적인 음악"이라며 경멸했다. 그래서 공식 행사에서는 연주가 금지되어 있었다. 그러나 조피와 안리스는 누가 금지한다고 해서 재미있고 새로운 일을 하지 못할 아이들이 아니었다. 당의 금지에 대하여 신경 쓸 필요가 뭐가 있는가? 지금은 인생을 즐겨야 할 때였다.

조피가 프리츠와 함께 안리스의 집에 초대받은 날, 처음에는 음료

수를 마시면서 이야기를 나누었다. 그러다가 꽤 시간이 지나자 춤을 추기 시작했다. 프리츠는 조피에게 같이 춤을 추자고 했다. 조피는 2년 전부터 팔루카라는 여성 댄서의 열광적인 팬이었다. 춤이라는 예술 장르를 통해 다양한 감정을 표현해온 이 유명한 댄서는 얼마 전 울름 시립극장에서 공연을 하기도 했다. 조피는 팔루카를 모델로 삼아 춤을 출 때 자신의 감정을 리듬과 율동에 싣기 위해 노력했다. 그리하여 자신만의 고유한 춤사위를 개발했는데 친구들과 선생들의 눈에는 너무 선정적으로 보일 때도 있었다.[*]

안리스가 비엔나 왈츠를 턴테이블 위에 올려놓았다. 프리츠가 연이어 그 곡을 다시 틀어달라고 했을 때, 조피는 이미 아무 거리낌없이 춤을 추고 있었다. 4분의 3박자의 선율이 핏줄을 타고 내려가는 것 같았다. 프리츠는 조피를 자신의 몸 가까이로 끌어당겼고 조피는 프리츠의 팔에 몸을 맡기고 리듬을 탔다. 거실을 몇 바퀴 돌았을 때였다. 조피는 프리츠의 심장 박동을 느낄 수 있었다. 고개를 살짝 들어 그의 눈을 바라보았다. 한순간 눈빛이 마주쳤고 이내 둘은 자신의 존재를 잊어버린 채 서로를 바라보고 있었다. 그리고 다시 댄스의 열정에 휩싸였다. 둘 다 혼란스러웠다. 프리츠는 여자아이들과 춤을 춘 적이 많았다. 하지만 조피 같은 느낌을 준 사람은 없었다. 조피의 춤은 달랐다. 조피와 가까워질 수 없다면 더 이상 세상을 이해할 수 없을 것 같았다.

---

[*] 팔루카는 1935년부터 인기를 얻기 시작했다. Bauer Chronik. S.25; 조피의 춤사위에 대해서는 다음을 참조하라. Vincke 1997. S.59f.. und Quelle: Hartnagel

그후 두 사람은 더 자주 만나게 되었다. 프리츠는 주말이면 종종 고향으로 내려와 길가에서 아버지의 차를 닦았다. 당시만 하더라도 자동차는 매우 고가품이어서 흔히 볼 수 있는 물건이 아니었다. 처음에 조피는 혼자서 프리츠를 만나러 가지 않았다. 대개는 안리스와 함께 "아주 우연히" 프리츠가 사는 동네를 지나갔다. 프리츠를 만나게 되면 잠시 동안 서서 이야기를 나누었다. 그러다가 같이 산책을 하거나 드라이브를 했으며 다음 약속을 잡기도 했다. 그러나 단 둘이 만나지는 않았고 늘 친구들과 함께였다. 프리츠는 친구들 중에서 돈을 가장 잘 벌었기 때문에 카페에 가게 되면 프리츠가 모든 비용을 부담했다.

프리츠가 군에 입대한 후 조피는 가끔 프리츠를 만나기 위해 안리스와 리자와 함께 아우구스부르크 근처에 있는 병영을 방문했다. 한번은 즉흥적으로 리자와 함께 아무 준비도 없이 아우구스부르크로 떠났다. 프리츠를 놀라게 해주고 싶어서였다. 그들이 병영에 도착한 것은 초저녁 무렵이었다. 두 소녀는 무작정 정문 초소로 가서 면회를 신청했다. 초소의 병사는 "매혹적인 방문입니다"라고 말하며 자랑스러운 목소리로 젊은 소위 프리츠에게 전화를 걸었다. 잠시 후 프리츠가 정문으로 나왔다. 어린 소녀들을 정문에 세워둘 수는 없는 일이었다. 다시 돌려보내기에도 너무 늦은 시간이었다. 프리츠는 방을 같이 쓰는 동료에게 부탁을 해 하룻밤을 묵도록 했다. 물론 외부인을 병영에서 재우는 것은 엄격하게 금지되어 있었다. 당장 다음날 아침이 문제였다. 두 사람의 모습이 발각되기라도 하면 큰일이었다. 기상한 군인들의 소리로 복도가 시끌벅적했다. 프리츠는 혼자 밖으로 빠져 나와 주변이 조용해질 때까지 기다렸다가 무사히 두 소녀를 정문으로 데리고 나올 수 있었다. 프리츠는 조피에게 다시는 이런 짓을 하지 말라고 엄하게 꾸짖었다. 만일 잘못되기라도 한다면 당장에 군복을 벗어야 할지도 모르는 일이었다.

문 앞의 게슈타포

9월 말 한스의 노동 복무 기간이 끝났다. 곧바로 그는 바드 칸슈타트에 있는 제18기병대에 입대했다. 울름에 있는 한스의 그룹은 해체될 수밖에 없었다. 한스가 빠진 그룹은 삐걱거리기 시작했다. 의견 대립도 심해졌으며 더 이상 모임을 유지해나갈 의욕을 잃고 말았다. 7월에 한스는 베르너와 마지막 남은 단원 둘을 데리고 울름의 호흐슈트래스로 야간 여행을 떠났다. 이번에는 코테를 가지고 가지 않았다. 그들은 별이 가득 떠 있는 하늘 아래에서 앞으로 계속 모임을 유지할 것인지 의견을 주고받았다. 논의는 갈피를 잡지 못하고 이리저리 흔들리고 있었다. 한스 자신도 두 갈래 생각을 놓고 고민하고 있었다. 위험이 다가오고 있다는 걸 감지하고 있었지만, 모임은 이제까지 그의 삶 전부를 바쳐서 해온 일이었다.

에른스트는 울름의 소년 그룹에 거의 관여하지 않았다. 그래도 한스나 베르너와는 여전히 긴밀한 연락을 취하고 있었다. 에른스트는 그해 내내 한스와 편지를 주고받았다. 한스가 휴가를 나왔을 때는 만나기도 했다. 에른스트는 베르너와는 종종 오랫동안 함께 산책을 하기도 했다.

한스가 바드 칸슈타트로 가게 되었을 즈음 에른스트는 군 복무를 마치게 되었고 얼마 지나지 않아 쾰른의 부모에게로 되돌아갔다. 그로부터 얼마 지나지 않아 히틀러 청년단에서는 의용대의 마지막 잔재를 몰아내겠다며 전국적인 소탕 작전을 전개했다. 도처에서 의용대의 실질적인 지도자나 지도자로 추정되는 사람들이 체포되어 심문을 받았다. 그런데 이들은 단체 결성 금지 조항에 의거해 기소된 것이 아니었다. 권력자들은 오히려 형법 175조를 들먹였다. 동성애 행동의 금지 및 처벌에 관한 조항이었다. 가톨릭 신부들에게도 이 조항이 여러 차례 적용되었다. 권력자들은 의용대 간부들을 불안에 떨게 하고 동조자들 앞에서 그들의 명예를 더럽히고 싶었던 것이다. 동성애 조항은 형사 처벌뿐만 아니라 도덕적 권위의 실추라는 보다 큰 사회적 파급 효과를 가져올 수 있기 때문이었다. 그들은 당시 사회를 지배하고 있던 점잔 빼는 분위기와 도덕에 대한 이중 잣대를 능숙하게 이용했다.

11월 초 어느 날 아침에 조피네 집 초인종이 울렸다. 게슈타포가 문 앞에 서 있었다. 가택 수색이었다. 이유는 말해주지 않았다. 그들은 형제들의 일기장을 뒤졌다. 방과 방 사이에는 아버지가 매달아놓은 링과 그네가 있었는데, 게슈타포 요원들은 그 주변에서 서성거렸다. 그중 한 사람은 그네에 앉아 일기장을 읽어 내려갔다. 그리곤 서로 쳐다보며 킥킥대기도 했다. 여자아이들은 화가 머리끝까지 났다. 낯선 남자들이 들이닥쳐서 자신들의 가장 비밀스러운 생각과 감정을 만천하에 공개하고, 뻔뻔스럽고 거친 언행을 내뱉으며 웃음거리로 만들고 있는 것이다.

어머니는 이들이 온 이유와 이들이 찾고 있는 것을 금세 알아차렸다. 어머니는 용기를 내어 바구니를 집어 들고 장을 보러 가야겠다고 말했다. 그리고는 눈에 띄지 않게 아래층을 빠져 나와 재빨리 위층으로 올라가 베르너가 혼자 쓰고 있는 방에 들어갔다. 예전에 한스와 같이 쓰던 곳으로 아직 한스의 책과 물건이 많이 남아 있었다. 어머니는 재빠르게 의심스러워 보이는 물건들을 바구니에 쓸어 담았다. 그리곤 그 물건들을 이웃집에 맡겨두었다. 리즐 역시 정신을 바짝 차리고 재빠르고 단호하게 행동했다. 게슈타포 요원들은 리즐을 보지도 못했다. 리즐은 조용히 복도에 나 있는 다른 문을 통해 요원들의 눈을 피해 집을 빠져 나갔다. 평소처럼 자전거를 타고 프뢰벨 전문학교로 향했다. 도중에 베르너의 학급 친구인 오틀을 만났다. 가톨릭 청년회에 소속되어 있던 오틀은 히틀러에게 반감을 갖고 있었다. 몇 달 전부터 그들은 서로 마주쳐도 그냥 지나쳐버리곤 했는데 그날 리즐은 자전거에서 내려 오틀에게 집에서 일어난 일을 말해주었다.

학교에서 집으로 돌아온 리즐은 끔찍한 소식을 접하게 되었다. 게슈타포가 잉에, 조피, 베르너를 체포하여 대성당 옆의 새로운 건물에 들어선 울름 시 경찰서로 연행해 갔다는 것이다. 몇 시간 후에 조피는 풀려났다. 아마도 머리가 짧아서 사내아이로 오인했던 모양이었다. 게슈타포는 그날 오전 학교에도 나타나 수업을 받고 있던 학생들 중에서 한스의 지도 아래 있던 소년단원들을 데리고 갔다. 조피네 집에서 그랬던 것처럼 그 단원들 집에서도 가택 수색이 벌어졌고 일기장과 책이 압수되었다. 한스네 그룹 전체에 대한 조사가 벌어진 것임에 틀림없었다.

그날 저녁 경찰서 마당에는 체포된 사람들이 모여 있었다. 그들은 트럭의 짐칸에 실려 슈투트가르트로 호송되었다. 호송 이유와 목적지는 아무한테도 알려주지 않았다. 모두 구치소에 수감되었고 일부는 기결수와 함께 수용되어 오랫동안 심문을 받았다. 그들은 8일 동안 구금되어 있었다. 베르너는 열다섯번째 생일을 감옥 안에서 보내야 했다. 잉에가 순진무구한 표정으로 한스의 의용대 활동을 전혀 모르고 있었노라고 진술하자 경찰관들은 이를 믿었다. 남자아이들은 거의 세뇌에 가까운 심문을 받은 탓에 풀려난 뒤에도 자신들은 국가를 배반하고 법을 어겼기 때문에 체포되어 마땅하다고 믿는 아이들조차 있었다.

베르너 역시 심문을 받으면서 자신이 잘못을 저질렀다고 생각하게 되었다. 게슈타포는 특히 동성애 행위에 대한 증거를 찾기 위해 혈안이 되어 있었다. 의용대 소년단 조직 전체에 오명을 씌울 수 있는 죄목이기 때문이었다. 마침내 게슈타포는 베르너에게서 에른스트가 그해 여름 부도덕한 방식으로 신체적 접촉을 두 번 시도했다는 자백을 받아내는 데 성공했다.

곧바로 에른스트가 체포되었다. 한스는 당시의 상황을 상세하게 전해 듣고 있었다. 부모님과 한스는 한시도 마음을 놓을 수 없었다.

근심은 현실로 바뀌었다. 12월 15일 한스는 군복무 중에 체포되어서 슈투트가르트로 이송되었다. 심문과 대질을 토대로 하여 1936년 이후 그가 해온 의용대 활동이 자세하게 정리되었다. 이 밖에도 게슈타포는 집요한 추궁과 협박 끝에, 한스가 한 소년단원과 미묘한 관계를 지속했었음을 알아내게 되었다. 롤프는 한스보다 한 살 반 정도 어린 단원이었다. 그들은 자신들의 관계에 대해 양심의 가책을 느꼈다. 그들은 도저히 이해할 수 없는 충동에 이끌려 서로 가까워지게 되었고, 서로를 욕망하면서도 그 사실을 부끄러워했다.

한스가 체포된 지 이틀 후 아버지는 슈투트가르트의 감옥에서 아들을 만났다. 어떻게든 아들을 게슈타포의 손아귀에서 풀어주고 싶었다. 한스는 게슈타포의 심문과 끊임없는 추궁 때문에 거의 절망 상태에 빠져 있었다. 아버지는 한스에게 희망을 불어넣어주었다. 아버지와의 면회 이후 한스는 전혀 다른 눈으로 자신의 과거를 평가할 수 있었다. 한스는 자신이 자랑스러운 청소년 시절을 보냈으며, 자신이 국가에 해가 되는 존재가 아님을 확실하게 깨닫게 되었다. 자기 자신을 돌보지 않고 공동체를 위해서 전력을 다하지 않았던가. 나의 청소년 시절은 위대하고 자랑스럽다! 한스는 자신의 능력이 바로 부모님 덕분이라는 것을 깨달았다. 아버지가 지니고 있었고 아들인 자신이 물려받은 의지를 느끼게 된 것이다. 인류를 위해 큰 인물이 되고자 하는 의지, 바로 그것이었다.

아버지는 부대장을 찾아가 한스의 상황에 대해 설명했다. 한스를 괜찮은 군인으로 생각하고 있던 부대장은 한스를 위해 적극 나서보겠노라고 약속했다. 두 사람은 이 모든 일이 젊은이들이 흔히 범하기 쉬운 실수에 불과하며, 심한 처벌을 받을 필요까진 없다는 데 동의했다. 숄 가의 크리스마스는 침울하고 쓸쓸하게 지나갔다. 그들 곁에는 한스가 없었다. 갑자기 들이닥친 국가 권력 때문에, 가족 모두의 행복과 불행이 특별 재판의 결정에 달리게 되었다. 백방으로 노력했음에도 불구하고 한스는 연말에야 풀려날 수 있었다. 한스는 일주일 정도의 휴가를 받아서 정말 오랜만에 가족들과 함께 지내게 되었다. 특히 부모님은 며칠 동안 한스와 긴 대화를 나누면서 자신감을 되찾을 수 있도록 격려해주었다. 한스는 그 어느 때보다 부모님에게 깊은 감사를 느끼면서 "집에 있는 기분"을 만끽했다.[*]

조피는 사건이 있은 후 몇 달 동안 불안과 근심으로 가득 찬 나날을 보냈다. 조피는 살아가는 동안 내내 그때 느낀 불안과 근심에서 벗어나지 못했고 그 불안과 근심은 그녀의 삶을 저 깊은 곳으로부터 규정해버렸다. 물론 소녀단에서 조피가 체포되었을 때의 상황에 대해서는 이러쿵저러쿵 말들이 많았다. 조피는 게슈타포에게 체포된 이유가 무엇인지, 무슨 잘못을 저질렀는지 질문을 받았다. 리즐은 이미 그 일이 있기 전에 학업 때문에 히틀러 청년단의 간부직을 그

---

[*] 한스는 1937년 12월 15일부터 12월 30일까지 구금되었다. Anklageschrift Düsseldorf 1938; Scholl 1995. S.17f.

만둔 상태였다. 잉에는 체포되고 난 후 독일소녀연맹 회원자격 일시 정지 처분을 받았다. 잉에는 이미 나이가 넘었기 때문에 곧바로 연맹을 탈퇴했다. 소녀들은 만 18세가 되면 새로운 조직인 '믿음과 미'에 가입하는 것이 관례였다. 잉에는 연맹을 탈퇴하는 순간 거의 모든 친구들을 잃었다.

불과 얼마 전 그룹의 간부로 승진했던 조피는 소녀단에 남아 있긴 했지만 모든 것이 곧 산산조각이 날 것만 같았다. 소녀단에 대해 예전과 같은 강한 소속감을 느낄 수 없었다. 단원들은 이제 조피에게 강한 불신감을 드러냈다. 처음 이사를 왔을 때처럼 외로웠다. 조피는 그나마 친한 친구들조차도 제대로 만날 수 없었다. 베르너는 마음속으로는 히틀러 청년단을 정리한 지 오래였지만 졸업시험이 남아 있었기 때문에 탈퇴해서는 안 되었다. 체포되던 날 아침 리즐이 처음으로 말을 건넸던 오틀이 베르너의 새로운 친구가 되었다. 숄 가의 형제들과 친하게 지내려는 사람은 오틀 하나였다.

이 몇 개월 동안 가장 많은 고통을 겪은 사람은 한스였다. 한스는 상심으로 가슴이 천 갈래 만 갈래 찢어지는 듯했다. 한스는 모든 것을 잊고자 노력했고 때로는 기쁘고 편안한 상태를 회복하기도 했다. 그러나 다시금 검은 먹구름이 가슴 깊이 밀려들었고 만사가 슬프고 공허해 보이기만 했다. 한스를 다시 일으켜 세운 것은 미래에 대한 구상이었다. 한스는 군복무를 마치고 대학에 진학해서 의학을 공부하겠다고 결심했다. 그리고 어머니의 편지는 이 힘든 시절을 딛고 일어서는 데 큰 도움이 되었다. 어머니의 지칠 줄 모르는 사랑과 염려가 "고요한 불꽃으로 그를 감쌌고 따뜻함으로 그에게 안정감을" 불어넣었다. 한스는 어머니에게 보낸 편지에서 "한없이 위대하고 고요한 그 무언가―신이든 운명이든―의 영원한 입김을 어머니를 통해서 느낀다"고 썼다. 어머니가 한스에게 보낸 편지에서 "안전한 피난처"에 대해 여러 차례 언급했기 때문이었다. 간혹 어머니가 염려했던 것과는 달리, 한스는 늘 어머니의 말에 귀를 기울이고 있었다. "어머니가 말하는 것은 원하든 원하지 않든 간에 마음속 깊은 곳에 들어와 자리잡고 있게 마련이다."

한스가 역경을 딛고 일어서는 데는 또 다른 버팀목도 있었다. 한스는 조피의 오랜 친구인 리자네 집을 방문하는 횟수가 점점 더 잦아졌다. 리자네 집은 울름에서 멀지 않은 레온베르크에 있었다. 한스에게 리자는 아직 어린아이였다. 겨우 열다섯 살밖에 되지 않았고, 조피와 함께 고등학교에 다니고 있었다. 한스는 벌써 열아홉 살이었다. 그렇지만 리자의 행동은 매우 자연스러웠고, 부모님에게 보낸 편지에서 썼듯이 "때묻지 않았다"는 느낌이 마음에 들었다. 한스는 리자야말로 자신이 온전히 사랑할 수 있는 사람이라고 확신하게 되었다.

단체 결성 음모죄

이 몇 달 동안 게슈타포는 슈투트가르트와 울름 출신의 청소년 열다섯 명을 의용대 음모죄로 정식 기소하기 위한 증거 자료를 수집했다. 에른스트, 한스, 베르너는 단체 결성 음모죄말고도 형법 175조에 의거하여 기소되었다. 그 사이에 1938년 3월 12일 아돌프 히틀러는 오스트리아를 침공했고 그때까지 독립 국가로 존재하던 오스트리아를 독일제국에 합병시켰다. 그리하여 이제 대독일제국을 만들었다고 발표했다. 한스네 부대는 이 시기에 소위 "꿈의 진군"에 참가하기만을 고대하고 있었다. 당시 병사들은 온갖 종류의 공중누각을 쌓으면서 푸른 도나우 강의 따뜻한 물에 발을 담글 수 있기를 꿈꾸었다. 한스는 정치적인 사건에 대한 자신의 입장을 드러내지 않으려고 조심했다. 그들은 전선에 투입되지 않았다. 라디오에서 오스트리아로 진군한다는 소식이 전해지자 사람들은 열광하기 시작했다. 한스는 그들을 이해할 수 없었다. 만약 저들이 칼을 들고 위협하는 태도를 취하는 데 만족하지 않고 더 나간다면, 앞으로 도대체 무슨 일이 벌어질 것인가? 그는 그렇게 혼잣말을 하면서 깊은 근심에 잠겼다. 히틀러는 오스트리아를 성공적으로 합병한 후 이를 기념하기 위해 4월 말 경범죄에 대한 사면령을 내렸다. 그리하여 6월 2일 드디어 슈투트가르트에서 특별 재판이 열렸을 때 에른스트와 한스 외에 또 다른 두 명에 대한 기소만 남게 되었다.

법정에서 한스는 좋은 인상을 주었다. 기병대장은 한스의 품행이 흠 잡을 데 없다고 증언했다. 판사들은 한스에게 관대한 판결을 내렸다. 판사들은 의용대 활동과 관련해서는 청소년기에 나타나는 분별 없음과 반항심이 동기가 된 만큼 죄가 경미하다고 판단했다. 그들은 의용대 활동이 국가에 해가 될 줄은 몰랐다고 하는 한스의 진술을 믿어주었다. 동성애 관련법 위반에 관한 판결은 이보다는 좀더 엄격했다. 판결문에 따르면, 몇몇 경우에는 매우 추한 행동으로까지 이어졌다고 했다. 게다가 한스는 히틀러 청년단의 중대장으로 동료 단원들에게 모범이 되어야 마땅했다. 그러나 한스의 친구가 그런 행동에 대해 경험이 없지 않았고 이를 거부하지도 않았으며, 한스 스스로 이러한 행동을 뉘우치고 있다는 점을 감안해야 한다고 했다. 결국 판결문은 한스가 "다른 점에서는 바른 품행을 보여주었고 성적인 문제도 어린 시절 저지를 수 있는 실수"이며 이제 한스는 "그러한 미친 행동을 극복했다"고 결론지었다. 따라서 판결문은 이 부분에 대해서도 가벼운 형벌이 요구된다고 보고 집행유예를 결정했다. 결국 한스는 아무런 처벌도 받지 않고 석방되어 자유의 몸이 되었다.

그러나 에른스트는 뼛속까지 의용대 정신이 스며든 인물로 취급되어, 단순하게 모반죄만 적용되어서는 안 된다는 의견이 지배적이었다. 그러나 에른스트 역시 매우 훌륭한 병사라는 증언이 있었다. 그리고 단체 결성 금지법이 발효된 이후에는 의용대 활동을 하지 않았다는 점도 인정되었다. 에른스트는 의용대 대원들과 주고받은 편지는 지적인 훈련을 통해 "그들의 정신을 일깨워주고자" 했기 때문이라고 주장했다. 결국 재판부는 이 기소 내용에 대해서 집행유예를 선고했다. 그렇지만 베르너와의 관계는 좀더 무거운 범죄로 취급되었다. 당시 열네 살이던 베르너보다 에른스트가 여덟 살이나 더 많았기 때문이다. 결국 이에 대해서는 3개월 형이 선고되었다. 그러나 에른스트는 이미 오랜 기간 구속되어 있었기 때문에 판결 당시는 이미 3개월이 지난 상태였다. 따라서 에른스트도 재판이 끝난 후 곧바로 석방되었다. 그러나 석방되자마자 게슈타포는 그를 다시 체포하여 강제수용소로 보냈다. 그곳에서 에른스트는 감옥에 갇혀 있을 때보다 훨씬 더 힘들고 고통스러운 시절을 보내야만 했다.*

부모님과 형제들은 한스가 무사하게 돌아온 것을 매우 기뻐했다. 자칫 잘못되었다면 전혀 다른 결과가 빚어졌을지도 모를 일이었다. 그렇지만 게슈타포의 가택 수사, 체포와 심문, 재판 과정 같은 일련

---

* 에른스트 레덴은 반년 동안 벨츠하임의 집단수용소에 수용되어 있었다. s. Vinke 1997; S.56

의 일들 때문에 숄 가의 형제들은 소년단과 소녀단 활동에서 멀어지게 되었다. 이제는 더 이상 예전과 같아질 수 없었다. 그들은 경험을 통해 국가사회주의당이 적을 다루는 방식을 알게 되었다. 조피는 오빠와 동생이 재판에 회부되었다는 사실을 받아들이지 못했다. 특히 단체 결성 음모죄로 기소되었다는 사실에 대해서 참을 수 없는 분노를 느꼈다. 이제 조피는 히틀러 청년단을 이전과는 전혀 다른 관점으로 바라보게 되었다. 히틀러 청년단은 더 이상 조피가 전력을 다해 일해온, 고귀한 목표를 추구하는 비정치적인 동료 집단이 아니었다.

조피는 이제 국가사회주의가 내걸고 있는 이상과 국가사회주의 체제의 현실 사이의 모순을 알아차리게 되었다. 조피는 이러한 모순에 대하여 아주 조심스럽게나마 지적하는 모습을 보이기 시작했다. 그리고 이때까지 별 생각 없이 복종해왔던 권위에 대하여 저항하기 시작했다. 한번은 한 친구가 잉에에게 머리를 설레설레 흔들면서 조피 때문에 심장이 멎어버릴 뻔했다며 다음과 같은 이야기를 들려주었다.

슈투트가르트에서 지부 담당 소녀단 간부가 울름 지부를 방문했을 때였다. 울름 지부 간부들과 정기모임에서 다룰 도서목록을 정하고 있었는데 조피가 하인리히 하이네의 작품을 목록에 넣자고 추천했다. 사람들은 깜짝 놀라 어쩔 줄 몰라했다. 유대인인 하이네의 작품들은 금서 목록에 들어 있었기 때문이다. 하지만 조피는 한술 더 떠서 하이네의 작품을 읽지 않고는 독일 문학을 안다고 이야기할 수 없다고 덧붙였다. 국가사회주의자들의 눈에는 반란이나 다름없는 행동이었다!

자유라는 개념 역시 전혀 다른 시각으로 다가왔다. 자유란 무엇인가? 자유에 대한 노래를 자주 불렀지만 도대체 이 나라에 자유라는 것이 존재하는가? 금지 조항만 자꾸 제정되고 모든 행동은 참을 수 없을 정도로 세세하게 규제되고 있지 않는가? 조피는 자신에게 허용된 자유의 한계를 실험해보기로 했다. 조피는 다른 간부 몇 명과 협의하여 분대 깃발에 하얀 천으로 규정된 룬 문자 모양을 달지 않고 다른 상징을 달았다. 그룹마다 각기 고유한 깃발이 있었기 때문에 이 정도의 자유는 허용될지도 모르는 일이었다. 그러나 안리스는 처음부터 이 일이 골치 아픈 문제를 일으킬 거라며 동참하지 않겠다고 밝혔다. 주제는 찬성했다. 결과가 궁금했던 것이다. 물론 '가짜' 깃발은 2년 전 한스가 제작했던 '의용대' 깃발이 그러했던 것처럼 엄청난 문제를 일으켰다. 어린 사고뭉치들이 대열에서 이탈하여 작은 폭동을 일으킨 것으로 간주되었다. 대의에 대한 배반이었다. 슈투트가르트에서 온 울름 지부 담당 간부가 말썽을 피운 간부들을 만났다. 그는 지부 건물에서 전체 모임을 갖고 단원들 앞에서 이들의 직위를 해제했다.

단원들이 수군거리기 시작했다. 지부 담당 간부는 국기 게양식 때 하는 원형 대열을 갖추라고 명령했다. 조피는 주말 야영이면 어김없이 반복했던 의식을 떠올렸다. 깃발을 올리면서 하루를 시작했고 깃발을 내리면서 하루를 마감했다. 깃대를 중심으로 둘러서면 누군가가 국가사회주의의 구호를 밝은 어조로 낭독했고, 깃발을 올리거나 내릴 때면 노래를 불렀다. 소녀단 활동 중 필수항목으로 그들 모두를 하나로 단결시키는 의식이었다.

그러나 조피를 비롯한 범죄자들은 이 원형 대열에 낄 수 없었다. 원형 대열 밖에 선 채, 자신들의 배반 행위를 비판하는 지부 담당 간부의 말을 들어야 했다. 지부 담당 간부는 범죄자들의 간부 계급장을 떼어내고 분대장 직위를 박탈했다. 그리고 일체의 간부직 수행을 금지했다. 이제 그들은 동료들로부터 소외될 터였다. 그들을 제외한 단원들의 노랫소리가 울려 퍼졌다.

> 우리가 서 있는 곳에 충성이 있다
> 우리의 발걸음은 충성의 명령
> 우리는 깃발을 따라 행진하고
> 우리의 행진은 잘못이 없으리
>
> 우리가 노래하는 곳에 충성은 침묵한다
> 충성의 힘은 노래보다 강력하다
> 충성은 묵묵히 우리의 깃발을 떠받치고
> 누구나 이 깃발을 따라갈 수 있도록
>
> 우리가 돌진하는 곳에 충성은 노래한다
> 충성의 노래는 우리를 불타오르게 한다
> 우리는 깃발처럼 빛난다

누구나 이 깃발을 따라갈 수 있도록

조피는 여러 갈래의 모순적인 감정이 솟아올라 매우 혼란스러웠다. 자신도 얼마 전까지는 이 노래를 자주 불렀고 아무런 의심 없이 마음을 다하여 노래를 불렀다. 가슴이 아팠다. 그러나 동시에 이렇게 사소한 일 때문에 모든 단원 앞에서 처벌을 받고 있다는 사실이 너무도 화가 났다. 그리고 매우 슬퍼졌다. 무엇인가가 저 깊은 곳에서부터 무너져 내리고 있는 것 같았다. 지금까지 그렇게 소중하게 간직해왔던 삶의 한 부분이 한순간에 의혹투성이의 무가치한 것으로 변해버리는 것 같았다. 예전에는 조피 역시 언니나 오빠들처럼 새로운 시대에 대한 믿음이 있었다. 독일 민족과 그들의 고귀한 사명을 굳게 믿고 있었다. 독일 민족이 세계를 지배하는 인종이며 독일 여성의 임무는 자신들의 혈통을 순수하게 지켜내는 것이라고 확신했다. 지도자와 민족 공동체에 대한 믿음이 있었고 그렇기 때문에 깃발에 충성을 맹세할 수 있었다.

하지만 이제 모든 것이 달라졌다. 모든 믿음에 구멍이 숭숭 뚫린 것 같았다. 마치 풍선처럼 크게 부풀어 있던 것이 수세미처럼 조그맣게 쪼그라드는 느낌이었다. 수세미란 꼭 짜면 더러운 찌꺼기만 남는 법이다. 조피의 눈에는 이제 모든 것이 공허하게 보였다. 조피는 지쳐 있었다. 차라리 어디론가 멀리 도망가서 자연의 고적함 속으로 숨고 싶었다. 그러다가 다시 분노가 치밀었다. 그래 맞아. 껍데기에 불과한 의식(儀式) 때문에 감정이 흔들리면 안 돼! 이젠 그런 의식

따위에는 휘둘리지 않을 거야! 조피는 그제서야 국가사회주의에는 사악한 것이 숨어 있으니 조심하라고 했던 아버지의 말이 옳았다는 것을 알게 되었다. 그리고 국가사회주의가 지배하는 한 자유는 결코 존재할 수 없다는 사실을 뼈저리게 느끼게 되었다. 이젠 소녀단에서 일어난 이 소동에 대해서 눈물 한 방울 흘리는 것조차 아까웠다.

지부 담당 간부는 마지막 아량을 베풀어 그들이 히틀러 청년단에서 내쫓기는 일만은 면하게 해주었다. 그들의 인생을 망치고 싶지 않기 때문이라면서 말이다. 이에 대해 주제는 그 멍청한 거위 같은 여자는 자신들의 인생을 망칠 만한 능력도 없다고 말하며 분을 삭이지 못했다. 그러나 사실 히틀러 청년단에서 소녀단 '일반 단원' 자격을 유지한다는 것은 그들이 생각하는 것처럼 사소한 일은 아니었다. 히틀러 청년단에서 쫓겨나면 학교에서도 퇴학당했을 것이기 때문이다.

그런 면에서 보면 지부 담당 간부는 실제로 그들의 인생 행로에 막대한 영향을 미친 셈이다. 물론 조피 남매 체포 사건과 이번의 직위 해제 사건은 조피네 학교에서 상당한 관심을 불러일으켰다. 교장 선생님은 조피를 직접 불러놓고 최근에 일어난 두 사건에 대하여 물어보기까지 했다.

조피에게는 지금까지 자기 삶의 전부를 차지해왔던 모든 것으로부터 떨어져 나온다는 것이 아주 뼈아픈 경험이었다. 갑자기 자유시간이 너무나 많아졌다. 새롭게 생긴 자유시간에는 독서나 그림 그리기처럼, 자신이 가장 좋아하는 일을 하면서 보냈다. 그러나 간부 그룹의 친구였던 몇 명이 조피를 멀리하기 시작했고, 그것은 조피의 마음을 아프게 했다. 조피 남매 체포 사건 이후로 많은 사람들이 위험한 일에 휘말려드는 것을 두려워했다. 국가사회주의자들이 만들어놓은 금지령은 셀 수 없을 정도로 많았다. 그러자 도처에 밀고자가 생겼고 또 그 때문에 모두들 두려움에 떨고 있었다. 조피의 또래 친구들은 조피네 가족이 뭔가 이상해졌다고 생각했다. 조피는 점점 더 비판적인 태도를 보였고 사람들이 더 이상 알고 싶어하지 않는 일에 대하여 국가모반적인 분위기를 풍기는 발언을 하고 다녔다.

조피가 외로워진 것은 사실이지만 조피 곁에는 몇 명의 친구들이 남아 있었다. 한스는 재판을 받고 난 뒤 며칠 동안 휴가를 얻어 집으로 돌아왔다. 안리스와 에리카는 숄 가의 형제들과 함께 수영을 하러 갔다. 한스와 동일한 시기에 휴가를 얻은 프리츠도 동행했다. 단지 잉에만 이미 한 달여 전에 울름을 떠난 상태였다. 브레멘의 레줌에 있는 어떤 집에 잠시 일을 해주러 간 것이다.

잉에로서는 주변 사람과의 관계가 모두 무너져버린 도시에서 멀리 떠나갈 수 있다는 것이 천만다행으로 여겨졌다. 이제까지 자신의 삶과 사고에서 결정적인 역할을 했던 소녀단과의 모든 연결고리를 상실했던 것이다.

소녀단 활동을 하지 않는 새로운 삶

조피는 서로 잘 이해하던 언니가 곁에 없으니 아쉬웠다. 잉에는 종종 어린 동생들이 맡은 집안일을 도와주곤 했다. 잉에가 옆에 앉아 시에 곡을 붙여 즉흥적으로 만든 노래를 큰소리로 불러대면 지겨운 설거지도 싫지 않았다. 조피는 이제 어머니와 함께 기독교를 주제로 자주 대화를 나누곤 했다. 일 년 전 나치가 교회에 대한 압력을 강화하기 시작하면서 성탄절 축제도 일종의 동지 축제인 율페스트 의식으로 변모시키자 어머니는 아연실색했다. 율페스트는 빛이 돌아오면서 낮이 길어지는 것을 기념하는 고대 게르만족의 풍습이었다. 성탄절은 어머니에게 가장 중요한 기독교 축일로서, 구세주의 재림과 복음을 기념하는 날이었다. 국가사회주의자들이 복음을 부정한다면 그들은 더 이상 기독교인이 아니었다. 아버지는 어머니의 분노를 단순하고 소박한 것이라고 생각했다. 하지만 어머니는 이 일 때문에 눈물을 흘리기까지 했다.

조피는 어머니를 이해하지 못했다. 그러나 점차 어머니가 느끼는 슬픔에 대해 곰곰이 생각해보게 되었다. 그리고 어머니와의 긴 대화를 통해 완전한 사랑에 대한 기독교의 가르침, 부활에 대한 믿음, 예수 그리스도의 재림에 의한 인간 구원에 어머니가 어떤 의미를 부여하고 있는지 알게 되었다. 조피는 따뜻한 보살핌으로 암울한 일상의 어둠을 걷어내는 어머니의 힘이 어디에서 솟아나고 있는지 알 것 같았다.

그러나 조피는 이제 겨우 열여섯 살밖에 되지 않았고 아직 어렸다. 그저 호기심 많은 눈을 반짝거리는 어린 소녀였던 것이다. 조피는 수업시간에 지루한 기분이 들면 단짝 친구인 안리스에게 눈을 찡긋하거나 살짝 허벅지를 꼬집곤 했다. 멀리 떨어져 있는 남자친구 프리츠에게 자신이 겪은 일이나 고민거리, 기뻤던 일들을 소상하게 적어 편지를 보냈다. 프리츠에게 보내는 편지에서 조피는 지금까지는 자신보다 훨씬 경험 많고 분별력 있는 큰언니가 항상 보살펴주었는데 이제는 누가 자신의 잘못을 가려줄지 모르겠다며, 다소 냉소적인 어조로 편지를 썼다. 그러나 곧 단호하게 "나 혼자 힘으로 커갈 거야"라며 각오를 덧붙였다.

한번은 베르너가 남자가 여자를 쳐다보면 여자가 얼굴을 붉힌다고 주장하자 조피는 곧장 거리로 달려나갔다. 남자들이야말로 여자를 보면 얼굴을 붉힌다는 것을 증명하기 위해서였다. 조피는 가만히 팔짱끼고 앉아서 자신의 의견을 거두는 성격이 아니었다. 베르너의 말이 옳지 않다는 것을 가능하면 바로 그 자리에서 증명해 보이길 원했다.

물론 조피가 마음껏 하고 싶은 일은 아직 남아 있었다. 잠을 실컷 자는 것이었다. 조피는 삶에 여러 가지 변화를 겪은 후로 이상한 꿈을 꾸곤 했다. 꿈의 느낌은 그리 유쾌하지 않았다. 대개의 경우 조피는 꿈속에서 여행을 하고 있었다. 조피는 커다란 호숫가에 있는 꿈을 꾼 적이 있었다. 조피는 저녁 무렵 야영지에서 어떤 여자와 함께 조각배를 타고 있었다. 곧 밤이 되었고 하늘엔 구름이 잔뜩 끼었다. 구름 사이로 하얀 달이 뜨고, 탁한 회색 달빛이 호수를 비추고 있었다. 특이한 것은 달 가까이에 조그만 붉은 점이 구름 사이로 빛을 내고 있었다는 것이다. 배에 같이 탄 여자는 조피에게 지금 이곳이 세상에서 유일하게 해와 달이 동시에 뜨는 곳이라고 말했다.

조피는 꿈이 너무나 인상적이어서 프리츠에게 보내는 편지에 이 꿈 이야기를 했다. 그러나 조피는 꿈의 내용을 이해할 수 있는 방법은 알지 못했다. 당시만 하더라도 정신분석 이론 같은 것은 일반인에게 알려져 있지 않았다. 뿐만 아니라 국가사회주의자들은 그런 데 관심을 갖는 것은 공허한 철학 놀음과 마찬가지로 쓸모없는 짓이라는 비난을 퍼부었다. 그들은 꿈은 공허한 것일 뿐이라고 단정했다. 사정이 그랬던 만큼 조피는 자신의 내면에 대해 좀더 자세히 알고자 하는 생각을 버리게 되었다. 이 꿈은 조피의 우울한 정신 상태를 반영하고 있었고 해와 달이 동시에 빛나기를 바라는 조피의 소망, 그리고 조피가 세상에서 단 한 곳뿐인 장소에 서 있다는 확신을 표현하고 있었다.

정치적 긴장이 점점 더 고조되어갔다. 그해 초 오스트리아를 합병한 후 수데텐 지역의 독일인 문제가 중요한 정치적 현안으로 떠오르고 있었다.

다민족 국가인 체코에서 독일인은 두번째로 인구가 많은 민족이었는데 간신히 인구의 절반을 넘은 체코인들한테 지배받는 것을 탐탁지 않게 여겼다. 마침 체코 내부의 체코화 정책이 강화됨에 따라 독일인의 피해의식은 점점 커져갔고, 국가사회주의자들은 체코에 대해 좀더 많은 제재를 가해야 한다는 분위기를 조성했다. 5월 말에 독일군이 이동하고 있다는 미확인 소문이 퍼지자, 체코군에서는 일부 동원령이 내려지기도 했다.

그해 여름 내내 수데텐 지방의 국가사회주의자들은 폭동을 일으켜 이러한 긴장을 더욱 고조시켰고 "제국으로 복귀하라"는 구호를 노골적으로 외쳤다. 9월에 히틀러는 뉘른베르크 전당대회에서 수데텐 지방의 양도를 공식적으로 요구했다. 그는 체코의 독일인들이 아무런 저항 없이 당하고 있지는 않을 것이며 그렇게 되도록 수수방관하지도 않겠노라고 노골적으로 천명했다. "체코 같은 범죄 국가는 반드시 파멸되어야만 한다. 체코의 살인마들이 벌인 끔찍한 범죄 행위들을 묵과하지 않을 것이다." "후스파(후스는 15세기 종교 개혁가이자 체코 민족운동의 지도자—옮긴이) 도적떼들이 살인마들처럼 날뛰고 있다. 임산부를 두들겨 패고 끌고 갔다. 독일인의 피에 호소한다!" 굵은 글씨체로 박혀 있는 신문기사의 제목이 마치 큰소리로 악다구니를 쓰고 있는 것 같았다. 챔버린 영국 수상이 히틀러와 협상을 하기 위해 독일에 오자 체코 전체가 들썩거리기 시작했다.

히틀러가 수데텐의 독일인 거주 지역을 9월 말까지 양도하라고 '최후 통첩'을 하자 사람들은 두려움에 떨면서 혹시 전쟁이 일어나는 것은 아닌지 걱정하기 시작했다. 그러나 전쟁이 발발하기 직전 뮌헨협약이 체결되었고 수데텐의 독일인 거주 지역은 독일에게 양도되었다. 10월 1일 독일군은 수데텐 지역을 점령했다. 가까스로 전쟁을 피할 수 있었던 것이다.

파멸을 초래할 뻔한 이 사건을 두고 조피네 학교나 친구들 사이에서는 활발한 토론이 벌어졌다. 숄 가의 아이들은 이제 히틀러의 정책이 대규모 전쟁과 관련되어 있다는 아버지의 생각이 옳았음을 깨닫게 되었다. 안리스는 그러는 사이에 공식적인 정책과 어긋나는 독자적인 의견을 친구들에게 이야기한다는 것이 얼마나 위험한 일인지 알게 되는 섬뜩한 경험을 했다. 10월 초 안리스는 반 친구 세 명과 함께 학교 주변의 가게 쇼윈도 앞에 걸터앉아 최근 독일 안팎의 소식에 대하여 이야기를 나누고 있었다. 안리스는 독일군의 침략에 대한 반감을 아주 솔직하게 친구들에게 털어놓았다. 그녀는 한 나라를 무력으로 위협하여 병합시키는 짓을 해서는 안 된다고 거리낌없이 주장했다. 적어도 예전에 자르에서 했던 것처럼 국민투표라도 실시해야 한다고 말하면서 지금은 순전히 폭력적으로 위협해서 빼앗아 오는 게 아니냐고 말했다. 안리스에게 특별한 의도가 있었던 것은 아니었다. 여느 때처럼 자신의 의견을 솔직하게 표현했을 뿐이었다. 그러나 그날 같이 있던 아이들 중 한 명이 이 사실을 지부 간부에게 밀고했다. 안리스는 곧바로 히틀러 청년단에서 쫓겨났다. 학교에서도 퇴학당할 뻔했지만 다행스럽게도 누군가 일을 잘못 처리하는 바람에 퇴학은 겨우 면할 수 있었다.

유대인 문제

독일 사회가 나치에 열광하는 동안 지각 있는 사람들은 대외적으로나 내적으로 통제를 벗어난 정책에 휘말려들었다는 사실을 점차 깨닫게 되었다. 하지만 많은 독일인들은 자신들이 품었던 높은 이상을 버릴 수 없었다. 한스는 그즈음 잉에에게 보낸 편지에서 자신은 지금이야말로 참된 애국자가 되었다고 쓰고 있다. 그해 11월에 한스는 제대를 했다. 제대하기 직전에 예비역 장교 자격시험을 통과했다. 대학에서 의과에 입학하기 위해서는 위생원을 양성하는 전문학교 수료증을 제출해야만 했기 때문에 군에서 제대하자마자 튀빙엔의 학교에 등록했다. 이때 잉에는 울름으로 되돌아갔다.

잉에가 고향으로 다시 돌아가기 전 한 젊은 유대인이 파리에서 독일 대사관 직원을 저격하는 사건이 발생했다. 10월 말에 그 청년의 부모가 당시 독일에 거주하고 있던 7,000명의 폴란드계 유대인들과 함께 독일과 폴란드간 국경을 넘어 황무지로 강제 추방되는 일이 있었고, 청년은 부모의 원수를 갚고자 했던 것이다. 물론 당시 독일에는 이 저격 사건이 거의 알려지지 않았다. 국가사회주의자들은 이 사건을 기화로 유대인에 대한 박해를 재개했다. 매년 11월 9일은 전사한 국가사회주의자들을 영웅으로 추대하는 공식 기념일이었다. 그 다음날 밤 히틀러 돌격대는 독일제국 전역에서 유대인 교회와 가게를 습격하여 파괴했다. 그들은 일부러 제복을 입지 않았는데 그것은 대중의 자생적 분노가 폭발된 듯한 인상을 남기기 위해서였다. 울름에서는 바인호프의 유대인 회당에 불을 질렀다. 불은 곧 진압되었지만, 돌격대 패거리들은 유대인의 집이나 가게를 습격하여 마구 부수었다. 구경꾼들이 쳐다보는 가운데 존경받는 랍비를 비롯해 유대인 남자들이 유대인 회당 앞의 크리스토포러스 샘물 앞으로 끌려나갔다. 그들은 몰매를 맞고 온갖 수모를 당했다.

조피의 아버지는 유대인 회사와 계속 거래를 했다. 조피네가 세 들어 있는 집도 유대인 소유였다. 그러나 다른 유대인들과 마찬가지로 조피네 집주인 역시 어처구니없이 싼 가격에 아리아인에게 집을 팔아야만 했다. 그즈음 그는 이미 살던 집에서 쫓겨나 도살장 옆에 수도와 전기 시설만 겨우 갖춘 허름한 집에 살고 있었다. 어느 날 새벽 조피네 집의 초인종이 울렸다. 문을 열었더니 부상당한 유대인들이 몸을 피할 데를 찾고 있었다. 그런 일이 있은 후로 조피의 아버지는 늘 유대인을 염려하고 걱정했다. 아버지는 예전 집주인을 찾아갔다. 아버지가 초인종을 누르자 집주인은 겁에 질려서 누구냐고 물었다. 조피의 아버지는 "전 인간입니다"라고 대답했다.

11월 10일 밤부터 며칠 동안 유대인에게 자행되었던 박해 행위는 "건방지게 구는 유대인"에 대한 응분의 대가로 선전되었다. 이러한 선전 작업과 더불어 거리의 현수막이나 신문에는 요란스런 구호들이 내걸렸다. 구호 내용은 "파리의 암살 사건에 대한 궁극적인 대가"가 법률 및 규정의 제정이라는 방식으로 유대인에게 전달되어야만 한다는 것이었다. 얼마 지나지 않아서 집단적인 범죄에 대한 벌로 유대인에게 십억 마르크의 벌금이 부과되었다. 유대인은 그 일로 인해 발생한 모든 손실을 자신들의 힘으로 해결해야 했으며 국가보험의 혜택조차 받을 수 없었다. 유대인을 살기 어렵게 만드는 조치들이 날로 많아지고 새로워졌다. 아리아인이 교육을 받고 문화생활과 여가를 즐기는 장소에서 유대인들은 완전히 사라졌다. "유대인 출입 금지" 딱지가 나붙었고, 특정한 시간대에는 통행이 금지되었다. 대중교통도 이용할 수 없었다. 유대인은 책이나 신문을 살 수 없었고 애완동물을 기르는 것도 금지되었다. 자동차나 오토바이도 소유할 수 없었다.

1933년에 울름 시에 거주하던 유대인의 수는 530명이었는데 1939년 5월에는 178명으로 줄어들었고 그마저도 다섯 곳의 건물에 격리 수용되었다. 국가사회주의 정부는 1941년이 되면 이들을 게토(유대인 격리 수용 지역—옮긴이)에서 강제수용소로 이송시킬 것이었다.

조피네 가족은 나치 도적떼들의 잔인함과 만행, 비열한 금지 조치에 대하여 참을 수 없는 분노를 느끼고 있었다. 그들은 야만적인 행위를 통해 유대인을 몰아내고 있었다. 이미 오래 전에 조피로 하여금 국가사회주의가 선전하는 인종 이론에 의심을 품게 만든 일들이 있었다. 같은 반 친구였던 유대인 두 명은 파란 눈에 금발을 한 학생들이었다. 오히려 이 아이들이 아리아인의 이상형과 일치했고 거꾸로 아리아인인 조피는 짙은 갈색 머리였다. 하교길에 두 친구와 동행하게 되면서 조피는 이들이 겪고 있는 어려움을 알게 되었다.

히틀러 청년단에 입단한 지 얼마 되지 않은 어느 날, 조피는 잉에와 함께 길을 가고 있었다. 그날은 국가 청년의 날이었고, 히틀러 청년단 단원이면 누구다 다 제복을 입어야 했다. 그런데 제복을 입지 않은 남자아이들이 몇 명 보였다. 제복도 입지 않았고, 조피 자매를 슬슬 피하는 게, 그들이 유대인이라는 걸 금방 알아챌 수 있었다. 나치의 방침을 따르자면 두 사람은 그들에게 큰소리로 야유를 보내야만 했다. 국가 청년의 날 행사에 유대인은 참여하지 못하도록 규정되어 있었기 때문이다. 그러나 조피와 잉에는 난감했다. 자매는 그들이 괜찮은 아이들이라고 생각했기 때문에 그들에게 나쁜 짓을 하고 싶지 않았다. 그러나 자신들이 반드시 복종해야 하는 지도자의 명령을 따르기 위해서는 그들에게 비난을 퍼부어야 마땅했다.

유대인 문제는 즐거운 소녀단 시절에 가끔씩 드리워지던 그늘과도 같았다. 그러나 조피와 잉에는 심각하게 생각하지 않고 머릿속에서 불편한 상황을 지워버릴 수 있었다. 그 당시만 해도 인종주의적 광란이 가져올 끔찍한 결과를 예상할 수 없었기 때문이다. 조피나 잉에도 대다수의 사람들처럼, 환영받지 못하는 유대인들은 독일 땅을 떠나야 한다고 생각했다. 같은 반의 유대인 소녀들은 얼마 지나지 않아 다른 곳으로 이주했고 이로써 이 문제도 저절로 해결되었다. 다른 도시에서와 마찬가지로, 울름에서 아직 도망가지 않고 남아 있는 유대인들은 차마 조국을 버리지 못하는 나이 많은 유대인들 뿐이었다.

당시 국가사회주의자들은 유대인 박해를 은폐할 목적으로 자신들이 만행을 저지른 날에 대해 "제국 크리스털의 밤(앞에서 언급한 유대인 집과 가게를 파괴하고 약탈한 밤. 1938년 11월 10일 — 옮긴이)"이라는 이름을 붙였다. 그러나 조피네 가족의 눈에는 국가사회주의자들의 행동은 너무나 가증스럽게 보였다.

얼마 지나지 않아 모든 사람들이 자신의 지난 한 해를 되돌아보는 강림절이 다가왔다. 한스는 강림절을 맞이하여 자신이 진실로 좀더 나은 사람이 되었는지 반성해보았다. 감옥에 갇혔을 때 각오한 것처럼 자신의 노력이 유용하고 진보에 도움이 되었는지 생각해보았다. 한스는 자신이 처한 상황이 많이 달라졌다는 것을 알고 있었다. 그렇지만 간혹 자신이 너무나 보잘것없고 우스워 보였기 때문에 자살하고 싶을 정도로 우울한 기분이 들 때도 있었다.

그러나 그런 증세는 그리 자주 생기지 않았고 대부분의 경우는 쉽게 이겨낼 수 있었다. 한스는 그해 크리스마스에 병원에서 당직을 서야 했기 때문에 집에 돌아가지 못했다. 그러나 이번에는 작년 크리스마스에 귀향하지 못했을 때와는 전혀 다른 느낌이었다.

곧이어 다가온 새해는 조피네 식구 모두에게 어두운 소식을 전해주었다. 히틀러는 1월의 제국의회 연설에서 전쟁이 발발하면 유대인은 모두 파멸할 것이라고 예고했다. 조피네 가족은 연설의 기저에 깔려 있는 뻔뻔스러운 전쟁 위협을 알아차릴 수 있었다. 부활절이 지나고 새 학기가 시작되자 조피는 대학 진학반으로 올라갔다. 이제 입학시험이 멀지 않았다. 그렇지만 조피는 학교 공부에 많은 시간을 투자하지 않았다. 조피는 국가사회주의적인 색채가 강하게 배어 있는 수업 내용을 혐오했다. 교실에 앉아 있으면 모든 사물을 작은 갈색 창을 통해서 바라보도록 강요받고 있는 것처럼 느껴졌다.

프뢰벨 전문학교를 졸업하고 유치원 보모 자격시험에 합격한 리즐은 고향집을 떠나 슈베비쉬할에서 첫 직장을 얻게 되었다. 기독교 선교회 산하 사회사업단체였는데, 월급도 적고 아침 일찍부터 저녁 늦게까지 온종일 서서 일해야 하는 힘든 직장이었다. 리즐이 떠나자 집이 텅 빈 것 같았다. 한 살 차이밖에 나지 않았기 때문에 리즐과 조피는 친구처럼 지냈다. 조피는 이제 엄마처럼 자신을 보살펴주는 잉에와 더욱더 가까워졌다. 아버지가 도심에 있는 주상복합건물에 집을 얻어 이사를 하게 되자 조피와 잉에는 너무나 기뻤다.

새로 이사한 곳은 살기 편한 4층짜리 집으로 대성당 광장 앞에 있었다. 창문을 열면 중세도시의 심장부가 내려다보였고 시장이 서는 날이면 거리의 활기가 집 안까지 느껴졌다. 국경일 행사가 열리는 날에는 시가행렬을 구경하는 것도 너무 재미있었다. 언젠가 리즐이 집에 다니러 왔을 때 조피와 잉에는 군인들과 대성당에서 만나기로 약속을 했다. 수비대 도시에서 근무하는 젊은 군인들은 어여쁜 소녀들과의 데이트를 갈망하고 있었다. 그러나 조피와 잉에는 군인들과 실제로 만날 생각은 없었다. 단지 군인들이 오랫동안 헛되이 기다리는 모습을 위에서 내려다보며 즐기려 한 것뿐이었다.

조피는 남자친구인 프리츠에게 신의를 어긴 적이 단 한번도 없었다. 조피는 프리츠네 부대가 배치된 빈으로 정기적으로 편지를 써보내고 답장을 기다렸다. 프리츠가 곧바로 답장을 하지 않을 때도 있었다. 프리츠가 휴가를 나오면 두 사람은 자동차 드라이브를 하기도 했다. 프리츠는 어린 여자친구에게 잠시 운전대를 잡을 기회도 주었다. 조피는 그해 봄에 혼자 힘으로 차를 몰아 보덴제에서 집까지 돌아오는 데 성공했다. 조피는 시외 도로를 주행했다는 것이 자랑스러웠다.

퇴폐 미술

조피가 뭔가를 하면 동생인 베르너가 같이 할 때도 많았다. 베르너는 여전히 오틀과 친하게 지내고 있었다. 조피는 에리카와 함께 울름 학교에 소묘를 배우러 다녔다. 남매는 둘 다 현대미술에 관심이 많았는데 특히 나치가 비난했던 미술가들의 작품에 흥미를 느꼈다. 2년 전 개관한 뮌헨 독일미술관에서 국가사회주의자들은 '퇴폐미술전'이라는 이름의 전시회를 열었다. 국가사회주의자들이 보기에 건강한 민족성에 부합하지 않는다고 생각하는 작품들을 모아놓고 작품마다 신랄한 비판을 달아놓았다. 인종적인 이유로 비난받는 유대인 화가와 조각가들의 작품뿐만 아니라 20년대 아방가르드 미술가들의 작품도 포함되어 있었다. 그리고 타민족의 시각이 들어 있거나 미술 그 자체를 주제로 삼았던 작품, 용감하게 실험 예술을 시도하면서 형식을 추상화시켰던 작품 모두가 이에 해당되었다.

잉에와 한스는 '퇴폐 미술전'을 둘러본 후 안내서를 가져왔다. 공식 예술을 전시하는 전시관보다 '퇴폐 미술'을 보기 위해 더 많은 관객이 몰리는 기현상이 생겨났다. 1937년 가을 울름 박물관에서도 문제가 되는 미술작품들이 압수되어 다른 곳으로 이송된 적이 있었다. 일찌감치 파면당한 유대인 박물관장이 수집한 현대 회화 및 그래픽 작품들도 볼셰비키적이고 유약한 졸작이라며 비난을 받았다. 문제 인물로 분류된 미술가들 중에는 울름 출신의 빌헬름 가이어도 포함되어 있었다. 그는 당시 여섯 명의 아이들과 함께 울름 시에 거주하고 있었다. 그는 교회 창문에 그림 그리는 일을 하며 밥벌이를 하고 있었다. 뮌헨의 전시회에서 감흥을 받은 한스는 가이어의 아틀리에를 찾아가 회화와 그래픽 작품을 감상했다. 얼마 지나지 않아 다른 형제들도 가이어 가족과 알고 지내게 되었다. 가이어를 통해서 다른 예술가들을 소개받기도 했다.

조피는 아틀리에를 방문할 때 에리카를 데리고 갔다. 안리스와는 좀 소원하게 지냈다. 안리스가 남자친구를 사귀면서 그쪽에 더 마음을 썼기 때문이다. 조피의 가장 친한 친구이자 가장 오랜 친구 리자도 한스에게만 관심을 보이고 조피를 점차 등한시했다. 그래서 조피는 주제와 자전거 여행을 하거나 알프스 산으로 등산을 가는 일이 많아졌다. 그러나 주제 역시 집안일을 돕고 피아노 연습도 해야 했기 때문에 조피는 주로 혼자서 독서를 하거나 그림 그리기에 몰두했다. 그러면서 조피는 여름방학이 오기만을 목이 빠지게 기다렸다. 프리츠와 함께 여행을 가려고 마음먹고 있었기 때문이다. 베르너를 같이 데리고 갈 작정이었다. 열여덟 살짜리 처녀가 젊은 남자와 단둘이 여행을 하는 일은 불가능했다. 조피와 프리츠는 여행지를 유고슬라비아로 잡았다. 처음 떠나는 외국 여행이 될 터였다. 조피는 용돈을 아껴서 돈을 모으고 여행 안내 책자를 도서관에서 빌려와 읽었다.

외국 여행을 하려면 당국의 허가를 받아야 했는데 허가증을 발급받을 가능성이 점점 희박해졌다. 정세가 다시 악화되기 시작한 것이다. 수데텐 점령 후의 평화로운 정적은 단지 허울뿐이었다. 히틀러는 또다시 새로운 영토를 요구했다. 3월에 슬로바키아는 독일의 압력 아래 체코로부터 독립을 선언했었다. 슬로바키아 독립 선언 직후 독일군이 슬로바키아로 진군했다. 명백한 뮌헨협정 위반이었다. 군대를 진군시킨 다음날 히틀러는 점령 지역을 '뵈멘, 매렌 보호국'으

조피는 읽고 그림 그리고
공상하기를 좋아했다.
조피가 그린 친구의 뒷모습.

로서 독일제국에 합병했다. 얼마 지나지 않아 리투아니아의 메멜 지방을 점령했고 이곳도 독일제국으로 합병했다. 영국 수상은 히틀러에 대한 양보 정책을 그만두겠다고 선언하면서 독일을 위협했다. 영국에서 징집령이 내려졌다. 긴장을 고조시키는 다른 소식들도 연이어 전해졌다. 폴란드는 단치히의 양도를 거절했다. 스페인에서는 프랑코 장군 휘하의 파시스트 부대가 수도 마드리드를 점령하면서 내전에서 승리를 거두었다. 유럽에서 또 한 명의 독재자가 권력을 장악하게 된 것이다.

조피의 아버지 로베르트는 이러한 소식들을 접하고 매우 불안해했다. 점심식사를 하러 집으로 건너와서 제일 먼저 하는 일이 스위스의 베로뮌스터 라디오 방송을 듣는 일이었다. 이 방송에서는 국가사회주의적인 과도한 열정 따위에 휩싸이지 않고 전세계에서 일어나는 사건에 대해 객관적인 사실만을 전달했다. 목요일 저녁이면 가족이 모두 둘러앉아 스피커에 귀를 기울이고 한 주일을 종합하는 정치뉴스를 청취하곤 했다.

독일 라디오 방송에서는 엄격한 검열을 거친 소식만 내보내면서 나치에 아부하는 발언을 끝도 없이 늘어놓았다. 하지만 스위스 방송에서는 중립적인 입장을 취하며 국내외에서 입수된 정보를 바탕으로 국제적인 상황을 명확한 언어로 세심하게 분석해 보도했다. 스위스 방송이 전하는 모든 뉴스는 전쟁이 곧 닥치리라는 것을 암시하고 있었다.

여름방학이 시작되기 직전 프리츠는 외국 여행 허가를 받지 못했다는 편지를 보내왔다. 여행 계획이 수포로 돌아갔지만 조피는 특유의 여유를 발휘하여 아무렇지도 않은 듯 너무 놀랄 만한 일은 아니며 어느 정도는 예상하고 있었노라고 답장했다. 조피도 여행을 가기 위해서는 청년지도부의 허가를 받아야 했는데, 전국 청년지도부 역시 당시의 위기적 상황에 직면하여 외국 여행 일괄 금지령을 내린 상태였다. 그래도 프리츠는 휴가를 받아 집으로 왔다. 그들은 여행지를 바꿔 북쪽으로 향했다. 조피와 프리츠는 베르너, 리자와 함께 발트해의 하일리겐하펜으로 여행을 떠났다. 여행 중에 조피는 프리츠와 단둘이 바닷가로 나가 화창한 여름날을 즐겼다. 수영도 실컷 하고 해변도 거닐었다. 밤에는 바다로 지는 해를 바라보기도 했다. 바람이 심하게 불던 어느 날, 그들은 해변의 등나무 의자를 비싼 값에 임대했다. 프리츠가 한참을 끙끙거려 의자를 편 뒤 둘은 자리를 잡고 앉았다. 그러나 등을 기대자마자 의자가 쓰러지고 말았다. 두 사람은 배꼽을 잡고 웃어댔다. 의자를 제대로 고정시키고 나서야 편안하게 앉을 수 있었다.

그들은 하일리겐하펜을 떠나 킬로 향했다. 조피는 프리츠 덕분에 세상에 대한 애정을 키울 수 있었다. 버스 안에서 조피는 프리츠의 어깨에 기대어 잠이 들었다. 조피는 남들이 보는 앞에서 긴장을 풀어본 적이 없었다. 교양 있는 중산층 가정에서 흔히 그러하듯이 어머니는 아이들이 예의바른 행동을 하도록 가르쳤다. "도대체 사람들이 어떻게 생각하겠니?" 어머니는 늘 걱정이었다. 삐딱한 행동을 일삼던 소녀단 시절, 조피는 어머니의 가르침에 반항을 한 적도 있었지만, 마음 한편으로는 늘 다른 사람의 눈에 거슬리지 않도록 주의하고 있었다. 아버지는 딸들에게 교양 있는 시민이 지켜야 할 예절과 바람직한 태도를 다룬 『예절서』를 사주기도 했다. 세 딸 모두이 책의 가르침을 철저하게 익혔다. 조피는 이제 더 이상 자신의 본분조차 모르는 어리석은 독일 소녀단 단원이 되고 싶지 않았다!

함부르크의 미술관에서 다른 곳에서는 보기 힘든 그림들을 보았다. 조피는 로비스 코린트의 작품 앞에 오랫동안 서 있었다. 함부르크를 거쳐서 북해 쪽으로 여행을 계속했다. 그들은 북해에서 이삼일 정도 해수욕을 즐겼다.

여행의 마지막 목적지는 보르프스베데 예술가촌으로 잡았다. 조피는 전에도 이곳에 온 적이 있었다. 아틀리에를 둘러보는 동안 전에는 전혀 관심을 기울이지 않았던 파울라 모더손 베커의 작품에 매혹되었다. 좀더 성숙해진 조피는 이 여류 미술가가 다른 미술가의 뒤를 따르지 않고, 스스로의 힘으로 고유한 스타일을 찾아냈다는 것을 알 수 있었다.

8월 초 보르프스베데에서 프리츠는 귀환 명령을 받았다. 다음날 바로 출발해야만 했다. 마지막으로 두 사람은 숲속으로 산책을 나갔다. 우거진 숲 사이로 어두운 길이 나 있었다. 풀밭 사이에 군데군데 맨땅이 드러나고, 관목 숲이 펼쳐진 고요한 곳이었다. 그들은 숲속 깊숙한 곳까지 오랫동안 걸었다. 두 사람이 부드러운 이끼 위에 누웠을 때 주위엔 아무도 없었다. 조피는 프리츠에게 바짝 기대었다. 지난 며칠 동안 둘은 매우 가까워졌다. 많은 것을 같이 체험했

조피가 한스의 친구에게
그려준 삽화 가운데 하나.

고 서로에 대해서 더 잘 이해할 수 있게 되었다. 내일이면 헤어져야
만 한다. 만약 이것이 영원한 이별이라면? 전쟁이 일어난다면? 침
묵이 흐르고 서로 깊은 생각에 잠겼다. 그때 갑자기 프리츠가 조피
를 끌어당겼다. 슬픈 생각은 씻은 듯이 사라졌다. 둘은 부드럽게 입
을 맞추었고 세상은 고요한 평온 속에 잠겼다. 두 사람은 모든 것을
잊어버리고 둘만의 세계로 깊이 빠져들었다.[*]

다음날 아침 프리츠는 떠났고 베르너와 리즈가 조피 곁에 남았다.
조피는 예술가촌에 며칠 더 머물면서 그림을 그리기로 했다. 슈투트
가르트에 사는 한스의 친구에게 『피터팬』의 삽화를 그려주기로 약
속했기 때문이다. 그들은 기분 전환 겸 등산을 했다. 짐은 유스호스

---

[*] 이 서술은 필자가 허구적으로 지어낸 것이다. 물론 조피는 심문 과정에서 1937년부터
프리츠와 연인으로 사귀었으며 나중에 결혼할 의사가 있었다고 진술했다. Verhör-
protokoll Sophie; S.16a.

텔에 남겨두었다. 등산을 마치고 돌아오자 유스호스텔 주인 여자가 흥분된 목소리로 호들갑을 떨었다. 조피의 방에서 다른 손님이 하룻밤을 묵었는데 조피가 조심성 없이 방에 흩어놓았던 책들을 살펴보다가 금서를 발견했다는 것이다. 당시에는 금서를 지닌 사람을 신고할 의무가 있었다! 주인 여자가 겨우 사태를 진정시킨 모양이었다. 하지만 주인 여자가 갑자기 그들의 세계관에 대해 관심을 보이자, 조피 일행은 왠지 미심쩍은 마음이 들었다. 그들은 가능한 한 빨리 그곳을 떠나기로 마음먹었다. 전에도 게슈타포의 조사를 받은 적이 있었기 때문에 똑같은 사태만은 피하고 싶었다.

번개 전쟁

　　신문과 라디오 방송에서는 연일 폴란드인의 만행을 전했다. 폴란드인이 체코인처럼 독일 여성을 범하고 독일인을 살해하고 독일인의 재산을 훔쳐간다는 보도가 빠지는 날이 없었다. 그러던 중 8월 23일 청천벽력 같은 소식이 전해졌다. 히틀러와 스탈린이 향후 10년 동안 불가침과 평화를 약속하는 협정을 체결했다는 것이었다. 그때까지 히틀러는 볼셰비즘은 반드시 물리쳐야 할 세계의 적이라고 주장하지 않았던가? "파괴적일 뿐만 아니라 기존의 가치를 전면적으로 뒤집는 아시아적인 세계관"이라고 볼셰비즘을 공격하면서 "서유럽에서 볼셰비키 혁명이 성공하게 되면 혼란이 도래할 것"이라고 경고하지 않았던가?

　　지금까지 생사를 걸고 투쟁을 벌이던 두 체제가 갑자기 우방으로 바뀐 것이다. 그러나 이것은 폴란드와의 전쟁을 염두에 두고 후방의 안전을 도모하기 위한 방편일 뿐이었다. 영국과 프랑스는 그해 봄 폴란드가 공격을 당할 경우 지원을 하겠다는 약속을 했다. 영국은 반드시 약속을 지킬 것임을 다시 한번 확고히 했다. 그리고 8월 27일 생필품과 의복, 석탄에 대한 배급권이 도입되자 의식 있는 사람들은 드디어 올 게 왔다고 생각했다. 1939년 9월 1일 드디어 독일군은 폴란드를 침공했다. 폴란드의 동맹국들은 최후 통첩을 발표하고 이틀 후에는 독일에 선전 포고를 했다.

그러나 대부분의 독일인은 다가오는 위험을 알아채지 못했다. 전쟁이 선포된 후에도 그들은 예전과 똑같이 일상적인 생활을 지속하고 있었다. 일요일에 점심식사를 마치고 커피를 마시면서 이따금 전쟁에 대하여 대화를 나누는 정도였다. 그러나 조피네 가족들은 독일의 폴란드 침공을 놓고 다각도로 토론을 벌였다. 전쟁은 얼마나 오래갈까? 영국과 프랑스가 곧 공격해올까? 영국과 프랑스는 전쟁에 대비할 시간이 충분했던 만큼 독일보다 더 많은 수의 전투기와 전차를 보유하고 있지 않을까?

베르너는 오틀과 함께 또 다른 친구 한 명을 만났다. 베르너는 전쟁이 곧 끝날 거라고 생각했다. 베르너가 먼저 말을 꺼냈다. 혹시 도움이 될 만한 일은 없을까? 저항 단체에서 일을 하거나 반전운동에 참여해야 하는 게 아닐까? 오틀은 전쟁이 오래 지속될 거라고 생각했다. 오틀은 저항운동에 참여하는 데 반대했다. 지금과 같은 경찰국가 체제에서는 저항 단체가 오래 버티지 못할 거라고 판단했기 때문이다. 누구나 언제든지 이웃을 신고하는 밀고자로 돌변할 수 있는 것이 현실이었다.

조피는 전쟁이 일어났는데도 예전과 다름없는 일상이 이어진다는 사실이 너무나 이상했다. 그녀에게는 개학을 기다리는 것말고는 특별한 일이 일어나지 않았다.

한스는 그 무렵 울름에 있었다. 그는 뮌헨 대학에서 의학 공부를 시작했고 7월에는 마주르에서 의무적으로 부과된 추수 작업에 참여했다. 전쟁이 시작되기 직전 한스는 마지막 배를 타고 발트해를 건너 고향으로 돌아왔다. 당시 조피네 집에서는 한스가 학업을 계속할 수 있는지 아니면 입대를 해야 하는지 당국의 결정을 기다리고 있었다.

조피는 일상에서의 변화는 느낄 수 없었지만, 전쟁에 대한 자기 나름의 생각을 발전시켜나갔다. 인간이 서로의 생명을 위협하는 상황으로 치닫는 것은 끔찍한 일이었다. 조피는 이런 상황을 이해할 수 없었다. 조피는 학교에서도 자신의 의견을 당당하게 개진했다. 놀랍게도 다른 학생들은, 독일 군인들은 공격받고 있는 조국을 지켜내야 한다고 말했다. 하지만 조피는 이 전쟁은 강대국을 향한 지도자의 야심이 불러일으킨, 전쟁을 위한 전쟁일 뿐이라고 생각했다. 이 점에서 조피는 아버지와 의견이 같았다. 조피는 정치에 관심이 많아졌다. 베로뮌스터 라디오 방송의 주말 뉴스를 듣고 나면 아버지에게 현재의 정치 상황에 대해 질문을 던졌다. 전쟁이 터지고 나서부터 외국 방송 청취는 처벌을 각오해야 하는 금지사항이었지만 조피는 개의치 않았다.

프리츠는 라인 강 상류 지역에 배치되었다. 서부전선의 위치는 비밀에 부쳐졌기 때문에 조피는 프리츠가 정확히 어디에 있는지 알 수 없었다. 조피는 프리츠가 지금 하고 있는 일이 조국을 위한 것이라고 주장할까 걱정되어 전쟁에 대한 자신의 견해를 편지에 써서 보냈다. 조피네 식구들은 빠른 시일 안에 전쟁이 끝날 거라는 희망을 버렸다. 프리츠에게 편지를 쓴 시점이 바로 소련군이 우크라이나와 백러시아로 진군했을 때였고, 그로부터 얼마 지나지 않아 독일군은 러시아가 새롭게 차지한 지역의 경계까지 진군했다. 일주일 후 나치의 선전 매체들은 독일군의 승리를 발표했다.

공식 선전에서 "번개 전쟁"으로 찬양되던 전쟁이 끝나고 난 뒤 조피네 학교는 다시 문을 열었다. 그러나 두 주 수업 후 다시 가을방학이 시작되었다. 앞으로 많은 일들이 기다리고 있었다. 이듬해 봄에는 대학입학자격시험을 치러야 했고, 그런 다음에는 제국 노역 봉사가 기다리고 있었다. 노역 봉사를 마쳐야 대학 입학 자격이 주어졌다. 전쟁이 발발한 이래 열여덟 살이 된 여성은 의무적으로 노역 봉사에 참여해야 했다. 노역 봉사는 여성이 농사와 가사노동에 참여함으로써 서로 다른 사회적 배경과 교육의 차이를 극복하고 민족 공동체에서 수행해야 할 역할을 준비할 수 있도록 하는, 일종의 교육 활동으로 선전되었다. 간단히 말해 조피는 육 개월 동안 공동생활을 하면서 조국을 위해 땀 흘려 일해야만 했다.

조피는 낯선 여자들과 함께 좁은 공간에서 지내는 것이 두려웠다. 조피는 그제서야 비로소 가족과 넉넉한 생활 공간이 얼마나 소중한 것인지 깨닫게 되었다. 혼자서 지낼 수 있는 자기만의 방이 간절했다! 조피는 제국 노역 봉사를 피할 수 있는 방법을 알아보았다. 그리고 사회복지 분야 교육을 받으면 노역 봉사를 하지 않아도 된다는 사실을 알아냈다. 조피는 주제를 설득하여 가장 좋은 탈출구로 보이는 이 길을 함께 선택하기로 했다. 두 사람은 리즐이 다녔던 프뢰벨 전문학교에 입학하기로 했다. 대학입학자격시험에 합격하면 일 년 만에 이 교육 과정을 마치는 것도 가능했다.

한스는 뮌헨 대학에 복학했다. 언제 징집령이 떨어질지 모르는 상황이었다. 매일 새로운 부대가 증설되는 중이었기 때문이다.[*]

조피는 프리츠보다 오빠가 더 걱정되었다. 프리츠는 마지막으로 조피와의 관계에 거리를 두는 내용의 편지를 보내왔다. 지도자와 조국에 신성한 맹세를 한 프리츠로서는 여자친구인 조피가 국가사회주의에 반감을 가지는 것을 받아들이기가 쉽지 않았던 것이다. 조피는 이제 이성적으로 둘의 관계를 생각하려고 노력했다. 프리츠는 조피에게 아무것도 약속하지 않았다. 조피는 아무런 의무감 없이 프리츠를 생각할 수 있기를 원했다. 만남이나 영원한 관계 등의 약속 없이도, 둘이 함께 있을 수 있다면 그것으로 족했다. 그들은 한동안 인생의 길을 함께 걸어왔다. 그러나 이제 서로의 길이 달라지는 지점에 도달했고 둘은 아무 말 없이 조용히 각자의 길을 걸어가야 했다. 그것으로 끝이었다. 조피는 둘의 관계를 그렇게 정리했다. 물론 사람의

---

[*] Scholl 1995, S.35; 전쟁 중이었기 때문에 1939년 12월 22일까지 세 학기로 나뉘어 학기가 진행되었다.

관계라는 것은 실제로 그렇게 간단한 것도 아니었고 선을 긋듯 명확하게 하기도 어려웠다. 조용히 자신의 길을 찾아 나갈 수 있을지도 확신할 수 없었다. 다른 길을 선택했더라도, 서로한테서 떨어지는 과정이 "너무 힘이 들어" 서로를 아프게 하지 않을지 두려웠다.

　얼마 지나지 않아 프리츠가 휴가를 얻어 울름으로 왔다. 둘은 저녁에 도나우 강변으로 산책을 나갔다. 그날따라 바람이 심하게 불었다. 상현달이 어두운 구름 사이로 나타났다 숨기를 반복했다. 하늘 위에서도 마치 달과 구름이 심한 말다툼을 하는 것 같았다. 서로를 좋아하는 감정이 구름 위의 달과 같은 것이라면, 지금 이 순간의 괴로움과 암울함은 마치 구름과도 같아서 달과 구름이 서로 싸우는 듯했다. 결국 구름이 걷히고 달이 어두운 밤을 온화한 빛으로 비추었다. 서로를 좋아하는 감정이 승리했다. 11월 말 조피는 기쁜 마음으로 양초와 솔가지로 만든 강림절용 장식을 프리츠에게 보냈다. 전쟁이 시작되었어도 고향인 울름에는 여전히 강림절 분위기가 흐르고 있었는데 이러한 분위기를 편지로나마 프리츠에게도 전해주고 싶었다.

　새해의 첫 두 달은 학교에서 수업을 하면서 보냈다. 3월 초에는 대학입학자격시험을 치를 예정이었다. 조피는 시험은 별로 걱정하지 않았다. 학교 성적이 좋았기 때문에 거의 붙은 거나 마찬가지였다. 빨리 시험이 지나갔으면 하는 마음뿐이었다. 마치 해야 할 설거지 거리를 쌓아두고 있는 듯한 느낌이었다. 조피는 이것저것 해결하지 못한 과제를 처리했다.

대학입학자격시험 직전에 프리츠가 휴가를 나왔다. 조피는 주말을 끼고 스키 여행을 떠났다. 학교를 빼먹었지만 양심에 거리끼지 않았다. 전쟁 중이고 프리츠를 다시는 못 만날지도 모르는 일이었다. 조피는 시험에 합격했다. 그리고 프리츠와 함께 사흘 동안의 등반 여행을 떠났다. 여행 마지막 날에 프리츠의 발목이 삐는 사고가 생겼다. 그러나 두 사람은 이 일을 나쁘게 생각하지 않았다. 어쩌면 행운이 찾아온 셈이었다. 둘이 함께 지낼 수 있는 시간이 하루 더 늘어났으니까. 조피에게는 프뢰벨 전문학교에 입학하기 전까지 한 달 정도의 시간이 남아 있었다. 대학에서 무엇을 전공할지는 아직 정하지 않은 상태였다. 그래도 대학 공부는 빨리 시작하고 싶었다. 좀더 많은 것을 알고 싶었고 명확하게 보이지 않는 세상의 이면을 들여다보고 싶었다. 그러나 지금 당장은 아니었다. 졸업 후에 얻은 새로운 자유를 마음껏 누리고 싶었던 것이다.

그러나 조피는 자유로운 생활을 오래 지속할 수 없었다. 아버지 사무실에서 일을 도와야 했기 때문이다. 아버지는 해마다 이맘때면 세무서에 제출해야 하는 고객들의 연말 정산 업무 때문에 일손이 많이 부족했다. 4월과 5월에는 늘 초긴장 상태였고 밤늦도록 일을 하곤 했다. 올해도 아버지의 손길은 매우 분주해졌다.

4월 9일 독일군이 덴마크와 노르웨이를 침공했다는 소식이 전해졌다. 모두가 경악을 금치 못했다. 전쟁이 실패로 끝날 거라는 희망은 산산이 부서져버렸다. 조피는 이 전쟁이 두려웠다. 더는 전쟁을 생각하고 싶지 않았지만 그렇게 할 수는 없었다. 집에서는 국민들을

214

기만하며 끔찍한 짓을 저지르고 있는 독일 정치에 대한 이야기가 끊이지 않았다. 조피는 정치적 현실을 외면하는 겁쟁이가 되고 싶지 않았다. 정치적 현실을 외면하고 자신의 욕구만 충족시키려 했다면 조피는 심한 양심의 가책을 받았을 것이다. 조피는 당장의 가혹한 현실 때문에 그 밖의 다른 일들은 부차적으로 간주해야만 한다는 압박에 늘 시달리고 있었다. 그러나 그런 순간이면 프리츠에게서 마음의 위안을 찾을 수 있기를 얼마나 갈망했던가!

프뢰벨 전문학교

5월 초 조피와 주제는 프뢰벨 전문학교에 입학했다. 두 개 반에 각기 여덟 명과 열 명의 여학생이 수업을 받았다. 두 사람만 대학입학자격시험에 합격한 학생이어서 초급과 고급 과정을 동시에 들을 수 있는 자격이 주어졌다. 학생들 대부분은 조피를 달갑지 않게 생각했다. 다들 농촌 출신이었고 농촌 사람 특유의 사고 방식대로 약간 보수적이었다. 같은 학급의 학생들이 자신을 건방지다고 생각하는 것을 조피도 잘 알고 있었다. 매우 조심스럽게 행동했고 나서지 않는데도 인식은 달라지지 않았다. 소녀단 간부에서 해임된 다음부터 조피는 어딜 가나 낯선 존재가 되었다. 그녀는 자기 또래의 다른 여학생들 사이에서 섬 같은 존재였다. 그들은 끔찍할 정도로 순진해서 제대로 된 책을 읽어본 적도 없었고 그저 떠돌아다니는 유행어를 따라 할 뿐이었다. 조피는 냉소적으로 대응하는 것말고 다른 방법을 알지 못했다.

5월 10일자 『울름머 차이퉁』은 "연합군이 루르 지방을 침공했지만 독일군이 이를 격퇴했다. 독일군은 현재 제국을 구하기 위한 최후의 결전에 나섰다. 독일군이 네덜란드와 벨기에로 진격하고 있다"는 기사를 내보냈다. 5월 13일에는 "룩셈부르크, 이제 독일의 손안에"라는 제목의 기사가 실렸고, 5월 14일에는 "뤼티히에 독일 국기가 휘날리다. 독일 공군이 로테르담을 공습. 네덜란드 항복. 세당을 점령하다"라는 내용의 기사가 실렸다. 5월 18일에는 "독일군, 브뤼셀로 진격하다"는 기사가, 5월 20일에는 "라온 함락"이라는 기사가 실렸다. 하루 뒤 독일군이 도버 해협에 도달하여 이미 진군해 있던 영국군을 물리쳤고, 영국군은 무기를 버리고 도망쳤다는 소식이 전해졌다. 그로부터 7일 후 벨기에가 항복했다.

아버지는 그즈음 외국 방송을 듣기 위해 꽤 비싼 라디오를 새로 구입했다. 독일 국내 방송에서는 전쟁 승리 선전 보도가 끊임없이 이어졌고 울름에서도 전쟁을 실감할 수 있게 되었다. 도시 상공을 나는 프랑스 전투기의 모습이 보였고, 전투기 엔진 소리가 사람들의 귓가를 맴돌았다. 조피네 식구들은 서부전선에 투입되었다는 것말고는 한스와 프리츠의 소식을 정확히 알지 못했다. 이로 인한 불안감이 조피에게는 고통으로 다가왔다.

프뢰벨 전문학교는 마음에 들었지만 진지하게 수업 내용을 따라가기가 어려웠다. 다른 학교처럼 거의 모든 교과목이 국가사회주의적 세계관에 깊이 물들어 있었다. 매일 아침 국기에 대한 맹세를 외위야 했고 히틀러의 라디오 연설을 청취해야만 했다. 주제와 조피는 나란히 붙어서 귓속말을 주고받으며 계속 킥킥거렸다. 어느 날 둘은 교장 선생님을 시험해보기로 했다. 교장 선생님은 국가사회주의에 대한 자신의 입장을 드러내지 않고 있었다. 주제와 조피는 지도자의 연설을 듣는 동안, 공공연하게 책을 펴놓기로 했다. 자칫하면 퇴학을 당할 수도 있는 행동이었다. 교장 선생님은 침착하게 다가와 책을 덮으라고 부드럽게 타일렀다.

집에는 한스가 보낸 편지가 도착해 있었다. 한스네 부대는 벨기에 점령에 참가했다. 한스는 연락병으로 전초부대에 속해 있었다. 처음 며칠 동안은 익숙하지 않은 오토바이를 타고 수 킬로미터를 달리느라 손이 아프고 관절이 쑤셨다. 넘어지기도 일쑤였다. 6월 초에는 세번째 사고를 당해서 갈비뼈가 부러지고 신장 쪽에 부상을 입었다. 그러나 다른 곳은 아무 탈 없이 건강하니 걱정할 필요 없다고 씌어 있었다.

프리츠의 부대는 네덜란드로 진격했다. 전선 우체국을 통해 조피는 프리츠와 정기적으로 편지를 주고받았다. 조피는 다른 사람들한테는 국가사회주의에 대해 전혀 관심이 없는 듯한 태도를 보였지만 프리츠한테만은 열심히 자신의 견해를 피력했다. 자신도 아버지처럼 국가사회주의에 뿌리 깊은 증오심을 갖게 되었다고 편지에 썼다. 히틀러는 바로 일 년 전까지만 해도 불가침조약을 맺어 중립을 보장했던 이웃 국가를 침략했으며 전쟁을 확대시킨 장본인이었다. 그런데 자신이 사랑하는 프리츠가 이런 천만부당한 전쟁에 목숨을 내걸고 있었던 것이다. 프리츠는 물론 자신의 입장을 옹호했고 심지어 조피가 자신과 다른 의견을 갖기 위한 단순한 반항심에서 그런 주장을 한다고 생각하기조차 했다. 물론 조피는 프리츠는 군인이기 때문에 매사에 조심스러워야 하고 주변 상황을 고려해야 한다는 점을 이해하고 있었다. 그러나 국가사회주의에 관해서는 더 이상 불확실한 부분이 있을 수 없다고 생각했다. 나치를 반대하든지 찬성하든지 둘 중 하나일 뿐, 다른 가능성은 존재하지 않았다.

여성이 정치에 관심을 가지는 것은 당시 그리 흔한 일이 아니었다. 정치에 관심을 두는 것은 여성답지 않은 행동으로 간주되었고 대부분의 남성들한테 비웃음을 샀다. 조피도 그런 사실을 잘 알고 있었다. 조피 역시 어릴 때부터 여성은 남성들이 지배하는 사회 영역에 참여하려는 욕망을 가져서는 안 된다는 교육을 받았다. 또 이러한 여성상은 지난 7년 동안 나치가 줄곧 선전해온 것이기도 했다. 국가사회주의의 이상적 여성상에서 여성의 삶의 의미는 전적으로 결혼과 모성에 있으며, 이를 위해서 소녀들은 힘을 길러야 했다. 여성은 이성적인 사고보다는 감성, 그중에서도 특히 동정심의 지배를 받는 것이 당연하다는 입장이었다. 이러한 여성상에 경도된 나머지, 조피 역시 자신이 신체적으로 성숙하고 아이를 가질 수 있는 몸이 되자 마치 여왕과 같은 자긍심을 느끼기도 했다.

조피는 서로 화합할 수 없는 것으로 간주되던 감정과 사고라는 두 개념에 대하여 점점 더 많은 생각을 하게 되었다. 나치의 선전에 따르면, 소위 냉정한 인텔리 계층의 사고력과 달리, 주관적인 감정은 독일인이 지향해야 할 긍정적인 특성으로 묘사되었다. 그러나 조피는 감정과 사고의 관계에서, 감정이란 종종 잘못된 결과를 초래하므로 감정보다는 사고가 우선해야 한다는 결론에 도달했다.

옳고 그름에 대한 판단력도 많이 성숙했다. 참담하게도, 정치의 영역에 들어서는 순간, 인간은 얼마든지 비열해질 수 있는 존재들이었다. 조피는 엄청나게 거대하고 사악한 인간 무리들이 자신을 에워싸고 있는 것 같았다. 그럴 때면 환멸감을 느낀 나머지 구토가 날 것 같았다. 누구랄 것 없이 모두 자신의 이익만을 추구하고 살았다. 목표를 달성하기 위해 수단을 가리지 않았으며 자기밖에 모르는 어리석은 대중은 목숨을 부지하기 위해 사악한 행동을 서슴지 않았고 타인을 존중하는 일은 불가능해 보였다. 하느님에게 가는 길에 도달한 사람은 아마 예수 그리스도 한 분뿐일 것이다. 하지만 누가 오늘날 다시 예수 그리스도의 길을 가려 하겠는가? 자신의 생명이 위태로운 시절이었다.

의로운 일을 위하여 자신을 희생하는 사람이 존재하지 않는 세상에 산다는 것이 조피에게는 너무나 고통스러운 일이었다. 조피는 그런 생각이 들 때마다 구약 성서에 나오는 이야기를 떠올렸다. 모세는 밤낮을 가리지 않고 자신의 팔을 높이 치켜들어 승리를 기원하는 기도를 올렸다. 그러다 모세가 팔을 내리자 그의 민족을 향해 오던 은총이 사라졌다. 그 어떤 일에도 지치지 않고, 자신의 사고와 희망 전부를 오로지 단 하나의 목표를 향해 바칠 수 있는 인간이 존재할 수 있는가?

그렇다면 나는 어떤가? 나는 나 자신이 옳지 않다고 생각하는 것, 사악한 것으로 생각하는 것들에 맞서 끊임없이 투쟁을 ─ 비유적인 의미에서 팔을 단 한번도 내리지 않고 ─ 펼쳤던가? 조피는 자기 자신에게 심한 질책을 퍼부었다. 조피는 늘 옆길을 걸어왔다. 자신이 옳다고 생각한 대로 행동한 적은 극히 적은 순간에 불과했다. 조피는 때로 자신의 비겁하고 안일한 행동들이 섬뜩하게 느껴졌다. 마치 자기 자신 위로 검은 산들이 쌓여가고 있는 것 같았다. 조피는 문득, 자신의 생명의 불을 끄고 싶다는 생각, 존재하기를 멈추고 자연의 일부로 돌아가고 싶다는 생각, 한줌 흙이나 나무껍질이 되었으면 좋겠다는 생각에 휩싸이곤 했다. 그러나 이것 역시 삶에 대한 권태에서 나온 일시적인 충동일 뿐이었다.

자신에 대한 높은 기대와 그러한 기대에 부응하고 있지 못하다는 인식이 조피의 머릿속을 복잡하게 파고들었다. 조피는 헤어날 길 없이 맴돌기만 하는 생각으로부터, 점점 끔찍해지기만 하는 이 세상으로부터 도망쳐 밀랍 같은 권태 속으로 숨어들기도 했다. 그러면 이러한 권태감이 자신의 감정 중에서 가장 알찬 것이라는 느낌이 들었다. 그러나 조피는 때때로 의욕과 활력을 되찾기도 했다. 그럴 때면 이 전쟁이 스스로를 이겨내기 위한 아주 좋은 기회인 것처럼 여겨졌다. 6월 중순이 되자 울름 유치원에서 4주 동안 실습이 있었다. 처음으로 해보는 실습이었다. 할 일이 너무 많은 탓에 매일 탈진한 상태에서 집으로 돌아오곤 했다. 어린아이들을 대하는 일이 재미있기는 했다. 그렇지만 순간순간 엿보이는 그들의 미래는 조피를 힘들게 했다. 이 아이들 또한 훗날 지금 어른들의 추한 모습으로 살아가게 되지 않을까?

조피는 아이들과 하루 종일 지내는 일에 제대로 적응하지 못했다. 아이들과 눈높이를 맞추면서 동시에 아이들을 위에서 바라보아야 한다는 것은 조피에겐 너무 힘든 일이었다. 아이들을 대하려면 깊은 이해심과 참을성이 있어야 했다. 조피는 자신을 아주 정확하게 관찰했다. 자신은 아이들을 쌀쌀맞게 대하고 마치 어른을 대하듯 아이들을 다루고 있었다. 조피는 이 일을 장차의 직업으로 삼기는 어렵겠다고 생각했다.

전쟁은 계속되었다. 6월 14일 신문과 라디오는 프랑스의 마지막 방어선인 마지노 요새선에서 접전이 시작되었다는 소식을 전했다. 며칠 후 베르댕의 요새들이 함락되었다. 파리는 항복을 선언했다. 독일군은 마치 주인처럼 아무런 거리낌없이 파리 거리를 활보했다. 6월 17일 오후, 프랑스 전역이 무장 해제당했다는 소식이 전해졌다. 뉴스 해설자들은 다시 한번 환호를 외쳤고 이제 신바람 나는 일, 믿을 수 없는 일이 벌어질 것이라고 논평했다. 평화협정이 맺어질 거라는 얘기였다. 독일인들은 프랑스가 겨우 5주 만에 전투 능력을 상실했다는 행운을 쉽게 믿을 수 없었다.

반면 조피는 이 소식을 듣고 절망의 나락에 빠졌다. 조피는 총을 들고 싸우고 싶을 때가 한두 번이 아니었다. 그러나 자신의 권태감, 나태, 공허감을 극복해야만 한다고 스스로에게 타일렀다. "모든 폭력에 반대한다"고 아버지는 말했다. 포르흐텐베르크 시절 선거에서 패배한 이후 자신의 생활 신조로 삼아온 구절이었다. 전쟁이 시작된 후에도 아버지는, 신은 흔들리거나 겁 내지 않고 강하게 버티면서 모든 폭력에 항거하는 사람들을 돕는다는 괴테의 시 구절을 상기하면서 이에 대한 신념을 굳건히 했다.[*]

그로부터 일주일 후 서부전선에서 휴전이 성립되었다. 그러나 전쟁의 끝은 아직도 멀기만 했다. 서부전선에서 공격이 개시된 이후 연합국들이 공중 폭격을 가해왔고 이제 그 여파가 울름에서도 나타나기 시작했다. 6월 29일 밤 처음으로 울름 공중에서 폭탄이 투하되었다. 그렇지만 다친 사람도 없었고 건물 피해도 없었다.

아무도 폭격에 대해 흥분하지 않았다. 사람들을 격분시킨 것은 전혀 다른 소식이었다. 조피네 가족 역시 그 소식을 전해 들었다. 어머니가 예전부터 알고 지내던 동료이자 친구가 어머니를 찾아왔다. 그녀는 뮌징엔의 그라펜에크에 위치한 정신병 요양원에서 일하고 있었다. 그녀는 요양원 환자들이 상부의 명령에 의해 살해되었다며 거의 넋이 나간 상태에서 울먹거렸다. 국가사회주의자들은 자신들이 보기에 쓸모 없는 사람들에 대한 학살 행위를 가리켜 안락사, 즉 선의의 죽음이라고 이름 붙였다. 이러한 살인 행위는 슈바벤 주민들을 동요시켰다. 교회 지도자들이 항의를 제기했고 결국 국가사회주의자들은 그라펜에크에서의 살해를 중지했다.

---

[*] "비겁한 생각/마음의 동요/연약한 두려움/불만 섞인 조바심/불행을 회피하지 마라/너를 자유롭게 하지 않으니/모든 폭력에 저항하여/자신을 지켜라/결코 굽히지 마라/자신의 강한 모습을 보여주고/신들의 권능을 불러들여라." Zitiert nach Scholl 1995. S. 342

물론 그들이 안락사 자체를 완전히 그만둔 것은 아니었다. 독일제 국의 다른 지방으로 옮겼을 뿐이었다.

따라서 그즈음 조피의 기분이 자주 우울해졌던 것은 놀랄 일이 아니었다. 나치의 범죄 행위는 더 이상 참을 수 없는 정도에까지 이르렀다. 프랑스 전쟁 포로와 사귀었다는 이유만으로 조피 또래의 소녀가 근처 시장터에서 모욕을 당하는 사건이 발생했다. 그 소녀는 엄청나게 많은 군중들의 야유를 받으며 머리를 깎여야 했다. 조피는 견딜 수 없는 분노를 느꼈다.

그러나 가끔씩 자연에 몸을 맡기고 가슴속 깊이 삶의 활력을 재충전하는 날도 있었다. 실습 기간이 끝나고 난 뒤 조피는 리자와 함께 티롤 지방으로 여행을 떠났다. 그곳은 지난 봄에 프리츠와 함께 다녀온 곳이었다. 산 정상에 올라가니 사방이 낭떠러지로 둘러싸여 있었다. 거친 바위 사이에서 작은 꽃을 발견했다. 험한 환경 속에서도 꽃을 피워내는 작은 식물을 보고 조피는 마음속 깊이 놀라움을 금치 못했다. 조피는 자연의 경이로움에 압도되었다. 조피는 마치 스스로 대지가 된 듯한 느낌이었다. 비할 데 없이 소중한 이 순간에 그 꽃이 너무나 사랑스러워서 조피는 마치 자신이 그 꽃과 하나가 된 것 같았다.

그러나 그 꽃에서 그토록 강한 일체감을 느낀 것이, 바로 자신의 인생이 마침내 다다를 어떤 상징을 찾아냈기 때문이라는 것을 그때는 알지 못했다. 조피는 인간들의 황무지에 둘러싸인 자신이 너무나 초라해 보였다. 마치 주인 없는 세상에서 길을 잃고 헤매는 것만 같았다. 그러나 그 작은 꽃 하나가, 온갖 역경을 헤치고 선한 것을 세상에 가져다줄 수 있음을 조피에게 가르쳐주었다.

그러나 기분 좋은 날들은 금방 지나가버렸다. 학업 기간이 단축되었기 때문에 그해가 가기 전 한 번 더 실습을 나가야 했다. 8월 10일 바드 뒤르하임의 어린이 요양원에서 일을 시작했다. 요양원에는 45명의 아이들이 수용되어 있었다. 모두 다 좋은 집안 출신의 아이들이었고, 다른 요양원과 질적으로 달랐다. 게다가 대부분의 아이들이 북독일 출신이었다. 다른 보모들도 마찬가지였기 때문에 조피는 처음에 의사소통에 애를 먹었다. 조피의 부모님은 슈바벤 사투리를 썼고 조피는 학교에 가서야 비로소 표준어를 배웠다. 그래서 조피는 표준어로 말하는 데 약간 어려움을 느꼈고, 당당하게 표준어를 쓰는 사람들 앞에서는 주눅이 들곤 했다.

조피의 하루 일과는 아이들을 깨우고 잠재우고, 씻기고 먹이고, 산책시키는 것이었다. 그 밖에도 하루에 두 번 물통에 씻을 물을 채워 넣어야 했다. 건물 안에 수도 시설이 되어 있지 않았던 것이다. 아이들은 하루 종일 끔찍하게 소리를 질러댔다. 아침 일곱시에서 저녁 아홉시 삼십분까지 일을 했고 삼십 분에서 한 시간 정도의 점심 시간이 있었다. 일주일에 이틀은 오후에 일을 하지 않아도 되었다. 같은 방을 쓰는 동료는 침대에 눕기만 하면 코를 골아댔다. 우둔하고 거부감이 들 정도로 뚱뚱했다. 둘은 처음 만났을 때부터 으르렁대더니, 마주쳐도 외면하는 사이가 되었다. 최소한 그렇게 해야 별 싸움 없이 조용히 지낼 수 있었다. 그녀는 잠잘 때를 제외하곤 항상 소란스러웠다. 때로는 아무런 이유 없이 웃음을 터뜨리기도 했다.

한 달 후 조피는 바드 뒤르하임을 떠났다. 그 동안의 경험으로 울름의 집이 자신에게 얼마나 행복한 곳인지 절실하게 느낄 수 있었다. 좋지 않은 상황이 벌어질 때마다 '내가 무슨 생각을 하고 있는지 너희들이 알기만 한다면!' 하고 조피는 생각했다. 집에서는 화가 나서 싸우고 싶으면 무엇이든지 솔직하게 이야기할 수 있었다. 그러나 여기 요양원의 분위기는 전혀 달랐다. 익숙지 않은 주위 환경에서 자신의 생각을 거리낌없이 이야기하는 것은 불가능했다. 그렇지만 조피는 요양원 원장 부부의 호감을 사게 되었다. 실습을 마치고 떠날 때 원장은 조피에게 50마르크를 건네주었다. 처음으로 조피가 번 돈이었다!

조피는 집으로 돌아와 며칠 휴식을 취했다. 그런 다음 조피는 다시 교과 과정을 이수하기 위해 학교를 다녔다. 한스는 9월 말에 두 주 동안 휴가를 얻어 집으로 왔다. 한스는 10월 중순 대학생 중대에 새롭게 배치되었다.

프리츠도 며칠 간 휴가를 받았다. 조피는 프리츠와 오랜 시간 대화를 나눌 수 있었다. 조피는 자신과 프리츠의 관계가 달라졌고 프리츠가 자신의 태도를 전보다 더 잘 이해하고 있음을 느꼈다. 조피는 이제 그들의 관계가, 서로 밀고 당기는 종류의 것이 아니라 한 차원 높은 것, 서로 공유하는 목표로 묶인 관계라는 믿음을 가지게 되었다.

그러나 프리츠가 귀대한 후 한동안 아무 소식도 보내지 않자 조피는 다시 불안해졌다. 어쨌든 프리츠는 조피가 그에게 납득시키고자 하는 것들과는 전혀 관계가 없는 환경에 혼자 떨어져 있었다. 조피는 자신이 안락함과 무사안일에 맞서 싸움을 벌이고 있으며 프리츠 역시 그 싸움에 동참하길 바란다는 내용의 편지를 보냈다. 조피는 안락함과 무사안일을 속물 근성과 동일시하면서 자신뿐만 아니라 프리츠 역시 여기에 빠져서는 안 된다고 말했다. 물론 조피는 이러한 생각을 행동으로 옮기기가 쉽지 않다는 것을 바드 뒤르하임에서의 경험을 통해 잘 알고 있었다. 녹초가 된 상태에서 책을 읽기 위해 스스로를 다잡는 것이 얼마나 힘든 일이었던가? 프리츠로부터는 한동안 답장이 오지 않았다. 그러자 조피의 마음은 더 조급해졌다. 화가 났으면 솔직하게 써 보내라는 내용의 편지를 다시 보냈다.

조피가 히틀러에 대하여 갖고 있는 완벽하게 적대적인 태도는 프리츠를 너무나 힘들게 했다. 프리츠는 양자택일만이 가능한 상황을 혐오했다. 절대선 아니면 절대악, 적 아니면 친구로 나누는 이분법적 사고, 다양한 사고를 허용하지 않고 중간적인 존재나 동요를 죄악시하는 이분법적인 사고는 프리츠를 질리게 했다. 조피의 태도는 너무나 확고부동했다. 그러나 다른 한편으로 프리츠는 조피를 사랑하고 있었고 그녀를 잃고 싶지 않았다. 게다가 조피는 히틀러에 반대하는 "선량한 사람들" 편에 서 있었다. 프리츠는 열렬한 국가사회주의자가 아니었다. 히틀러의 정책을 둘러싸고 있는 위선, 기만, 사기를 잘 알고 있었다. 그러나 조피의 단호한 결론에 대하여 진지하게 생각해보려면 시간이 필요했다. 게다가 장교의 길을 선택한 이상 자신의 미래가 달린 문제이기도 했던 것이다.

그 사이 울름에서는 7월에 이미 1922년생 여성들에 대한 제국 노역 봉사 동원령이 내려졌고 울름 경찰서는 이를 위한 사전 조사를 마쳤다. 이 과정에서 조피가 지난해 사회복지단체 교육을 통해서 노역 봉사 동원령에서 제외되었다는 사실이 눈에 띄었을 것이다. 숄가의 사람들은 이미 경찰에 잘 알려진 상태였고 조피 역시 요주의 인물로 분류되어 있었다. 이런 가운데 전쟁 발발 이후 두번째 크리스마스가 돌아왔고 이번에는 드디어 온 가족이 함께 크리스마스를 보낼 수 있었다. 크리스마스 직후 조피는 잉에, 베르너, 리자, 오틀, 그리고 그로고라는 별명으로 불리던 다른 친구 한 명과 함께 레히탈의 오두막집으로 스키 여행을 떠났다. 누구의 간섭도 받지 않고 따로 떨어져 있을 수 있다는 것이 너무나 기뻤다. 밤늦게까지 잠을 자지 않아도 되었고, 오후에는 실컷 스키를 탔다. 빵과 차만으로도 식탁은 풍성했다. 저녁에는 촛불을 켜고 모여 앉아서 책을 읽거나 이야기를 나누었다. 분위기가 좋을 때마다 그로고는 뻐꾸기 소리를 흉내내어 시각을 알렸다. 그러면 모두가 깔깔거리고 웃었다. 그러나 인생의 의미나 전쟁에 대한 입장을 논의할 때에는 매우 진지한 분위기였다. 남자 셋은 곧 징병 통지를 받을 나이였다.

한스가 프랑스에서 보내준 베르나노의 『시골 신부의 일기』를 공동 독서용 책으로 가져왔다. 4년 전에 출간된 것으로 아카데미 프랑세즈 대상을 수상한 작품이었다. 베르나노는 그 책에서 젊은 시골 신부의 삶을 묘사했다. 그는 가난한 집의 아들로 태어나 어릴 때부터 위장병과 신경질환을 앓았다. 양심적이었지만 인생 경험이 별로 없는 상태에서 성직자 생활을 시작했다. 그는 성직자로서, 한 인간으로서, 자신이 부족하다는 점을 인식하고 있었고 그로 인해 늘 괴로워했다. 시골 교구는 신과 악마가 다양한 형식으로 대결하는 장소였다. 달리 말하면 악의 실험 장소이자 사제로서의 시험 장소였다. 베르나노는 시련을 거치면서 결국 영혼의 평온함을 되찾고 신의 은총과 선에 대한 믿음을 얻을 수 있었다.

조피 일행은 광기로 얼룩진 세상에서 자신들이 느끼고 있는 무기력함과 불안감을 이 책을 통해 재발견했다. 그런데 그러한 내용이 참신한 기독교적인 언어로 표현되어 있었고 이 점은 그들에게 새로운 시각을 제공했다. 통상의 언어들은 나치에 의해 너무나 심각하게 오염되어 있어서 이제 그대로 신뢰할 수 없을 만큼 의심스러운 것이 되었기 때문이다. 반면에 베르나노의 언어와 개념은 현재 진행되고 있는 일들을 오해의 여지없이 뚜렷하게 포착할 수 있게 해주었다.

조피는 다른 사람들보다 이틀 먼저 집으로 돌아왔다. 학교가 다시 시작되었기 때문이다. 돌아오는 기차에서 조피는 크리스마스 휴가를 끝내고 부대로 귀환하는 청년들을 보았다. 청년들의 표정은 조피의 형제나 친구들의 표정과는 판이하게 달랐다. 그들은 더 이상 젊은이처럼 보이지 않았다. 눈빛도 개인적 만족만을 추구하는 듯했다. 조피의 형제나 친구들도 종종 무기력해지곤 했지만 그들과는 달랐다. 조피는 자신의 형제와 친구들은 옳은 일을 하려는 굳은 의지로 가득 차 있다고 생각했다. 이러한 의지는 세상에 대한 지식이나 약삭빠른 태도보다 훨씬 더 소중한 것이었다.

3월에 졸업시험을 치른 후 프뢰벨 전문학교 과정이 끝났다. 조피는 아무런 어려움 없이 시험을 통과했다. 졸업 직후 조피는 영아 보육원에 일자리를 구했다. 내키지 않은 노역 봉사를 피하고 싶었기 때문이다. 그러나 얼마 지나지 않아 그런 식으로는 더 이상 노역 봉사에서 면제될 수 없다는 사실을 알게 되었다. 지난 반년이 아무런 쓸모가 없어진 것이다. 실망을 재빨리 삼켜버리고 가능한 한 신속하게 새로운 변화에 적응하려고 노력했다. 내적으로 독립해서 존재하는 방법을 찾은 덕분에 적응은 어렵지 않았다. 조피는 어느 정도는 스스로를 통제할 수 있게 되었던 것이다. 프뢰벨 전문학교 교장은 조피가 어떤 일에도 흔들림 없이 평정을 유지하는 모습을 보고 놀라움을 금치 못했다. 졸업식장에서 어떤 동급생은 조피를 다음과 같이 표현했다. "언제나 쾌활하며 단 한번도 흥분한 적이 없다."

조피 역시 자기 자신이 그렇게 열망하던 태도를 갖추게 되었다는 사실이 내심 놀라웠다. 그러나 아직 길은 멀었다. 흔들림 없이 평정을 유지하기 위해서는 여전히 많은 노력과 극도의 자기 절제가 필요했다.

죄수 같았던 노역 봉사 생활

4월 6일 조피는 열여덟 명의 '노역 소녀'들과 함께 크라우헨비스의 조그만 성에 도착했다. 그날은 독일이 유고슬라비아와 그리스에 대한 침공을 공식 선포한 날이었다.

조피와 소녀들은 공원 한가운데에 있는 별관에서 생활했다. 큰 홀의 창문이 풀밭 쪽으로 나 있어서 창문 너머로 초록빛 정원을 볼 수 있었지만 별관은 전체적으로 무미건조한 건물이었다. 난방 시설이 제대로 되어 있지 않아 4월인데도 아직 추웠고 침대는 차고 눅눅했다. 저녁마다 찬물로 샤워를 할 정도로 추운 날씨에는 단련이 된 조피였지만, 별관 건물은 잠을 제대로 이룰 수 없을 만큼 냉기가 돌았다. 게다가 밤에는 천장에서 쥐들이 뛰어다녔다. 처음에는 밥도 제때에 주지 않아 늘 배가 고팠다.

방을 사이에 두고 긴 복도가 나 있었고 복도에는 개인용품을 보관하는 사물함이 비치되어 있었다. 방을 같이 쓰는 인원은 대개 네 명에서 여섯 명 사이였다. 가구라곤 이층 침대뿐이었다. 조피가 배정받은 방은 하필이면 몇 안 되는 10인실이었다. 소녀들은 처음 며칠 동안은 수다를 떠느라 정신이 없었다. 조피는 가능한 한 눈에 띄지 않게 조용히 지냈다. 수다는 대부분 남자 얘기였다. 반면 조피는 이야기를 꺼냈다 하면 전쟁에 관한 것이었는데 이야기를 하고 나서는 항상 후회를 했다. 말을 하다보면 마치 자기 생각을 고백하고 있는 것처럼 느껴졌기 때문이다.

조피는 공동생활이 가져올 수 있는 좋지 않은 영향들로부터 자신을 보호하기 위해 최선의 노력을 다했다. 제국의 세계관 교육에도 이미 면역이 생긴 터였다. 그러나 도처에 깔려 있는 승리의 분위기에는 도저히 적응할 수 없었다. 독일 민족에 대한 끝없는 찬사, 전체주의적 인간들과 자신들을 동일시하는 "촌뜨기"들의 어리석음, 그리고 승리를 찬탄하는 진부한 말들은 이 문제에 대하여 전혀 다른 시각을 갖고 있던 조피를 견디기 힘들게 만들었다. 소녀들은 "독일 군인들에게 패배란 없다!" "독일 군인들은 빠르고 강하다!" 하고 외쳐댔다. 그리고 끊임없는 찬사를 입버릇처럼 늘어놓았다. "승리는 우리 것! 승리를 빼앗아갈 자 그 누구냐! 피흘려 이룬 승리를 지켜나가자!"

"강인한 영혼과 따뜻한 가슴을 지녀라." 이것은 프랑스 시인 마리탱의 시구였다. 언젠가 오틀이 마리탱의 시집을 모임에 가져온 적이 있었다. 이즈음 조피의 머릿속에는 바로 이 구절이 맴돌고 있었다.

오성에 근거해 사물을 관찰하고 논리에 따라 철저하게 생각하는 것, 감정이나 유행에 판단을 맡기지 않는 것, 조피는 이것이야말로 참된 삶이라고 오래 전부터 생각해왔다. 그러나 마리탱이 말하는 바는 무엇인가. 그가 말하는 견고한 오성은 연민에 의해 움직이는 감성적인 가슴을 포함하고 있었다. 강인한 영혼과 따뜻한 가슴, 이 두 가지를 다 갖추고 있어야 온전한 인간이 되는 것이었다. 조피는 이제 그런 인간이 되는 것을 자신의 최고 목표로 삼았다. 그리하여 조피는 귀를 틀어막고 독서를 하기 시작했다. 아우구스티누스 선집을 읽었고 금서로 지정된 토마스 만의 『마의 산』을 읽었다.

공동 숙소에는 소장 한 명과 부소장 두 명이 근무하고 있었다. 여소장이 울름 출신이어서 조피네 언니들을 잘 알았다. 덕분에 조피는 좀 나은 대우를 받을 수 있었다. 공동 숙소의 규정은 성경을 비롯해 어떤 책도 소유할 수 없게 되어 있었지만, 조피는 다행히 책들을 사물함에 넣어둘 수 있었다. 조피의 그림 실력을 알고 있던 소장은 조피에게 부활절 카드 도안을 맡기기도 했다.

크라우헨비스에 도착한 지 나흘째 되던 날 라디오에서 그리스가 항복했다는 소식이 흘러나왔다. 소녀들은 매일 저녁 여덟시가 되면 강당에 모여서 라디오 방송을 청취한 뒤 뉴스를 주제로 토론을 벌였다. 조피는 다른 사람들이 열광하는 모습을 보자 너무나 우울해졌다. 조피네 가족들의 토론과는 판이하게 달랐고, 아버지가 제공하는 정보하고도 너무나 다른 것이었다.

처음 두 달 동안은 거의 죄수 생활에 가까웠다. 사복은 허용되지 않았고, 담배와 술은 절대 금지였다. 공동 숙소의 규정을 어기면, 특히 남성과 접촉한다든가 하면 혹독한 처벌이 뒤따랐다. 예전에 한스가 묵었던 남자들의 공동 숙소처럼 군대식 일과가 엄격하게 지켜졌다. 여섯시 기상, 아침 운동, 국기 게양식, 아침식사. 그리고 오후 네시까지 노역. 저녁에도 자유시간은 거의 없었다. 저녁식사, 라디오 방송 청취, 세계관 교육, 가사 교육과 응급처치 교육이 이어졌다. 만들기와 놀이조차 시간표에 따라서 정해진 시간에만 해야 했다. 국기 하강식을 마치고 나면, 잠자리에 들기 전까지 약간의 자유시간이 주어졌다. 그래봐야 기껏 성 근처의 넓은 공원을 한바퀴 돌 수 있을 정도의 시간이었다.

가족과 지낼 수 있는 시간은 몇 번 안 되는 일요일에 국한되었다. 방문객을 받을 수 있는 일요일이 있긴 했지만 공동 숙소의 관리자들은 방문객을 달가워하지 않았다. 4월 말까지 조피는 공동 숙소를 떠나본 적이 없었다. 물론 여러 번 밖으로 나가려고 시도해보았지만 모두 헛수고였다. 외출 신청을 해놓고 허가가 떨어지기를 기다렸으나 소용없는 일이었다.

그리스가 항복했다는 소식이 전해진 다음날은 성금요일이었다. 축일이었지만 공동 숙소에서는 아무 의미가 없었다. 어머니는 이날이 되면 항상 성찬 예배에 참석했다. 그리스도의 희생적인 죽음을 기리고 그분의 죽음을 성찰과 자기 반성의 계기로 삼으라고 자식들에게 타이르곤 했다.

이날 저녁 크라우헨비스에는 80명의 노역 소녀들이 모여 앉았다.

조피도 떠들썩한 무리 속에 끼어 있었다. 조피는 간간이 창문 너머로 저녁 하늘을 바라보았다. 석양이 지는 지평선이 눈부시게 밝은 노란빛으로 물들고 있었다. 그 앞쪽으로는 얼어붙은 듯한 공원의 나무들이 보였다. 아득하게 멀리 떨어진 하늘은 너무나 무심해 보였다. 왁자지껄한 소녀들의 무리와는 아무 상관이 없는 듯 저 멀리 떨어져 있었다. 조피는 버림받았다는 느낌을 지울 수 없었다. 하늘로부터, 기분 좋게 웃고 있는 소녀들로부터. 슬픈 현실이었다.

다른 때와 달리 이날 저녁만큼은 꼭 교회에 가고 싶었다. 개신교 교회가 아니어도 상관없었다. 성당이라도 괜찮았다. 그리스도의 열정을 체험하고 마음을 열고 그 고통을 받아들일 수 있는 곳이라면 어디라도 좋았다. 조피의 내면 깊숙한 곳에서는 아무런 조건 없이 받아들일 수 있는 무언가에 대한 강한 동경이 솟구치고 있었다. 그것은 마치 소녀단 시절에 품었던 축제나 의식에 대한 느낌, 혹은 전지전능한 지도자를 향한 강건했던 믿음과 같은 것이었다. 그러나 이러한 동경이 과연 옳은 것인지 조피는 확신할 수 없었다.

그런 탓에 조피는 저녁 대화 시간이나 오락 시간에 의도적으로 참가하지 않았다. 조피는 그런 분위기에 익숙해지고 싶지 않았다. 조피는 완전히 반대편에 서 있었다. 아무리 냉철하게 판단하려 해도, 크라우헨비스의 생활은 끔찍하기 이를 데 없었다. 소녀들은 문화에 대한 소양이라곤 전혀 없었고, 오로지 남자 이야기만 해댔다. 참다못해 역겨워질 때도 있었다. 물론 다른 소녀들이 조피의 이런 태도를 눈치채지 못할 리 없었다. 조피는 항상 진지했고 다른 소녀들과 거리를 두고 있었다. 조피는 책이나 높이 쌓아두고 읽는 건방진 아이로 간주되었다. 다른 소녀들은 크라우헨비스의 생활을 재미있어했다. 지금의 상황을 고통스럽게 여기는 소녀는 거의 없었다. 전쟁이 뭐 대수란 말인가. 그들은 대부분 아무런 문제의식도 없이 친구들과 사귀며 청춘의 나날을 보내고 있었던 것이다.

조피는 다른 소녀들이 웃을 때 같이 웃는 적이 드물었다. 모두들 조피는 뭔가 다른 친구이며, 자신들이 한번도 생각해본 적 없는 문제에 관심을 두고 있다는 것을 알게 되었다. 저녁 뉴스 청취가 끝나고 나면 언제나 커다란 유럽 지도를 가리키며 전선의 이동 방향을 알아보는 순서가 기다리고 있었다. 한번은 조피가 그리스의 지도를 그려야만 했다. 독일군과 이탈리아군이 발칸 전쟁에서 진격하는 모습을 보여주기 위해서였다. 모두들 승리에 대한 찬사를 늘어놓고 있는데 조피가 몇 가지 비판적인 논조의 질문을 던졌다. 지도를 면밀히 살펴보면 독일군이 언제나 전진하지는 않았음을 알 수 있다는 것이다. 소장은 공식 발표와 지도에 나타난 사실 사이의 모순을 설명할 수 없게 되자 당황한 표정을 지으면서 갑자기 다른 주제로 토론의 방향을 돌렸다.

4월 27일 저녁 독일 전차부대가 아테네를 함락시키고 영국군을 그리스에서 몰아냈다는 소식이 들렸다. 독일군은 아프리카에서도 이탈리아군과 함께 투입되었다. 멀리 떨어진 곳에서 사막의 더운 날씨 때문에 어려움을 겪고 있지만 영광스러운 승리를 거두고 있다고 칭송하는 보도가 흘러나왔다. 이미 연초에도 "새롭게 대대적으로"

영국에 대한 공중 폭격을 감행한 바 있었다. "대영국 공중전"이 시작된 것은 이미 일 년 전이었다. 처음에 영국의 반격은 그리 심하지 않았다. 그러나 5월 초가 되자 영국군은 독일의 북쪽 대도시를 목표로 엄청난 폭격을 퍼부었다. 5월 10일 남쪽 도시인 만하임에도 영국군의 폭격이 감행되었다. 히틀러는 새해 연설에서 올해 안으로 독일 역사에서 가장 위대한 승리를 거둘 수 있을 거라고 호언장담했다. 모두 다 이를 믿고 싶어했다. 그러나 암암리에 사람들 사이에서는 승리에 대한 의심이 싹트기 시작했다. 처음으로 전쟁이 금방 끝날 것인지에 대한 의심이 생겨난 것이다. 특히 러시아가 서부전선에 군대를 보낸다는 소식이 전해지면서 이러한 의심은 더욱 증폭되었다.

노역대 생활을 하는 처음 몇 주 동안 조피를 버티게 한 것은 그녀의 개인적인 작은 의식(儀式)들이었다. 조피는 이러한 의식들을 통해 아주 작지만, 자신만을 위한 육체적이고 정신적인 자유 공간을 만들어냈다. 잉에에게 보낸 편지에 따르면 조피는 저녁에만 샤워를 하는 게 아니라 아침에도 찬물로 샤워를 했고 규칙적으로 아우구스티누스 선집 중의 한 대목을 읽으려고 노력했다고 한다. 지성 교육을 완전히 무시하는 공동 숙소의 일정에 의해 영혼이 무너지는 것을 막기 위해서는 정신적인 자양분이 절실했던 것이다. 정기적으로 문학과 예술을 놓고 논쟁을 벌이고 공동 토론을 통해 이성을 날카롭게 다듬을 수 있었던 울름에서의 모임이 그리웠다.

조피는 초기 교부철학자 아우구스티누스의 저작에 기대어 앞으로의 삶에 필요한 인생 지침을 찾아 나섰다. 이해하지 못하는 대목이 많았지만 그런 부분은 건너뛰고 읽었다. 그러나 죄와 신의 은총에 대한 이론의 토대 몇 가지는 명확하게 이해했고 깊이 사색했다. 아우구스티누스에 따르면 신은 우리가 이해할 수 없는 당신의 뜻에 따라 몇몇 개인을 구원하기로 예정한다. 그리고 그들이 신앙심을 가질 수 있도록 영향을 미친다. 신은 이러한 방식으로 인간으로 하여금 신을 찬양하도록 만든다. 아우구스티누스는 선택받은 자가 나쁜 길을 걷는 것이 가장 큰 죄악이라고 말했다. 신의 능력은 인간의 미약함에서 완성되는 것이었다. 아우구스티누스가 겪은 젊은 시절의 방탕, 감각적인 즐거움이 지니고 있는 어둠이 깊으면 깊을수록 신과 신의 은총이 지니는 빛은 한층 환하게 빛났다. 이처럼 스스로의 죄악을 묘사하고 있는 부분이 조피로 하여금 아우구스티누스를 자신과 동일시하게 만들었다. 조피는 그런 대목에 이르면 항상 멈춰서 자기 자신에 대해 깊은 생각에 잠겼다. 국가사회주의에 헌신했었다는 사실, 그것이야말로 자신이 어린 시절에 저지른 돌이킬 수 없는 과오였다.

조피는 이불을 뒤집어쓰고 몰래 책을 읽었다. 기독교의 근본적인 문제와 내적인 대결을 벌이고 있는 자신을 다른 소녀들이 이해할 리 없었다. 짧은 자유시간에는 『우주와 그 비밀』 같은 평범한 책을 읽었다. 자신을 둘러싸고 있는 환경과 공동체 생활로부터 벗어나 자신만의 세계를 만들고 그 속에서 살아간다는 것은 무척 힘든 일이었다.

거의 두 달 동안 공동 숙소 안에 갇혀 지내던 생활이 끝나고 드디

238

어 밖으로 노역 봉사를 나가기 시작했다. 조피는 인근 마을의 농민 지도자 집에 배정되었다.

대원들은 자전거를 타고 나가 여덟 시간씩 일을 했다. 조피는 며칠 동안 양귀비 밭의 잡초를 뽑고 무 밭을 갈았다. 외양간을 비롯해 온갖 냄새나는 것들에도 곧 익숙해졌다. 공동 숙소에서 배고픔을 충분히 겪었기 때문에 점심을 먹을 때 여러 사람이 커다란 그릇 하나를 놓고 숟가락으로 음식을 퍼먹을 때도 아무렇지 않았다. 저녁이 되면 노역 봉사를 나갔던 대원들이 여관 앞의 보리수나무 아래로 모여들었다. 그리고 함께 자전거를 타고 돌아왔다. 장시간 일을 했기 때문에 돌아올 때면 거의 파김치가 되어 있었다. 그래도 최소 삼십 분 이상 조피는 아우구스티누스의 글에 집중했다.

6월 첫째 주 일요일에 드디어 집에 갔다와도 좋다는 허가가 떨어졌다. 집에 가는 것이 이렇게 기뻤던 적이 없었다. 울름에서 보낸 하루 동안의 자유시간은 조피에게 큰 힘이 되었고 공동 숙소에 대한 내성을 키워주었다. 크라우헨비스로 돌아오자 단조로운 일상이 다시 계속되었다. 조피는 이러한 일상을 냉소하는 내용을 담은 편지들을 썼다. 조피는 6월 23일 한스에게 편지를 보냈다. 히틀러가 러시아에 선전포고를 한 바로 다음날이었다. 그날도 노역대원들은 하루 종일 짚단을 쌓느라 무척 피곤했는데도 저녁에 정신 교육을 받았다. 조피는 편지에서 제국 노역 봉사를 그만두고 싶은 마음이 간절하다고 썼을 뿐 선전포고에 대해서는 별 다른 말을 하지 않았다. 다만 한스에게 무슨 일이 닥치지나 않을지 걱정이 많다고 했다. 조피는 그래도 자신은 재미있는 시대에 살고 있으며 가끔은 무슨 일이 일어나고 있는지 알 수 있노라고 덧붙였다.

히틀러가 스탈린과 맺은 불가침조약을 어기고 동부전선 전체로 전쟁을 확대하겠다고 발표한 날은 가족 방문이 허가된 몇 안 되는 일요일 중의 하나였다. 잉에와 오틀이 조피를 보기 위해 전날 밤에 도착해 있었고 조피는 이날을 눈이 빠지도록 기다리고 있었다. 조피는 아침에 그들이 묵고 있는 여관으로 찾아갔다. 아침식사를 하면서 히틀러의 대국민 연설을 라디오로 들었다. 히틀러는 북극의 빙해에서 흑해 연안에 이르는 전선을 아우르며, 세계에서 가장 큰 영토를 지닌 소련을 향해 독일군이 총진격을 하고 있다고 강조했다.

7월에 노역대원들은 순서에 따라 봉사 구역을 바꾸었다. 조피는 다른 마을의 농가에 배정되었다. 지난번 근무했던 곳보다 조건은 훨씬 나아 보였다. 프랑스인 포로가 한 명 있어서 톱질을 하면서 자주 이야기를 나눌 수 있었다. 현재의 정치 상황에 대한 두 사람의 관점은 비슷했다. 7월 6일 공동 숙소에서 축제가 열렸다. 노역 봉사 기간의 반이 지나갔음을 기념하는 축제였다. 산 정상까지 등반을 했다. 이전에는 무기력해져서 모든 것을 포기하고 싶은 심정이었는데 이제는 마치 산을 내려가듯 한결 가벼워진 기분이 들었다.

그러나 부모님의 방문이 예정되어 있던 일요일 직전에 청천벽력 같은 소식이 전해졌다. 대학 진학 예정자들은 노역 봉사 외에 육 개월 동안 의무적으로 전시 봉사를 해야 한다는 것이었다. 더 끔찍한 것은 이 기간에도 지금처럼 공동생활을 해야 한다는 사실이었다.

그로부터 얼마 지나지 않아 조피는 잠시 집을 방문할 수 있는 허락을 받았다. 집으로 돌아가는 조피의 마음은 미래에 대한 불안으로 가득 차 있었다. 한스도 뮌헨에서 와 있었다. 끔찍한 공동생활에서 벗어날 수 있는 방법에 대해 둘은 오랫동안 의견을 주고받았다. 곧 있으면 오빠와 함께 대학생활을 할 수 있으리라는 기대감이 조피를 매우 기쁘게 했지만 또 한편 끓어오르는 분노를 가눌 수 없었다. 아무리 절제하려 해도 소용없었다. 노역 봉사를 하면서 보내야 하는 시간이 너무나 싫었다. 대학에 발을 들여놓기도 전에 늙어버릴 것만 같았다. 조피는 끝도 없는 기다림 때문에 완전히 지쳐버렸다. 하필이면 자신이 사는 시대가 이처럼 엄청난 사건으로 가득 차 있다는 게 너무나 부당하게 느껴졌다.

그리고 프리츠 걱정이 커졌다. 7월 초에 프리츠는 민스크 북쪽 지역에서 편지를 보내왔다. 그는 공병 중대장으로 진급했고 전차부대와 함께 움직이고 있었다. 아마도 그즈음 최전선에서 근무하고 있을 것이었다. 7월 9일 비알리스톡과 민스크 두 지역의 전투에서 승리를 거두었다는 소식이 전해졌다. 벌써 오래 전부터 프리츠의 편지를 받지 못하고 있었다. 독일군은 계속해서 진격했고 전투 중 인명 손실은 점점 더 커졌다. 공동 숙소의 대원들 중에도 친척이 죽었다고 슬퍼하는 사람들이 많이 생겨났다. 전쟁은 이제 "모든 관계에 강력하게 영향을 미치기" 시작했다.

8월 초에 조피는 크라우헨비스로 다시 작업 장소를 옮겼다. 조피는 두 명의 자녀를 거느린 작은 농가에 배정되었다. 그 농가의 주인은 군수공장에서 일을 했고 부인은 매일 아침 일찍 들에 나가서 농사일을 했다. 열 살짜리 큰딸은 학교에 다니고 있었고 조피는 생후 육 개월이 지난 작은아이를 보살피면서 가사를 도와주었다. 부인과 사이가 좋았기 때문에 크라우헨비스에 온 이후 처음으로 마음 편한 생활을 할 수 있었다.

그 사이 튀링엔 출신의 대학 입학 예정자인 기젤라와 친구가 되었다. 기젤라는 신부님에게 부탁해 성당의 열쇠를 받아두었다. 종종 자유시간이 되면 두 사람은 성당에서 오르간을 연주했다. 성당에서 보내는 시간은 축제나 다름없었다. 그처럼 신이 날 수가 없었다. 그들은 성당에 단둘이 앉아 바흐나 헨델의 작품을 연주하고 노래를 불렀다. 어느 일요일 아침에는 여섯시 반에 일어나 비밀리에 공동 숙소를 빠져나와 새벽 미사에 참가하기도 했다. 교회나 성당에 다니는 것은 금지되어 있었기 때문에 일요일 오전 미사에는 참석할 수 없었다. 그러나 아무도 그들 둘이 새벽에 몰래 빠져나갔다는 사실을 알아채지 못했다. 새벽 미사를 끝낸 후 바로 숙소로 돌아와서 다시 침대에 누워 잠자는 척했기 때문이다.

9월 초에 프리츠가 바이마르에 있으며 곧 리비아로 떠난다는 편지를 받았다. 조피의 마음은 한결 가벼워졌다. 한편 아버지의 청원서가 받아들여지지 않아, 조피는 의무 전시 봉사를 울름에서 할 수 없게 되었다. 그러나 조피는 위축되지 않았다. 공동생활에 대한 거부감은 여전했지만, 최근 몇 달 동안 내적인 자유를 얻었기 때문이다. 자신감과 활기로 가득 찬 날들이 많아졌다. 이제는 그 어떤 것도 자신의 내적인 힘을 좌지우지할 수 없을 듯한 기분이 들었다. 예전에 운동을 할 때처럼, 승리에 대한 확신으로 근육 하나 하나가 자신의 의지에 따라 움직이는 듯한 느낌이 들었다. 새로운 힘이었다. 이제 조피는 오로지 자신의 의지에 따라 행동할 것이었다.

9월 중순에 방문 일요일이 돌아왔다. 이번에는 프리츠도 고향에 돌아와 있던 터라, 프리츠를 만날 생각에 조피는 한껏 들떠 있었다. 해야 할 일이 너무 많아 두렵기도 했다. 오틀과도 이야기를 나누고 싶었다. 오틀은 10월에 입대를 앞두고 있었다. 그런데 갑자기 하루 일정으로 예정되어 있던 일요일의 귀향이 두 주 동안의 특별 휴가로 바뀌었다. 너무나 값진 휴가였다. 조피는 이 기간 동안, 자신을 괴롭히던 온갖 상념과 미래에 대한 걱정을 잊어버리고, 정말 오랜만에 자신의 삶을 온전하게 즐길 수 있었다. 크라우헨비스로 다시 돌아온 조피에게 블룸베르크에서 유치원 보모로 근무하라는 명령이 떨어졌다. 스위스 국경 근처, 도나우에싱엔 남서쪽에 위치한 조그만 마을이었다.

블룸베르크에서의 전시 후방 근무

블룸베르크는 조그만 농촌으로, 근처에 광산이 있었다. 200년 된 그 광산은 오랫동안 버려져 있었는데, 얼마 전에 채굴 작업이 재개되었다. 국가사회주의자들이 외국으로부터의 자원 수입을 줄여 독일 경제의 자립을 꾀했기 때문이다. 이로 인해 짧은 기간 동안 마을 인구가 열 배 가까이 증가했다. 이 조그만 농촌 마을은 갑작스러운 인구 유입에 아무런 준비도 되어 있지 않았다. 완전히 새로운 동네가 설계되어 마치 공장에서 찍어낸 듯한 똑같은 모양의 주택들이 들어섰지만 주민들의 생활 환경은 가히 절망적이라고 말할 수 있을 정도였다. 새로 지은 집인데도 난방 시설이 제대로 되어 있지 않아 습하고 추웠다. 도로와 철도가 갖추어져 있지 않은 것은 물론이고 상수도 시설조차 미비했다.

겨울이 다가오자 조피 역시 열악한 주거 환경에 불만을 토로하기

시작했다. 특히 부흐베르크의 유치원이 견디기 힘들 정도로 추웠기 때문이다.[*]

조피는 매일 아침 공동 숙소 주위를 쓸고 닦았고 아이들의 숙제를 돌봐주었다. 아이들과 놀아주기도 했다. 점심식사는 식당에서 했는데, 유고슬라비아인 포로를 감시하는 간수를 알게 되어 같이 식사를 하곤 했다. 처음에는 해가 나고 좋은 날씨가 계속되었다.

늦가을의 따뜻한 햇볕을 받으면서 어린 여자아이들과 함께 놀이터의 모래밭에 앉아 있기도 했고 알록달록하게 단풍이 든 숲길을 따라 산책을 하기도 했다. 양떼를 따라가기도 했다. 크라우헨비스에 있을 때보다 자유시간도 많았고 움츠러들거나 감옥에 갇힌 듯한 생활을 하지 않아도 되었다. 물론 주말에는 의무 봉사를 하는 사람들이 모여서 세계관 교육을 받기로 되어 있었다. 그렇지만 당의 관리가 제대로 되지 않아 교육은 이루어지지 않았다. 조피로서는 처음 겪는 일이었다.

주말에 집에 가지 않거나, 주변 도시인 프라이부르크로 가지 않을 때에는 힐데 쉴레한테 찾아갔다. 힐데는 크라우헨비스 시절에 옆방에 있던 친구로 블룸베르크가 고향이었다. 힐데는 부모님과 함께 졸하우스라는 구역에 살았다. 힐데네 집 바로 옆에 작은 성당이 있어서 조피는 그곳에서 오르간을 연주하곤 했다. 가톨릭 신자인 힐데의 부모님이 성당에 가는 시간이면, 조피가 한 시간 정도 머물며 중풍

---

[*] 조피는 1941년 11월 9일부터 이듬해 3월 26일까지 지금도 부흐베르크에 있는 어린이 집에서 일했다. vgl. Zeitungsbericht Schwarzwälder Bote. 15. 11. 1991.

때문에 움직이지 못하는 힐데네 할머니를 돌보았다. 죽음을 눈앞에 둔 할머니는 신앙심이 매우 깊었고, 조피는 할머니와 이야기하는 것이 즐거웠다. 그러면서 가톨릭 신앙에 대한 조피의 관심은 더욱 깊어졌다. 가톨릭 신부들이 대부분의 개신교 목사들보다 용감하게 나치에 대항한 것도 한 가지 이유였다.

어느 날인가는 폰 갈렌 백작의 설교를 듣고 깊은 감명을 받았다. 울름 대성당 주교였던 그는 7월 이래로 나치의 반종교적인 태도를 서슴없이 비판하고 있었다. 8월 초 주교는 미사를 집도하면서 자신의 교구에서 진행되고 있던 정신병자 이송과 처형 문제를 언급했다. 주교는 이러한 행위야말로 "절대로, 어떤 상황에서도—전쟁터나 정당방위를 제외하고—죄 없는 사람을 죽여서는 안 된다"는 신성한 양심의 의무와 독일 형법을 위배하는 짓이라고 주장했다. 주교는 또 살인죄에 해당하는 이러한 행위가 끔찍한 결과를 초래할 것이라고 경고했다. "비생산적인" 인간을 죽이는 것이 정당화된다면 자의적인 해석이 난무할 것이고, 그렇게 되면 결국 노쇠한 노동자나 불구가 된 군인 역시 동일한 이유로 죽일 수 있게 될 것이었다.

주교의 설교는 신문에 게재되지 않았다. 그러나 누군가 다섯 장에 이르는 주교의 설교문을 깨끗하게 타이핑한 후 외부로 유출시켰다. 이 반나치 전단은 곧바로 동조자로 추측되는 일단의 사람들에 의해 집집마다 편지함에 넣어졌다. 조피네 집도 예외는 아니었다.

오틀은 테오도어 해커의 『인간이란 무엇인가?』라는 책을 구할 수 있었다. 친구들 모두 깊은 관심을 가지고 이 책을 읽은 후 이야기를 주고받았다. 이 책에서 해커는 분노에 가득 찬 거친 언어를 사용하면서 나치와 대결을 벌였다. 해커는 국가사회주의자들이란 만인에 대한 만인의 투쟁에서 강자의 우월성을 신봉하고 있으며 지도자에게는 신에 가까운 전권이 주어진다고 했다. 그런데 이러한 내용에도 불구하고 이 책자는 금서가 되지 않았다. 아마도 이 책이 신학적인 접근 방법을 택하고 있었고 문장 구조가 의도적으로 복잡하게 꼬여 있어서, 주의력과 인내력을 갖춘 독자만이 내용을 이해할 수 있었기 때문일 것이다.

해커는 '인간이란 무엇인가'라는 질문에 대한 해답을 성경의 창세기에 찾았다. 그는 신의 형상에 따라 인간을 창조했다는 이야기에 주목했다. "특히 오늘날에 이르러 저들이 전력을 다하여 폭력을 행사하고, 떼굴떼굴 구르는 물체의 무게를 이용하여 없애고자 하는 것은 무엇인가? 집단적인 충동과 욕망 속에 도사리고 있는 야수의 광기를 이용하여 논박하고, 억압하고, 무력화하고, 아예 없는 것으로 치부하고자 하는 것은 무엇인가? 그것은 바로 신의 형상에 따라 존

1941년 겨울, 조피는 부흐베르크의 어린이집에서 전시 후방 근무를 했다.

재한다는 말의 본래 의미, 물질적인 존재와 현존 사이에 정신이 놓여 있다는 사실이다. 왜냐하면 신은 정신이고 신의 형상을 본떠 창조된 인간은 창조된 정신이기 때문이다." 해커는 이때 인간의 본성을 저차원적인 정신 이전 단계의 본성—"물질의 관성, 움직이지 않는 식물의 삶, 충동적인 욕망, 동물적 존재"—과 고차원적인 정신 단계의 본성으로 구분했다. 고차원적인 본성은 "진리에 의해 조건 지어진 객관적인 인식을 수행한다. 달리 말하면 욕망에 사로잡히거나 제한된 인식을 하는 것이 아니다. 가치와 덕망과 결부된 의지를 지니며, 참된 영혼을 추구하고, 채워지지 않는 소망과 충동을 만족시키려고 헛되이 노력하지 않는다." 이 두 본성은 인간 내부에서 서로 투쟁을 벌여왔다. 그러나 결국은 은총만이 두 본성의 싸움에 승리를 가져다줄 수 있다. 그리고 이러한 은총은 "초자연의 힘이며, 신 그분만의 권한"이다.

오틀은 이 책에 매혹되어 뮌헨에 살고 있는 해커를 직접 찾아가기까지 했다. 오틀은 해커와 오랫동안 이야기를 나누었다. 해커는 칼 무트 교수와 친했고 그 교수가 경영하는 출판사에서 이 책을 출간했다.

칼 무트 교수는 1941년 6월까지 가톨릭 성향의 문학 및 철학 잡지인 『호흐란트』를 발행했다. 이 잡지는 초기에는 가톨릭에 대한 현대적인 접근 및 가톨릭의 개방성을 추구했다. 그러나 1933년 이후에는 국가사회주의적 이데올로기에 대한 투쟁, "서구 유산의 방어"를 잡지의 기본 이념으로 삼았다. 그러자 이 잡지는 특정 그룹 사람들 사이에 비중 있는 잡지로 자리잡게 되었고 발행 부수가 두 배로 늘었다. 나치에 대한 비판은 항상 간접적인 방법으로 이루어졌다. 역사 논문의 테마는 현재와의 비교를 유도하기 위해서 고대의 민주주의와 정치를 중점적으로 다루었다. 성경에 나오는 경고문처럼 다의적인 인용문을 사이사이에 편집해 넣고 체제 비판적인 책들에 대한 서평을 실었다.

이 잡지가 결국 국가사회주의자들의 눈에 띄어 출간이 금지되었을 때 발행인은 이미 일흔이 넘은 나이였다. 무트 교수는 공적인 영역에서 영향을 미칠 수 있는 기회를 박탈당했지만 활동을 그만둘 생각은 없었다. 정신적으로는 아직 젊었다. 무트 교수는 젊은 사람들과 이야기를 나누면서 젊은이들의 사고 방식을 알게 되고 젊은이들의 노력을 격려하기를 좋아했다. 그래서 오틀도 무트 교수와 교류하게 되었고 뮌헨에 살고 있던 한스를 무트 교수와 해커에게 추천해주었다.

알고 보니 무트 교수는 한스 아버지의 어린 시절 친구이기도 했다. 젊은 대학생인 한스 숄은 노신사 무트의 마음에 들었다. 무트 교수는 한스에게 서재 정리를 부탁했다. 한스는 곧 졸른에 있는 무트 교수 댁을 왔다갔다하면서 긴 대화를 나누게 되었다.

한스는 무트 교수와 함께 잉에를 방문했다. 잉에는 노신사에게 줄 신선한 과일을 구해달라고 조피에게 부탁했다. 신선한 과일은 당시 도시보다는 농촌에서 구하는 게 손쉬웠다. 조피는 사과를 상자에 담아 무트 교수 앞으로 소포를 부쳤다. 무트 교수는 답례로 편지와 함께 작은 책을 보내왔다. 이제 조피가 답장을 보내야 할 차례였다. 하지만 무슨 말을 해야 할지 막막하기만 했다. 스스로가 너무나 미미한 존재로 여겨졌던 것이다. 자기 같은 사람에게 답장을 해주는 것을 보면 무트 교수는 마음이 넉넉한 사람임에 틀림없었다. 조피는 무트 교수의 세심한 배려를 느낄 수 있었다. 그리고 그 관심이 조피에게는 엄청나게 큰 격려가 되었다. 조피는 그날 저녁 일기장에 "반드시 좋은 사람이 되리라"고 썼다.

조피는 종종 자신의 나쁜 점을 속속들이 알지 못하는 사람들 앞에는 나서지 못할 것 같다는 생각이 들었다. 조피는 남들이 인정하는 사람이 되고 싶었고 신에 이르는 길을 찾아가고 싶었다. 그러나 이와 동시에 마치 갑자기 앞을 보지 못하게 된 것 같은 느낌도 들었다. 어릴 적 갖고 있던 신앙심은 이미 황량한 성장기를 거치면서 아무 생각 없이 내팽개쳐졌다. 조피가 신앙심과 맞바꾸었던 지도자에 대한 믿음은 끔찍한 기만 행위에 속아넘어간 것임이 입증되었다. 조피는 이제 성장기를 마치고 보다 높은 차원의 힘 안으로 돌아가기를 원하고 있었다. 조피는 자연 속에서 그러한 힘을 느낄 수 있다고 믿어 의심치 않았다. 그러나 신이 무엇인지 확신이 서지 않았으며, 신과 전혀 상관없이 살아왔다는 느낌이 들었다. 유일하게 확실한 것은 조피 자신이 자신의 무지를 깨닫고 있다는 사실뿐이었다. "그러면 기도하는 것밖에는 달리 길이 없다. 기도하라."

조피는 성당에서 혼자 어색한 모습으로 무릎을 꿇고 기도를 하려고 노력해보았다. 그렇지만 다른 사람들의 눈을 피해 기도를 하는 것은 너무나 힘들었다. 자신이 가톨릭교도가 아니라는 사실을 아는 힐데가 갑자기 들어오면 어떻게 하나? 비밀 중의 비밀을 그런 식으로 들킬 수는 없는 일이었다. 못난 부끄러움 때문에 마음이 급해져서 억지로 기도를 했다는 느낌이 들었다. 조피는 너무나 외로웠다. 고향이 그리웠다.

그러나 블룸베르크에도 한줄기 빛이 찾아들었다. 조피는 겨울 초입에 프라이부르크에서 프리츠를 만날 수 있었다. 프리츠의 아프리카행이 연기되는 바람에 만남이 가능해진 것이다. 조피는 토요일에 역으로 마중을 나갔다가 일요일 오후까지 작은 여관에서 함께 지냈다. 길기만 했던 한 해를 보내며 둘 사이는 서먹서먹해져 있었다. 크라우헨비스에서의 내적인 이민생활은 조피를 폐쇄적이고 소극적으로 만들었다. 신을 향한 마음도 아직 새로 개척되어야 할 길이었고 확고한 것이 아니었다. 조바심과 스스로를 보잘것없다고 여기는 자의식이 조피를 움츠러들게 했다. 프리츠는 최전선에서 전쟁을 경험했다. 기차를 타고 러시아를 지나오는 동안 그는 유대인 대학살에 관한 장교들의 대화를 엿듣게 되었다. 장교들은 유대인을 총살시키는 것을 세상에서 가장 당연한 일로 여기고 있었다. 프리츠는 충격에 휩싸였다. 나는 무슨 일을 하고 있는 거지? 혹시 범죄를 도와주고 있는 것은 아닐까? 이들에 맞서 싸워야 하는 것은 아닐까? 청년 장교 프리츠는 걷잡을 수 없는 갈등에 빠졌다. 그들은 이전 어느 때보다 정치적인 견해가 일치했다. 그러나 프리츠는 조피가 골몰하고 있던 철학이나 종교적인 문제와는 동떨어져 있었다. 그래도 같이 지

넬 수 있다는 사실만으로도 그들은 큰 위로를 받았다. 누구보다 서로를 잘 알았고, 누구보다 서로를 신뢰했다. 그들에게는 시간이 별로 없었다. 어쩌면 영영 다시 못 만날지도 모를 일이었다. 그래서 모든 문제를 옆으로 밀어놓았다. 그들은 외로웠다. 서로의 따뜻한 숨결을 가까이에서 느끼고 싶었다. 그들은 풍랑을 만나 부서진 배의 조각들처럼 서로를 감싸안고 주변의 모든 것을 잊어버렸다. 조그만 여관방, 전쟁, 국가사회주의자들의 끔찍한 만행, 이 모든 것들을 잊고 사랑에 온전히 몸을 맡겼다. 그들은 일요일 아침 늦게서야 비로소 현실로 돌아왔다. 조피는 블룸베르크가 지긋지긋하게 춥다고 불평을 했다. 프리츠는 내복을 꺼내 조피에게 건네주었고 조피는 고맙게 받아 짐 속에 챙겨 넣었다. 나중에 조피가 세탁해달라며 내복을 집으로 보냈을 때, 어머니는 남자용 내복을 보고 깜짝 놀랐다.

이제 둘한테는 시내로 걸어나가 프라이부르크 대성당을 구경할 정도의 시간밖에 남아 있지 않았다. 그러고 나면 다시 긴 이별의 시간이었다.

둘이 함께 보낸 주말이 지나고 얼마 있지 않아서 조피는 프라이부르크에서 오틀을 만났다. 프라이부르크에서 멀지 않은 프랑스의 에피날에서 예비 훈련을 하고 있었는데 예상치 못한 휴가를 받게 되었던 것이다.

오틀도 프리츠처럼 토요일에 도착했다. 그렇지만 다음날 오전까지만 시간이 있었다. 자전거를 타고 부대로 돌아가는 데 꼬박 한나절이 걸렸기 때문이다. 조피와 오틀은 형제와 친구들에 대하여 많은 이야기를 나누었다. 오틀은 조피를 무척 좋아했다. 조피의 몸짓, 얼굴, 소년 같은 외모를 마음에 들어했다. 조피는 언니인 잉에보다 훨씬 조용했다. 오틀은 조피도 자신처럼 수줍음이 많은 성격이라고 생각했다. 오틀은 조피가 소녀단 활동을 하던 시절부터 호감을 갖고 있었다. 오틀의 판단에 따르면 조피는 자의식이 강한 편이었고 엄격한 원칙주의를 실천에 옮기고 있었지만 잉에처럼 전면에 나서는 성격은 아니었다. 오틀은 비논리적인 것을 간파하고 그것을 적절하게 말로 표현해내는 조피의 이성적인 능력을 높이 평가했다. 그들은 2인용 침대 위에서도 이야기를 멈추지 않았다. 오틀이 친구한테 빌려온 시집을 꺼내 둘이 큰소리로 함께 읽었다. 조피는 오틀에게 자살을 생각해본 적이 있느냐고 물었다. 오틀은 그런 적이 있노라고 대답했다. 자신에게도 종종 무기력이 엄습한다는 것이다. 자신의 의지와 상관없이 외부로부터 강요된 생활 원칙에 따라야 하는 상황이 삶에 대한 의욕을 감소시키고 있었다.

사랑에 대해서도 이야기를 나누었다. 둘은 어떤 의미에서 버림받았다고 느끼고 있었다. 소설이나 영화, 부모님의 집도 전혀 도움이 되지 않았다. 사랑은 서로의 아픔을 껴안는 것이다. 그런데도 사랑에는 왜 고통이 따르는가? 그들은 화제를 신으로 옮겼다. 이 주제에 대해서도 그들은 비슷한 견해를 갖고 있었다. 특히 신에게 다가가는 개인적인 방법을 둘러싸고 의견을 주고받았다. 오틀은 조피에게 자신이 신과 대화하는 방식을 말해주었다. 오틀은 글을 통해 기도를 올린다고 했다. 그러나 조피는 신이 자신으로부터 너무 멀리 떨어져 있고 신은 부당하다고 말했다. 신 앞에 엎드렸지만 그 부당함을 참을 수 없었다고 고백했다. 신이 인간을 사랑한다면 인간을 영원한 저주 속으로 빠뜨려서는 안 되지 않는가? 오틀 역시 자신이 신이라면 서로 잡아먹지 못해 안달인 약육강식의 세계 속으로 인간을 던져 넣지는 않았을 거라고 맞장구쳤다. 이렇게 이야기를 하는 동안 날이 샜다. 두 사람은 과거 어느 때보다도 서로 가까워졌음을 확인했지만 육체적인 접촉은 하지 않았다. 드디어 짐을 챙겨서 여관을 빠져 나왔다. 오틀은 자전거를 끌고 역까지 갔다. 조피가 타야 할 기차가 막 떠나려 하고 있었다. 두 사람은 제대로 작별 인사도 하지 못한 채 헤어졌다.

1941년 12월 초였다. 러시아 전선에서 들려오는 소식은 암울하기만 했다. 국가사회주의자들은 러시아인에 대한 독일인의 감정을 선동하여 예전의 적대적 태도를 다시 불러일으키려 했다. 연설, 포스터, 영화, 신문 등 도처에서 러시아인의 만행에 대한 경고의 메시지가 전달되었다. 예전에 유대인에게 썼던 방식 그대로 러시아인을 툭 튀어나온 머리에 못생기고 어리석은 야만인으로 묘사했다. 그러나 이러한 선전에도 불구하고 초기에 큰 성공을 거두었던 동부전선은 교착 상태에 빠져들고 있었다.

신문에선 온몸이 꽁꽁 얼어붙을 정도로 추운 러시아의 드넓은 전선에서 힘들게 생활하는 병사들의 사진을 볼 수 있었다. 독일군이 300킬로미터에 이르는 반원 모양의 전선을 이루며 모스크바를 포위하고 있는 동안 소련군은 예상치 못한 대규모 병력과 무기를 동원하여 저항했다. 이른바 고향전선이라 불리던 후방에서는 소비재, 생필품, 기호품의 배급제가 확대되었다. 12월 1일부터는 흡연자 카드가 도입되기도 했다. 흡연자 카드는 남자 전용이었기 때문에 조피는 담배라고는 단 한 개비도 구할 수 없었다.

전쟁은 급기야 세계전쟁으로 확산될 조짐을 보였다. 미국의 루즈벨트 대통령과 영국의 처칠 수상이 8월 14일 대서양 헌장에 합의했고 다른 나라들의 인준이 속속 이어졌다. 대서양 헌장의 '자유 조항 4개조'의 내용은 다음과 같다. 첫째, 이 헌장에 서약한 국가들은 영토 확장을 추구하지 않는다. 둘째, 다른 곳에서 해당 국가의 국민들이 영토의 확장을 원한다고 하더라도 우리는 그러한 변화가 일어나는 것을 원치 않는다. 셋째, 모든 국가의 국민은 자신들의 정부 형태를 스스로 선택할 권리가 있으며 우리는 이를 존중한다. 넷째, 외적 강제에 의해 주권과 자치 정부를 빼앗긴 국민에게 우리는 이를 다시 돌려주기를 원한다. 이러한 내용은 기존의 독재자들과 그들의 정복욕을 명백하게 부정하는 것이었다.

이미 미국 주재 독일대사관이 폐쇄되었고 미군이 아이슬란드에 진주하여 유럽으로 들어오는 미국 상선의 북대서양 항로를 확보했다. 이에 대응하여 독일 전함은 미국 상선을 연달아 침몰시켰다. 루즈벨트 대통령은 9월 초 독일 해군과 공군에 대한 공격 개시를 명령했다. 얼마 지나지 않아 상선들도 무장을 하기 시작했다. 12월 7일 일요일, 조피가 오틀을 만났던 날, 일본은 하와이 진주만에 있는 미국의 해군기지를 급습했다. 이 급습으로 미국 태평양 함대의 대부분이 파괴당했다. 일본은 이미 1940년에 독일, 이탈리아와 함께 유럽과 동아시아의 새로운 질서를 목표로 하는 삼국동맹을 체결한 바 있었다. 진주만 공격 사흘 후 아돌프 히틀러는 미국에 대해 선전포고를 했다. 이제 전세계가 전화에 휩싸이게 된 것이다!

이 끔찍한 뉴스가 발표된 날 조피는 "내 눈에 빛을 주소서"라고 일기장에 적었다. 성경의 시편에서 따온 것인데 지난 2년 동안 힘들 때면 언제나 떠올리던 구절이었다. 지고의 힘에 대한 생각만이 자신을 안전하게 지켜줄 수 있는 것처럼 여겨졌다. 모든 것이 파멸하는 것만 같았다. 미래에 대한 두려움이 엄습했다. 모든 것이 가라앉게 되면 신만 존재할 것이다. 그러나 신이 누군가로부터 그토록 멀리 떨어져 있다는 것은 얼마나 끔찍한 일인가. 조피를 불안하게 한 것은 전쟁뿐만이 아니었다. 프리츠와 오틀에 대한 관계 역시 그녀를 불안에 떨게 만들었다. "신이시여, 제가 당신의 이름으로 프리츠를 사랑하는 방법을 배울 수 있게 하소서." 생각이 꼬리에 꼬리를 물었다.

동남아시아에서 일본군이 잇달아 승리를 거두었지만 아프리카에서는 영국군이 독일군과 이탈리아군에 맞서서 압도적인 우세를 보이고 있었다. 동부전선의 독일군은 턱없이 부족한 장비 문제와 혹독한 추위에 시달렸다. 크리스마스 이브 사흘 전 괴벨스는 러시아에 있는 군인들에게 겨울 용품을 보내기 위해 모금 운동을 벌이라고 촉구했다. 울름 역시 다른 어떤 활동보다 이 모금 운동을 우선시하였다. 크리스마스부터 새해 첫날까지 모금 운동을 벌이는 사람들이 집집마다 돌아다녔다. 사람들은 털옷, 고양이털, 방한모, 귀마개, 무릎 보호대, 복대, 토시, 모직 목도리, 내복, 담요, 스키복 등을 내놓아야만 했다. 나치당에서는 병사들에게 빨리 따뜻한 겨울 용품을 지급해야 한다며 선전에 열을 올렸다.

조피는 2주일 동안 크리스마스 휴가를 얻었다. 조피네 가족은 이 모금 운동을 단호하게 거부했다. 프리츠는 조피한테 이런 소식을 전해 듣고 깜짝 놀랐다. 같은 동포인데 도와야 마땅하다는 것이다. 그러나 조피의 신념은 확고했다. 독일 군인이든 러시아 군인이든 혹독한 추위에 시달리는 것은 마찬가지이며 둘 다 똑같은 고통을 겪고 있다는 것이다. 중요한 것은 독일이 전쟁에서 패배하는 것이었다. 따뜻한 옷을 기부하는 것은 전쟁을 연장하는 데 도움을 주는 일일 뿐이므로 절대로 아무것도 기부해서는 안 된다! 프리츠에겐 조피의 주장이 충격적이었다. 조피의 주장은 목숨을 걸고 조국을 지키는 동포에 대한 배반이나 다름없었다. 조피는 오랫동안 프리츠와 논쟁을 벌였고 결국 프리츠는 조피네 가족의 논리가 원칙적으로 옳다는 것을 인정하게 되었다.

4

| 백장미는 당신을 편안하게
내버려두지 않습니다 |

1942~1943

뮌헨 대학 시절

조피가 블룸베르크에 머물러야 했던 석 달이 지나갔다. 3월 말 조피는 울름으로 가는 기차에 몸을 싣고 깊은 숨을 내쉬었다. 이제 다시 자유로운 몸이 되었다. 대학 진학을 위한 허가도 받아놓은 상태였다. 전쟁이 끝나기 전에 학업을 시작할 수 있으리라고는 기대하지도 않았는데 말이다. 여름 학기에 맞추어 뮌헨 대학에 입학할 수 있었다. 조피는 철학과 자연과학을 전공으로 선택했다. 자연과학 중에서도 생물학을 중점적으로 공부할 생각이었다.

잉에는 조피가 미술을 전공하기를 바랐다. 울름에 있을 때 보여준 회화와 일러스트 솜씨로 볼 때, 동생이 미술에 재능이 있다고 판단했던 것이다. 어렸을 때는 잉에가 꾸며낸 동화 속의 가냘픈 주인공들을 훌륭하게 그려내기도 했다. 특히 '피터팬' 일러스트는 정말 뛰어났다. 동생이 미술을 전공하지 않는다고 하자 잉에는 무척 애석하게 생각했다.

조피의 생각은 달랐다. 그녀는 자신에게 화가가 될 만한 재능이 있는지 확신이 없었다. 화가라면 위대한 작품을 남겨야만 한다. 위대한 화가가 되지 못한다면 먹고 살 수 있는 길은 잘 되어야 미술 교사가 되는 것이다. 조피는 교사가 되고 싶지는 않았다. 한편 지난 몇 년 동안 겪어야 했던 정신적 황폐함으로 인해, 조피는 지식에 목말라 있었다. 크리스마스 전에 오틀과 나누었던 것처럼 삶과 세계에 대한 철학적인 문제들을 토론하고 싶었다. 조피는 날카롭고 명확한 자연과학적 관점으로 사물을 관찰하고 이해하고 싶었다.

올해 부활절은 4월 첫째 일요일이었다. 한스는 여전히 슈로벤하우젠에 머물러 있어야 했다. 동상에 걸린 부상병들이 러시아로부터 수송되고 있었던 것이다.

한스 대신 한스의 새 여자친구 트라우테 라프렌츠가 울름으로 왔다. 여러 달 동안 혼자 외로움 속에서 지냈던 조피에게 같은 생각을 하는 가족과 친구가 곁에 있다는 사실은 엄청난 변화였다. 다시 집에 돌아왔다는 사실이 너무나 기뻤다.

부활절 밤, 조피는 잉에와 함께 태어나서 처음으로 가톨릭 성당의 부활절 미사에 참석했다. 그리고 다음날도 새벽 세시 반에 일어나 죄플링 성당으로 갔다. 약간 늦게 도착하는 바람에 돌로 불을 지핀 다음 그 불을 부활절 초로 옮기는 의식을 보지 못했다. 애당초 조피는 이 의식에 몰두함으로써 깊은 내적 체험을 할 수 있기를 간절히 바랐다. 그러나 조피는 의식에 몰입하는 데 실패했다. 여전히 다른

조피는 잉에가 꾸며낸 동화 속의 주인공을
훌륭하게 그려내기도 했다.

사람들 앞에서 무릎을 꿇고 앉는 데 어려움을 느꼈던 것이다. 조피
는 더 이상 미사에 집중할 수 없었다.

　학기가 시작할 때까지 대부분의 시간을 공부를 하면서 보냈다. 연
말에는 으레 그렇듯이 아버지 사무실에서 일을 했다. 트라우테도 계
속 머물면서 아버지를 도왔다. 그렇게 연말이 지나가자 아무도 예상
치 못한 뜻밖의 사건이 발생했다. 사무실의 젊은 여직원이 아버지
로베르트 숄을 나치 지구당 사무실에 고발한 것이다! 2월, 국방군
총사령관은 독일군이 러시아에 대한 공격 작전을 모두 중지했다고
공포했다. 그들은 "인명과 재산상의 손실을 고려한다면" 러시아군
이 "대규모 공격을 통해 동부전선을 통과하려 하지는 않을 것"이라
고 예상했다. 총사령관은 구체적인 숫자를 밝히지는 않았지만 엄청
난 인명 손실을 인정했다. 물론 국방군 보고서는 러시아 포로의 수
와 러시아 군대로부터 획득한 장갑차 및 대포의 수를 나열함으로써

독일의 손실을 상대적으로 상쇄시키려 했다. 한마디로 위기 국면이었다.

히틀러 청년단에서 지도적 역할을 수행하고 있던 이 여직원은 자신의 고용인이 사적인 대화 자리나 의뢰인들 앞에서 히틀러나 나치 당원을 비난하는 것을 참을 수 없었다. 언젠가 소녀단 시절의 친구가 사무실을 방문했을 때에도 로베르트는 지도자를 비난하며 열을 올렸다. 여직원이 보기에 로베르트는 히틀러를 비난하는 발언을 즐기는 것 같았다.

이를테면 로베르트는 러시아에서 벌어지고 있는 전쟁이 화제가 되면 바로 그 자리에서 히틀러를 비난한다는 것이다. 로베르트는 히틀러는 신이 내린 가장 큰 재앙이며, 지금이라도 전쟁을 그만두지 않으면 몇 년 안에 러시아인이 베를린을 점령해 독일 전역에 혼란이 닥칠 거라고 거침없이 떠들었다. 여직원은 로베르트의 비난이 도를 넘어섰다고 판단했다. 여직원은 우선 두 주 동안 병가를 냈다. 그녀는 자신의 고용인이 지도자에 대해 흑색선전을 퍼트리는 것을 참을 수가 없었다. 여직원은 로베르트를 고발해야 한다고 생각했다. 그렇지 않으면 조만간 자신이 위험에 빠질 것 같았다. 병가 마지막 날 그녀는 나치 지구당을 찾아갔다.[*]

---

[*] 체포 날짜는 유동적이다. 이 부분은 주로 1942년 2월 25일의 편지에 의거하고 있다. 그 편지에서 조피는 아버지 사무실의 여사무원인 잉에가 여전히 병가 중인지를 묻고 있다. s. Briefe Sophie vom 25. 2. 1942; Quelle: Faas. Zur russischen Front s. Ulmer Bilderchronik Bd.5b. S.541

다음날 아침 가족이 모여 식사를 하고 있는데 초인종이 울렸다. 게슈타포 소속의 남자 둘이었다. 현관에 나갔던 아버지가 돌아오더니 외투를 집어 들었다. 그들은 아버지를 데려가려 했다. 마침 리즐의 친구인 로레가 조피네 집에 머물고 있었는데 로레는 조피의 어머니가 자신의 남편이 어떻게 될까봐, 생명이 위험할까봐 겁에 질려 외치는 소리를 들었다. 두 남자는 그런 끔찍한 생각은 하지 말라고 어머니를 달래면서 나치당원이 아닌 사람들은 그냥 입 다물고 사는 게 상책이라고 말했다. 로레는 포르흐텐베르크의 나치 지구당 위원장인 의사 디트리히와 연락이 된다는 사실을 떠올리고 그에게 도움을 청하는 게 어떻겠냐고 제안했다. 그러나 조피의 어머니는 단호하게 거절했다.

다행스럽게 아버지는 심문을 받은 다음 곧 석방되었다. 그러나 곧 기소될 예정이었기 때문에, 그후 몇 달 동안은 다모클레스의 칼(다모클레스는 그리스 왕 디오니시우스가 누리는 사치와 쾌락에 자주 부러움을 피력했다. 이 말을 전해들은 왕은 성대한 잔치를 열고 많은 사람들을 초청했다. 물론 다모클레스도 초청했다. 왕은 다모클레스의 머리 위로 가느다란 줄을 매달아 큰 칼을 걸어놓았다. 두려움에 사로잡힌 다모클레스는 음식도 제대로 먹지 못했다. 왕은 다모클레스에게, 화려하게만 보이는 왕의 지위란 늘 불확실한 위험에 둘러싸여 있다는 것을 일깨워줬던 것이다—옮긴이)이 가족 전체의 분위기를 짓눌렀다. 조피는 히틀러 청년단에서 일하는 지인을 찾아갔다. 그리고 아버지를 고발한 여직원에게 아버지에 대해 호의적인 이야기를 하도록 설득해줄 수 없겠냐고 부탁했다. 그러나 조피의 아버지와 같은 "인자"는 "섬멸"되어야 한다는 섬뜩한 말을 듣고 발길을 돌려야만 했다.

5월이 되자 조피가 기다리고 기다리던 위대한 날이 왔다. 자신의 지적 호기심을 마음껏 충족시켜줄 대학생활이 시작된 것이다. 조피는 뮌헨에서 방을 구하지 못해 졸린에 있는 무트 교수 댁을 임시 거처로 정했다. 아버지의 어린 시절 친구인 무트 교수는 친구의 막내딸을 기꺼이 받아주었다. 한스는 이 시기에 거의 매일 무트 교수 댁에 드나들었다. 둘은 국제 정세와 독일의 상황에 대해 점점 더 깊이 있는 대화를 나눴다. 유대인에 대한 탄압이 더욱 심해지자 무트 교수는 분노를 삭일 수 없었다. 9월 말이 되자, 유대인은 공공 장소에 나타날 때 노란 별 표시를 가슴에 부착해야 한다는 규정이 하달되었다. 그리고 유대인의 대규모 이주가 시작되었다. 울름에서도 12월 초 20명의 유대인이 동쪽으로 이송되었다.

당시 폴란드에서는 폴란드의 지도층 인사들뿐만 아니라 유대인들도 나치에 의해 참혹하게 살해되었다는 소문이 떠돌았다. 물론 그러한 소문은 친한 친구이거나 생각을 같이 하는 사람들 사이에서만 은밀하게 퍼져나갔다. 소문을 들은 사람들 가운데에서도 소문의 내용을 의심하는 사람들이 많았다. 하물며 보통 사람들은 그것이 적의 선전인지 진실인지조차 구별하기 어려웠다.

한스는 이제 자신의 조국을 통치하고 있는 것은 괴물이라고 생각했다. 연륜 있는 교수와 혈기왕성한 학생은 괴물의 통치 방식에 대해 분노와 저항의식을 주고받으면서 더욱 공감대를 넓혀나갔다. 무트 교수는 뭔가에 흥분을 하면 앞에 있는 사람들이 "거의 공포를 느낄 정도로" 화를 내곤 했다. 몇몇 사람의 기억에 따르면 화를 낼 때 무트 교수의 표정은 "거의 악마" 같았다고 한다. 무트 교수의 이웃이자 친구인 작가 베르너 베르겐그루엔은 무트 교수의 특징을 이렇게 묘사했다. "무트 교수는 진정한 교육자의 자질을 갖추고 있었다. 그의 내면에는 자신이 교류하는 사람들을 자신이 원하는 대로 만들고 싶어하는 강한 욕구가 있었다."

노교수는 자신의 꿈을 실현시킬 수 있는 청년상으로 한스가 딱 알맞다고 생각했다. 한스의 친구들 역시, 한스가 횔더린에 의해 묘사된 바 있는 "진정한 젊은이상"은 물론, 기사 공동체에 어울릴 법한 특성을 갖고 있다고 생각했다. 후에 적지 않은 사람들은 한스의 열정적인 태도와 나치에 대한 증오심을 회고하면서, 너무나 단호하여 섬뜩한 느낌마저 들 정도였다고 말했다. "광신적"이라는 단어를 사용하는 사람들도 있었다. 울름의 지인들 중에는 히틀러 소년단에서 활동하던 한스의 모습을 회상하면서 이 단어를 사용하는 사람도 있었다.

조피는 한 달 동안 무트 교수 댁에 머물다 뮌헨의 만델 가에 작은 방 한 칸을 얻었다. 뮌헨 대학이 있는 슈바빙 구역의 만델 가에는 예술인들이 많이 살고 있었다. 만델 가의 한쪽 옆에는 엥글리쉬 가르텐이 위치해 있었고 학교에서도 멀지 않았다. 집 앞으로는 커다란 주차장이 들어서 있었다. 한스는 센들링거 구역의 린드부름 가에 살았다. 이 구역은 뮌헨의 구도시를 기준으로 하면 조피의 거처 맞은편에 있었다.

조피가 뮌헨에 도착하자 한스는 동생에게 한 학기 동안 사귄 친구들을 소개해주었다. 친구들 중 대다수는 한스처럼 의대생 동아리에서 활동하고 있었다. 나치 체제를 반대하던 사람들은 아주 사소한 부분에서도 서로를 알아보았다. 나치가 규정한 방식대로 짧은 머리를 하고 다니는지, 나치의 지시 사항을 곧이곧대로 수행하는지, 어떤 방식으로 인사를 하는지 등이 결정적인 단서였다. 그렇지만 이들도 처음에는 서로를 조심스러워했다. 한스는 그런 조심스런 분위기 속에서도 자신과 마찬가지로 가족 전원이 국가사회주의에 동조하지 않는, 한 무리의 "좋은 인간들"을 발견했던 것이다.

뮌헨에서 가장 오래된 친구인 슈릭과는 한스가 대학생 중대의 일원으로 프랑스에 출정했을 때부터 알고 지냈다. 슈릭의 본명은 알렉산더 슈모렐이었는데, 역시 의학을 공부하고 있었다. 그러나 의사인 아버지가 원했기 때문에 의대에 진학했을 뿐이지, 사실은 미술 공부를 하고 싶어했다. 슈릭은 조각가가 되고 싶었다. 그래서 회화와 소묘 강의를 듣기도 했다. 슈릭의 부모님은 러시아 출신이었는데 10월 혁명의 소용돌이 속에서 추방되었고 어머니는 슈릭을 낳은 후 죽었다. 그렇지만 슈릭의 유모가 함께 독일로 와서 아이를 돌보았기 때문에 러시아어를 쓰는 분위기에서 자라났다. 슈릭은 유모를 어머니처럼 사랑했다. 어려서부터 자유와 독립에 대한 열망이 남달랐던 그는 스포츠와 음악을 비롯해 여러 방면에 뛰어난 재능을 보였다. 부드럽고 관대한 성격의 소유자였지만 간혹 거칠고 세심하지 않은 면

모를 드러낼 때도 있었다.

조피와 슈릭은 서로 그림에 관심이 있다는 걸 알게 되면서 급속도로 친해졌다. 함께 스케치를 하며 서로 모델이 되어주었는데 조피의 방은 너무 작았기 때문에 조피는 일주일에 한두 번씩 슈릭에게 갔다. 슈릭은 하를라힝에 있는 넓은 빌라에서 가족과 함께 살고 있었다. 조피는 슈릭을 자연스럽고 감성적인 인간, 예술가적 기질을 타고난 순수하고 "정서적인 인간"으로 느꼈다. 그해 여름 조피는 슈릭에게 사랑의 감정을 느끼게 된다. 하지만 오래지 않아 조피는 슈릭이 매우 변덕스러운 사람이라는 것을 알게 되었다. 조피는 곧바로 자신의 감정을 표현한 일기장을 찢어버렸다. 슈릭이 자신의 마음속에 너무나 큰 자리를 차지했던 것이 후회가 되었다. 조피는 자신의 마음을 다스리게 해달라고 하느님에게 기도했다. 그리하여 프리츠나 다른 친구들의 경우처럼, 슈릭 역시 조피가 매일 하기 시작한 저녁 기도의 내용에 들어오게 되었다.

조피와 슈릭은 서로
모델이 되어주면서 스케치를 했다.

한스는 슈릭의 옛 친구인 크리스토프 프롭스트를 조피에게 소개했다. 그들은 연주회에서 만났다. 조피는 그를 크리스틀이라 불렀다. 크리스틀은 변덕스러운 슈릭과는 완전히 다른 사람이었다. 크리스틀은 조피가 알고 지낸 어떤 남자보다도 조피를 편하게 대해주었고 이런저런 재주도 많았다. 또한 자신의 행동에 책임질 줄 아는 사람이었다. 크리스틀은 김나지움 생활의 대부분을 기숙사가 딸린 대안학교에서 보냈다. 그곳은 학생들의 책임감에 교육의 주안점을 두는 학교였다. 크리스틀의 아버지는 재혼을 했는데, 새어머니에게는 유대인의 피가 흐르고 있었다. 따라서 크리스틀은 어려서부터 유대인에 대한 나치의 격리 정책을 실감하고 있었다. 크리스틀의 아버지는 후에 자살했다. 이런 경험은 크리스틀로 하여금 종교적이고 철학적인 문제에 심취하게 만들었다.

크리스틀은 지난해 여름 결혼해서 두 명의 아이를 두고 있었다. 주말이면 조피는 크리스틀의 아내인 헤르타에게 달려가곤 했다. 가르미슈에 살고 있던 헤르타는 조피와 아주 절친한 사이가 되었다. 헤르타는 가족을 위해 자신의 모든 시간을 바쳤고, 어린 두 아이를 기르는 데 정성을 다했다.

1942년 5월 9일 스물한번째 생일이 되던 날, 조피는 새롭게 사귄 뮌헨의 친구들과 더불어 오붓한 성년 파티를 열 수 있었다.

조피의 일과는 빽빽하게 채워졌다. 조피에게는 계속해서 새로운 뭔가를 받아들여야 한다는 강박관념이 있었다. 어떤 날은 특히 시간적인 여유가 없었다. 이를테면 5월 말 조피는 오후에 무트 교수 댁으로 초대를 받았다. 작가이자 비평가인 지기스문트 폰 라데키가 차를 마시러 오기로 되어 있었다. 라데키는 조피 아버지와 비슷한 연배로 아주 활동적인 삶을 살았다. 상 페테르부르크에서 김나지움을 다녔고, 대학에서 엔지니어 교육을 받았다. 그런 다음 투르키스탄에서 일을 하다가 갑자기 배우가 되기로 결심했다. 그때부터 연극배우 생활을 했다. 작가로서 글을 쓰기도 했고, 심지어는 화가이기도 했다. 그날 오후 한스는 라데키와 함께 독서 모임을 주도했다. 조피는 세 명의 남자들이 나누는 대화를 경청했다. 같은 날 저녁 조피는 오빠와 함께 요세프 푸르트마이어를 찾아갔다. 조피는 그를 "철학자"라고 불렀다. 요세프 푸르트마이어는 법관이었으나 부당한 나치 체제의 동조자가 되기를 거부하고 퇴직했다. 조피와 한스는 푸르트마이어와 함께 세 시간 동안 이야기를 나누었다. 한스는 일주일에 한 번 그를 방문해 강의를 듣고 있었다. 푸르트마이어는 역사와 고고학에 조예가 깊었는데 한스를 위해 특별히 자료를 준비하고 강의를 했다. 조피로서는 매우 힘든 하루였다. 그렇지만 라데키나 푸르트마이어 같은 사람들을 만남으로써, 스스로도 뭔가를 이루고 싶다는 욕구를 일깨울 수 있었다. 그녀는 어쨌든 이제 뭔가를 배울 수 있다는 사실이 매우 기뻤다. 물론 아직 낯선 사람들 앞에 서면 불안함을 느꼈다. 그래서 대화를 나눌 때에도 거의 입을 떼지 않고 조용히 경청하기만 했다. 이제 첫 학기에 접어든 새내기로서 대학 선배나 교수와 작가들이 모인 자리에서 자기 주장을 펼치기에 그녀는 너무나 어렸고 아는 것도 없었던 것이다. 그럼에도 불구하고 그녀는 대화를 경청하는 방식으로 이러한 모임에 적극 참여했다.

연초에 무트 교수와 접촉하면서부터 한스가 알게 된 친구들의 범위는 엄청나게 넓어져 있었다. 무트 교수는 한스에게 "가톨릭교도로서 대단한 인물"이 있는데 만나봐야 한다며 자신의 집에서 푸르트마이어를 소개했다. 그후 푸르트마이어의 친구이자, 건축가이며 화가인 만프레드 아이케마이어를 소개받았다. 그는 슈바빙의 레오폴드 가에 아틀리에를 갖고 있었다.

아이케마이어는 크라카우에 직장이 있었다. 일 때문에 당시 폴란드 사람들이 "총사령관 통치 지역"이라고 부르던, 나치들이 점령 즉시 합병하지 않은 지역으로 자주 여행을 갔다. 아이케마이어의 아틀리에는 스무 명 정도가 앉을 수 있을 만큼 넓었다. 한스는 그곳을 친구들의 모임 장소로 사용할 수 있었다. 이미 1942년 초부터 한스의 주도 아래 일련의 의대생과 몇몇 여학생들이 비정규 독서 토론 모임을 갖고 있었다. 이 모임에는 무트 교수를 비롯해서 다른 나이 많은 지인들도 참가하곤 했다.

라데키와 함께 무트 교수 댁에서 토론 모임을 가진 지 일주일 후, 한스와 조피는 다른 독서 모임에서 라데키를 다시 만났다. 조피가 강의를 듣고 있던 후버 교수 역시 손님 자격으로 참가해 있었다. 후버 교수는 이번 학기에 '라이프니츠와 그의 생애' 그리고 '하이데거—근본의 본질로부터'라는 주제로 철학 강의를 하고 있었다. 그 밖에도 그는 자신의 전공인 민요 연구 분야에서 음악심리학과 독일 민요에 대한 강의를 개설했다. 후버 교수의 철학 강의는 비판적 사고를 가진 학생들 사이에서는 이미 정평이 나 있었다. 그의 강의는 학생들로 하여금 깊은 사고를 할 수 있도록 도와주었다. 그는 다른 교수들과는 달리, 유대인 출신의 사상가나 나치로부터 비판받는 사상가들에 대해서도 언급했다. 그는 나치즘에 적당히 타협하지 않았다. 그의 강의는 흥미진진하고 재치가 넘쳤을 뿐만 아니라 반유대주의를 겨냥한 풍자적인 비유가 적절히 섞여 있곤 했다.

후버 교수는 마흔아홉 살이었고, 1926년부터 시간 강사로 강의를 시작했다. 철학, 민요 연구, 음악심리학 등은 아직 생소한 분야였다. 그는 소아마비 때문에 한쪽 다리를 절었으며, 어릴 때는 말을 더듬었다고 한다. 말투를 교정하기까지는 꽤 오랜 시간이 걸렸다. 그의 신체적 장애는 학문적인 이력을 쌓아나가는 데 큰 장애물로 작용했다. 그는 강사료에다 교직 시험 문제를 출제하여 받는 쥐꼬리만한 돈으로 아내와 두 아이를 먹여 살려야 했다. 처음에 그는 전공인 민요 연구 때문에 국가사회주의와 긴밀한 관계를 가졌다. 나치 체제에 상당한 호감을 가졌던 게 사실이었다. 그러나 그는 그들의 새로운 문화 정책이 민요 장려를 위한 것이 아니라, 자신들의 정치적 목적과 관련되어 있다는 것을 깨닫고 곧 환멸을 느꼈다. 사석에서 그는 새로운 권력자를 맹렬하게 비난했다. 그럼에도 불구하고 그는 1940년 5월 교수직에 임용될 수 있었다. 그의 아내가 남편 몰래 나치당에 가입한 덕분이었다.

이날 저녁 독서 모임이 끝나자, 안주인이 겁에 질릴 정도로 격렬한 정치 논쟁이 벌어졌다. 한스와 슈릭은 며칠 전에도 아이케마이어와 함께 식사를 한 적이 있었다. 그는 그 자리에서 최상급 포도주를 선물했다. 아이케마이어는 독일군들이 점령지 폴란드에서 저지른 끔찍한 만행을 들려주었다. 독일군들은 폴란드 주민들을 마치 짐승 다루듯 했다. 30만 명의 유대인들이 총살당했다. 도처에 강제수용소가 세워졌고, 수용자들은 지쳐서 죽을 때까지 일을 하거나 가스실에서 죽어갔다. 대도시에 세워진 유대인 게토에서는 말로는 표현할 수 없는 비인간적인 상황들이 벌어졌다.

한스와 슈릭은 엄청난 충격을 받았다. 지금까지 풍문으로만 접하던 이야기들을 목격자로부터 생생하게 전해듣기는 처음이었다. 국가사회주의자들은 자신들이 상상했던 것보다 훨씬 더 잔혹한 범행을 저지르고 있었다.

전쟁은 계속되고 있었다. 서부전선에서는 연합군의 반격이 시작되었다. 이틀 전 영국 폭격기의 공습으로 쾰른이 거의 파괴되었다. 남아 있는 건물이 거의 없는 형편이었다. 이 공습은 독일군이 그토록 자랑해마지 않던 공중전에서, 독일의 우위가 더 이상 존재하지 않음을 보여준 최초의 사건이었다.

전쟁의 승리를 의심하는 독일인들이 늘어나기 시작했다. 한스와 조피를 비롯해 뮌헨의 친구들은 독일의 승리는 불가능하다고 확신했다. 조만간 파국이 올 터이고 그렇게 되면 나치 정부는 붕괴할 것이다.

상황이 그렇다 해도 한스와 슈릭은 가만히 앉아 있을 수 없었다. 아이케마이어와 대화를 나눈 후 그들은 계속해서 갈등해왔다. 그냥 이대로 앉아 종전을 기다릴 것인가, 아니면 이 천인공노할 나치 체제를 종식시키기 위해서 적극적인 행동에 돌입할 것인가.

토론의 주제는 전쟁이 야기한 참상들로 이어졌다. 전쟁은 한번 파괴되면 복구가 불가능한 예술품과 문화재뿐 아니라 인간의 내면적인 가치까지 파괴했다. 특히 후버 교수는 대체 불가능한 중세 교회 건축물들이 잿더미로 변하는 것을 안타깝게 여겼다. 모두들 이러한 파괴 행위가 하루 빨리 종식되기를 기원했다.

전쟁이 끝난 다음에는 무엇을 해야 하는지에 대한 질문이 나왔다. 한스는 냉소적인 어투로 에게해에 있는 섬을 하나 빌려 세계관 강좌를 열어야 한다고 말했다. 이러한 냉소적인 분위기는 이미 울름에 있을 때도 충분히 겪은 일이다. 그러면 지금은 도대체 무엇을 할 수 있는가. 새로운 질문이 제기되었다. 곧 저항이라는 주제가 화제가 되었고, 순식간에 분위기가 달아올랐다. 누군가 지금 같은 시기에는 외면적인 저항으로는 좋은 결실을 얻기가 힘들다고 말했다. 오히려 대학생을 비롯한 정신적인 삶의 대변자들은 내면의 '풍요'에 집중해야 한다고 주장했다. 그러자 후버 교수는 격앙된 목소리로 그러한 주장에 반대한다고 말했다. 우리는 무언가를 해야 하며, 그것도 지금 당장 해야 한다고 했다. 다시 누군가가 지금은 나치에 맞선다면 우리 자신조차 보호하기 힘든 시기이므로 자제해야 한다고 주장했다. 평소에는 토론에 잘 참여하지 않고 소극적인 자세를 보이던 한스가 갑자기 후버 교수의 견해에 열렬한 동조를 보냈다. 그는 지금 이 시점에 필요한 것은 어떤 방식으로든 행동을 취하는 것이며, 더 이상 몸을 사려서는 안 된다고 주장했다.

　한스는 토론 과정을 통해 자신이 더 이상 망설일 수 없다는 사실을 갑자기, 그러나 명확하게 깨달았다. 한스는 나치가 저지른 만행에 대해 듣고 난 후 며칠 동안 잠을 이룰 수 없었다. 한스는 그런 사실들을 다른 사람들에게도 알려주어야 한다고 생각했다. 그로 인해 자신에게 어떤 피해가 닥치든 상관없었다. 자신이 설정한 목표를 진지하게 받아들이고 그것에 충실하고 싶었다. 더 나은 사람이 되고 싶었고 더 훌륭한 사람이 되고 싶었다. 그것이 지금까지 그의 삶을 규정했던 내면의 요구들이었다. 한스는 더 이상 주저하고 싶지 않았다. 지금 이 순간 그의 지상 과제는 자신과 견해를 같이하는 많은 사람들에게 진실을 알리고, 그럼으로써 행동할 수 있게 돕는 일이었다. 적어도 대학생과 교수들은 사태의 진실을 깨달아야만 했다. 국가사회주의에 반대하는 사람들은 많이 있었다. 그가 알고 있는 사람들 중에는 확신에 찬 나치 당원은 한 사람도 없었다. 정도의 차이는 있지만 그들 대부분은 국가사회주의에 반감을 느끼고 있었다. 모두가 함께 행동한다면, 이 범죄 정권을 무너뜨리는 일은 틀림없이 가능하다. 한스는 당장이라도 모든 사람들에게 히틀러와 그의 패거리들을 범죄자로 고소하고 그에 대한 증거를 제시하고 싶었다. 그러나 지금은 강철 같은 자제력이 필요했다. 만일 지금 이 자리에 밀고자가 한 사람이라도 있다면 어떻게 되겠는가. 하지만 토론은 이전과 달리 아주 허심탄회하게 진행되었다. 그는 빨리 토론이 끝나기를 바라는 안주인의 불안한 심리를 충분히 느낄 수 있었다.

체제 전복을 위해 진실을 알릴 수 있는 방법이 있었다. 시내에 항상 돌아다니고 있는 전단이 바로 그것이다. 전단을 이용하면 별 다른 위험 없이 정권의 몰락을 호소할 수 있을 것이다. 그렇게 생각하자 용기가 솟아났다. 한스는 행동하기로 결심했다. 너무 오래 주저했던 것이다. 오랫동안 한스는 죄책감에 시달려왔다. 울름에서 온갖 방법으로 국가사회주의자들의 세력 확산을 도왔으며, 그리하여 범죄 집단이 권력을 잡는 데 일조했다는 사실은 끊임없이 그를 괴롭혔다. 한스는 깊이 숨을 들이마셨다. 드디어 무엇이든 할 수 있게 되었다. 행동함으로써 지금까지의 죄의식에서 벗어나고 싶었다. 가장 좋아하는 친구 슈릭에게 제일 먼저 이 일에 동참하지 않겠냐고 제의했다. 슈릭은 기꺼이 함께 행동하겠다고 했다. 슈릭은 넉넉한 아버지 덕택에 별 어려움 없이 등사기와 종이를 조달할 돈을 마련했다.

왜 분개하지 않는가?

    한스와 슈릭은 일을 서둘렀다. 먼저 격렬한 호소문을 작성하기 시작했다. 물론 힘이 들었다. 의학도였던 그들은 몇 장에 걸친 장문을 쓰는 데 익숙하지 않았다. 지난해 한스가 『빈트리히트』지에 기고하느라 끙끙거리며 글을 써본 경험이 있기는 했지만 호소문을 작성하기란 쉬운 일이 아니었다. 형제와 친구들이 여기저기 떨어져 살게 된 이후로 잉에와 오틀이 논문, 시, 그림 등을 모아서 틈틈이 보내주었는데 그런 자료들이 도움이 되었다. 호소문 초안은 믿을 만한 친구들에게 건네졌다. 친구들의 의견을 반영하느라 여러 번 고쳐 썼기 때문에 만족할 만한 상태가 되기까지는 시간이 꽤 걸렸다.

    공들여 다듬었던 글이 최종적인 모양을 갖추게 되자 파라핀 종이에 타자한 다음 등사를 했다. 하고 싶은 말들을 모두 다 담으려다 보니 글자를 빽빽하게 넣었는데도 전단 분량은 네 장이나 되었다. 제목은 만장일치로 '백장미의 전단'으로 결정되었다. 이 낭만적인 이름은 한스가 활동했던 의용대의 전통에서 유래했다. 등사를 위해서 파라핀 종이를 등사기에 끼우고, 알코올과 잉크를 넣고, 쌓아놓은 용지 한장 한장마다 파라핀 종이를 얹고 손잡이를 돌렸다. 한스와 슈릭은 한 페이지당 백여 장씩 등사했다. 그들은 구해놓은 편지봉투에 타자기를 이용해 친구들과 지인들의 이름 및 주소를 써넣었다. 필체를 남기지 않기 위해서였다. 곧 경찰서에서 전단을 손에 넣을 텐데 필체가 남아 있으면 금방 추적당하고 말 것이었다. 6월 말부터 우체국에서 편지를 부치기 시작했고 발송이 끝난 것은 7월의 두번째 주말이었다.

첫번째 전단은 다음과 같은 문장으로 시작되었다. "아무런 저항 없이, 무책임하고 어두운 욕망이 만들어낸 권력의 패거리들로 하여금 우리를 '지배'하도록 내버려두어서는 안 된다. 그것은 우리 문화 민족의 품위를 떨어뜨리는 일이다." 이어 전단은 "기독교 문화와 서구 문화의 일원으로서 책임을 자각"하도록 호소했다. 모두가 지금 "최후의 순간에 최선을 다하여 인류의 재앙과 파시즘에 맞서 저항해야" 한다는 것이었다. 그 다음에는 괴테와 쉴러의 문장을 인용함으로써 자신들의 견해를 뒷받침했다. 마지막으로 괴테의 다른 글을 인용하고 나서 "자유! 자유! 자유!"를 쓰면서 내용을 끝마쳤다.

두번째 전단에서 그들은 국가사회주의는 일정한 세계관에 입각한 정신 운동이 아니며, "끊임없는 거짓"이자 범죄자 패거리들의 사기 행위임을 밝혔다. 다시 한번 서로에게서 "인간을 재발견하고 서로가 인간임을 일깨우고, 항상 이 점을 명심할 것"을 호소했고, "모든 사람이 이 체제에 맞서는 투쟁을 필요 불가결하게 여길 때까지 절대 안주하지 말고 계속 정진하라"고 호소했다. 그들은 "강력하고 결정적인 힘으로" 이 체제를 뒤흔들 수 있는 "봉기의 물결"이 일어나길 희망한다고 덧붙였다.

한스와 슈릭은 아이케마이어가 들려준 소식 때문에 충격을 받았기 때문에 이 글을 읽는 독자들 역시 이러한 정보를 접하게 되면 각성할 수 있으리라 생각했다. 그래서 "폴란드 점령 이후 30만 명의 유대인이 잔혹하게 살해되었다"는 아이케마이어의 진술을 두번째 전단에 실었다. "유대인 문제에 대하여 각기 다른 입장을 취할 수 있다." 그러나 이 문제는 "인간의 존엄성을 위협하는 가장 끔찍한 범죄이며, 인류사를 통틀어 유례를 찾을 수 없는 범죄이다. 유대인 역시 인간이기 때문이다." 이 밖에도 불안감과 무기력에 휩싸인 독일 국민들이, 마치 뱀과 눈이 마주친 토끼처럼 얼어붙은 채, 히틀러를 제거할 엄두를 내지 못하는 현실에 대하여 엄청난 분노와 환멸을 느낀다고 주장했다. 그러나 이와 동시에 다음과 같은 질문을 던졌다. "왜 독일 국민들은 인간의 존엄성을 해치는 이런 끔찍한 범죄 행위에 대하여 이토록 무관심한 것일까? 어느 누구도 이것에 대하여 생각조차 하지 않고 있는 것이 현실이다." 독일 국민들은 "원래 이렇게 잔인했단 말인가?" 독일 국민은 수십만 희생자들에게 동정심을 느껴야 마땅하며, 이 잔인한 범죄에 대해 "공범 의식"을 느껴야 한다고 말했다. 독일 국민 모두에게 이 정권을 탄생시킨 죄가 있기 때문이다. "우리 모두가 유죄, 유죄, 유죄이다!" "모든 독일 국민의 유일한 그리고 지고한, 나아가 성스러운 의무는 (……) 이 야수들을 제거하는 일이다!"

세번째 전단은 "모든 사람의 안녕이 지고의 법이다"라는 라틴어 문구로 시작되었다. 이 대목에서 그들은 가장 좋은 국가의 체제가 무엇인지를 물었다. 그러나 다양한 정치적 가능성―민주주의, 입헌 군주제, 왕정―가운데 어떤 것을 선호하는지는 명확하게 밝히지 않았다. 그들은 국가가 더 근접해 나가야 할 이상으로서 "civitas Dei", 즉 신국(神國)을 소개했다. 그들이 기본적으로 품고 있는 생각은 다음과 같았다. "모든 개인은 (……) 개인의 자유와 안녕을 보장하는, 정의롭고 유용한 국가에 대한 권리를 지닌다. 신의 의지를 받들고 국가 공동체 속에서 살아가는 인간의 목표는 서로 협력하는 것, 현세에서의 행복을 자주적이고 자발적으로 성취하는 것이다. 인간은 아무런 구속 없이 이러한 목표를 추구할 수 있어야 한다."

이러한 요구에 비추어 볼 때 현재의 독일은 "사악한 독재 국가"였다. 한스와 슈릭은 독일 국민들에게 다음과 같은 도발적인 질문을 던졌다. 권력가들이 "공공연하게 혹은 은밀하게 한걸음 한걸음" 다른 사람의 권리를 빼앗고 있다. 어느 날인가는 "범죄자와 주정뱅이가 지배하는 기계적인 톱니바퀴 국가" 외에는 아무것도 남아 있지 않게 될 것이다. 그런데 왜 국민들은 분개하지 않는가? 왜 참고만 있는가? 이 체제를 붕괴시키는 것은 우리들의 권리이며 "도덕적인 의무"이다. 그들은 머뭇거리는 사람들을 향해 그 비겁함을 책망했으며, 주저할수록 죄는 커질 뿐이라고 경고했다. 그들은 생활 영역에서 가능한 저항들을 언급했다. 정치적 사보타주가 바로 이러한 저항 모두를 포괄하는 핵심어였다. 마지막 대목에서 그들은 독재 체제의 특징을 지적한 아리스토텔레스의 말을 인용했다. "독재 체제가 되면 스파이가 돌아다닌다. 그들은 염탐하고 이간질시킨다. 피지배자들은 가난뱅이가 되고 끊임없이 전쟁이 일어난다."

　네번째 전단에는 수준 높은 국민들을 겨냥하여 고상한 문체를 사용했다. 그 동안 독일군은 이집트까지 진군했다. 동부전선에서도 잇달아 승전 소식이 전해졌다. 그러나 그 표면상의 승리 뒤에는 "처참한 희생자들"이 있었다. 그들은 "모든 낙관주의에 대하여" 경고했다. 히틀러는 악마며, 그리스도에 반하는 사신이었다. 한스와 슈릭은 "참을 수 없는 고난의 시기가 닥치면 언제 어디에서나 출현하여" "이 세상에 하나뿐인 하느님을 가리키면서 그분의 도움을 받아 민중을 회개하도록 인도하는" 자유로운 예언자나 성인이 된 듯한 느낌이었다. 한스와 슈릭은 기독교인의 한 사람으로서 독자들에게 다음과 같이 호소했다. "악의 가장 강력한 부분을 공격하라." 그리고 현재 악이 가장 강하게 존재하는 곳은 "바로 히틀러의 권력"이다. 구약 성서의 어투를 연상케 하는 이러한 문구 다음에 한스와 슈릭은 그 호소를 뒷받침하기 위해 역시 성경에서 인용한 문구로 자신들의 도발적인 전단을 마무리했다. 그들은 "치명상을 입은 독일의 정신을 내면에서부터 치유하기 위해" 노력하고 있고, 많은 다른 사람들과는 달리 침묵하지 않겠다고 밝히면서 "우리는 당신의 마음을 괴롭히는 양심입니다. 백장미는 당신이 편안하게 쉬도록 내버려두지 않을 겁니다!"라고 선언했다.

강의 중간의 휴식 시간에 트라우테는 그날 아침에 우편으로 받은 백장미 전단을 꺼내 조피에게 건네며 읽어보라고 했다. 한스와 함께 역시 의대생이자 동급생 친구인 후베르트가 나란히 서서 조피의 어깨 너머로 전단을 읽었다. 전단에는 충격적인 문장들이 들어 있었다. 백장미가 쓴 내용은 여태 그들이 들어보지 못한 것이었다. 저항을 호소하고 히틀러를 비방하는 것은 국가반역죄에 해당하는 것이었으며 글쓴이의 목이 날아갈 수도 있는 일이었다. 다른 학생들이 지켜보는 자리에서 전단의 내용에 대해 얘기할 수는 없었다. 조피는 한스에게 백장미가 무슨 뜻인지 아느냐고 물어보았다. 한스는 자신이 백장미와 관련되어 있다는 사실을 내색하지 않았다. 그냥 지나가는 말투로, 프랑스 혁명 당시 추방당한 귀족들이 깃발에 상징으로 그려 넣은 것이 백장미가 아니냐는 말을 했을 뿐이다.

하지만 트라우테와 조피는 전단의 낯익은 문체를 알아보았다. "인류의 재앙"이라는 문구는 조피의 아버지가 히틀러에 대해 쓰던 표현이었다. 전단은 한스가 쓴 게 틀림없었다. 그 밖에도 전단에는 그녀가 오빠와 계속 토론했던 중요한 주제들이 모두 들어 있었다. 전단을 다 읽고 나자 조피는 오빠가 전단을 작성했다는 것을 확신하게 되었다. 그날 저녁 한스와 단둘이 있게 되었을 때, 조피가 확신을 가지고 물었다. 한스는 그런 것은 묻는 게 아니며, 그런 물음은 상대방을 위험에 빠뜨릴 수 있다며 대답을 얼버무렸다.

똑같은 대답을 듣고서 더 이상 캐묻지 않았던 트라우테와는 달리 조피는 집요했다. 그들이 전단을 계속 만든다면, 조피도 동참하고 싶었다. 조피의 마음은 확고부동했다. 자신 또한 이미 오래 전부터 죄의식을 느끼고 있었던 것이다. 중요한 것은 행동이었고, 이제야 비로소 행동할 수 있는 기회가 주어졌다. 조피도 한스처럼 세계적인 사건에 적극적으로 참여하여 더 나은 조국, 자유로운 조국을 위하여 투쟁하고 싶었다.

조피의 결심은 갑작스런 기분이나 우연적인 게 아니었다. 형제들이나 친구들과 벌였던 많은 토론을 통해서 그녀는 정의와 불의에 대한 식별력을 길러왔다. 조피는 여전히 많은 독일인들이 구원자이자 구세주로 믿고 있는 히틀러의 신화를 꿰뚫어보았다. 자식들을 인간을 사랑할 줄 아는 사람으로, 나아가 "훌륭한 인간"으로 키우고 싶어했던 부모님의 노력 또한 조피에게는 든든한 바탕이 되었다. 이러한 자아상은 투스크가 의용대의 청소년들에게 가르쳤던 엘리트적인 영웅관과도 연관이 있었다. 보통 사람들보다 잘할 수 있고 잘하겠다는 의지는 숄 가의 형제들이 스스로에게 부과한 규범이었다. 이것은 아이러니컬하게도 히틀러 청년단에서 모범으로 삼고 있는 영웅상, 즉 약점이나 결점이 없는 불굴의 인간과도 크게 대립되는 것이 아니었다. 그들은 스스로에게 매우 높은 기준을 적용했다. "훌륭한 인간"이라는 영웅적 이상은 너무나 먼 거리에 있었지만, 한스가 그랬듯이 조피 역시 자신과 자신의 행동을 영웅적 이상에 견주어 평가하곤 했다.

그들은 전단 작업을 하는 동안에도 일상적인 대학생활을 포기하지 않았다. 되도록이면 강의에도 빠지지 않으려고 했다. 한스는 후버 교수를 찾아가 청강을 부탁하기까지 했다. 물론 후버 교수는 기꺼이 허락해주었다. 후버 교수는 수업이 끝난 다음에도 교단에 서서 한스와 깊이 있는 대화를 나누었다.

다른 친구들도 한스와 함께 후버 교수의 강의를 들었다. 그들은 바흐 합창단 모임에서 노래도 부르고, 책을 읽고 토론도 했으며, 음악회도 가고, 펜싱 경기도 했다. 불가피한 경우에는 병영의 점호에도 참여했다. 물론 종종 대리 출석을 해주기도 했다. 대표로 출석한 사람이 동료들의 이름이 호명될 때마다 매번 "저요" "저요" 하며 대답했다. 그리고 전처럼 한스와 슈릭은 저녁에 독서 모임을 열어 다른 친구들을 초대했다. 모임 장소는 참가하는 인원수에 따라, 슈릭이 사는 빌라나 아이케마이어의 아틀리에로 정해졌다.

학기가 끝나기 전인 7월 10일, 한스는 테오도어 해커를 초대했다. 그는 자신의 저서인 『예수와 역사』를 가지고 모임에서 강연을 했다. 해커는 강연을 하거나 글을 발표하는 일이 금지된 상태였기 때문에 사람들 앞에 나서는 일은 불법이었다. 그러나 한스는 자신들 그룹에는 밀고자가 없다고 확신하고 있었다.

한스, 슈릭 그리고 조피 주변의 절친한 친구들말고도 항상 새로운 얼굴들이 모습을 드러냈다. 올 여름에는 빌리 그라프가 그들 모임에 나타났다. 그는 본에서 시작한 의학 공부를 계속하기 위해 뮌헨에 온 지 얼마 되지 않았던 터였다. 자르 태생의 빌리는 지난해 초에 유고슬라비아 전투에 참가했고, 그후 거의 일 년 동안 러시아 전선에 배치된 경력이 있었다. 빌리는 한스보다 생일이 육 개월 빨랐다. 조피가 보기에 빌리는 한스보다 더 진지하고 의젓한 것 같았다. 그는 좀처럼 속내를 드러내 보이지 않았다. 그러나 시간이 흐르면서 조피는 빌리가 독실한 가톨릭 집안 출신이며, 1929년에 열한 살의 나이로 소년 의용대에 입단했음을 알게 되었다. 사 년 후에 빌리의 친구들은 히틀러 청년단에 가입했고, 빌리는 주소록에서 그 친구들의 이름을 계속 지워나갔다. 1934년 그는 독일 서남부에 널리 퍼져 있던 '그라우엔 오르덴'이라는 단체에 가담했다. 이 단체는 다른 가톨릭 청년단보다 더 강하게 의용대 전통을 계승했다. 빌리는 1938년 이 단체에서 활동한 혐의로 체포되었다.

해커가 독서 모임에서 강연을 하고 2주일이 지나자 여름 학기가 끝났다. 대부분의 학생들은 방학 동안 뮌헨을 떠나 집으로 돌아갔다. 그러나 한스와 친구들은 방학이 시작되기 바로 직전에 그들이 "전선 체험 실습"을 위하여 동부전선으로 파견되리라는 사실을 알게 되었다. 그들은 7월 23일 출발해야 했다. 출발 전날 그들은 작별 파티를 하기 위해 아틀리에에 다시 모였다. 그 자리에는 후버 교수도 초대했다.

처음에는 차를 마셨고, 나중에는 포도주를 한 잔씩 마셨다. 가장 친한 친구들이 자리를 함께한 것이다. 한스, 슈릭, 크리스틀, 빌리와 함께 조피, 트라우테, 카타리나 같은 여학생들도 참석했다. 아틀리에의 주인인 아이케마이어는 여행에서 돌아온 지 얼마 되지 않은 터였다. 오틀은 황달에 걸려 러시아 전선에서 집으로 돌아와 있었다. 그 역시 이 모임에 잠시 들렀다. 나중에는 울름 출신의 한스 히르첼도 왔다. 그는 조피의 프뢰벨 전문학교 친구인 주제의 동생이며 아직 울름에서 김나지움에 다니고 있었다. 방학을 맞이하여 여행을 하던 중에 뮌헨에 들른 것이다. 한스는 히르첼을 사람들에게 소개했다. 한스 히르첼은 얼마 전에 백장미의 전단을 하나 받았는데, 그것이 그가 추측한 것처럼 숄 남매가 만든 것인지 확인하고 싶어했다. 그의 머릿속에는 그날 밤의 모임이 매우 강하게 남아 있었다. 후에 심문을 받게 된 한스 히르첼은 그날 밤의 일에 관해 상세하게 말했다.

전선 체험 실습이 이야기의 주된 주제였다. 전선에 나가면 군인으로서 어떻게 행동해야 할 것인가? 볼셰비키들을 쏘아야 하는가? 슈릭은 그런 일은 생각조차 할 수 없었다. 러시아인들은 그의 동포였다. 그는 자신은 수동적인 태도를 고수하겠노라고 말했다. 이와는 달리 한스와 여학생들 그리고 후버 교수는 전투에 참가한 군인은 아군 편에 서야 한다는 점에 의견을 같이했다. 그러나 기독교인이 하느님의 계율을 어기고 살인을 해도 좋은가? 조피가 문제를 제기했다. 그들은 이 문제를 가지고 오랫동안 토론했으며, 적과 맞서 싸우는 전투에서는 기독교인도 살인을 할 수 있다는 결론에 도달했다. 그 순간 기독교인은 자신의 행위에 개인으로서 책임을 지는 것이 아니라 상부 권력에 종속된, 독립적이지 못한 일부분으로 행동하는 것이라고 후버 교수가 설명했다. 한스 히르첼은 이 나이 많은 신사가 모임의 중심 인물이라는 인상을 받았다.

물론 그들은 국가사회주의와 전쟁에 관해서도 토론을 벌였다. 이 주제에 관한 토론이 늘 그렇듯, 풍자와 냉소적인 분위기로 점철되었다. 한스는 폭격당한 집에 관한 정치풍자 유머를 소개했다. 폭격된 집 앞에 주인이 "총통 각하! 감사합니다"라는 팻말을 세웠다는 것이다. 히르첼은 어느 기념비에서 보았던 시를 떠올렸는데, 그는 자기가 아는 시 중에서 가장 훌륭한 시라고 말했다. "여기 몸을 누이게나, 고귀한 전사여! 당신의 상병도 더 이상 어디로 가야 할지 모른다네. 차라리 이 흉악한 시대가 아돌프 히틀러를 짓밟고 지나가도록 그냥 놓아두게나!" 모두 웃음보를 터뜨렸다. 나치 정권이 곧 파국을 맞이할 거라고 확신하고 있었기 때문이다. 히르첼이 백장미 전단을 읽기 시작하자, 후버 교수와 한스는 전단을 배포하는 일이 옳은 행동인가 하는 문제로 이야기를 이끌어갔다. 참석자들 중 몇몇은 전단 배포가 공산주의자들이 하는 방식이라며 반대했다.

자정 무렵이 되어서야 모임이 끝났다. 한스와 히르첼이 조피를 집으로 데려다주었다. 그리고 나서 두 남자는 린트부름 가로 갔다. 히르첼이 결국 전단에 관한 질문을 꺼냈다.

두 사람 모두 말을 아꼈지만, 히르첼은 이 일에 동참할 것이며 울름에서 전단을 제작하고 배포하겠다는 의사를 분명히 했다. 그는 뮌헨에 며칠 더 머물렀으며, 조피로부터 등사기 구입 비용으로 80마르크를 받았다.

오빠로부터 백장미 활동에 참여해도 좋다는 허락을 받은 뒤 조피는 재정 관리를 맡고 있었던 것이다. 비록 다른 친구들은 위험한 일에 여자를 개입시키는 일을 좋게 보지 않았지만 말이다.

다음날 아침 일곱시, 의대생들은 동뮌헨 역에서 기차를 타야 했다. 조피는 오빠를 배웅하기 위해, 출발이 몇 시간 지연되는 내내 같이 있었다. 조피는 마음이 무거웠다. 그들은 전선으로 가는 것이다. 다들 러시아 전선에서 온전한 몸으로 돌아올 수 있을까? 일을 시작한 지 얼마 되지 않았는데 돌아와서 다시 활동을 계속할 수 있을까? 어떤 식으로 저항운동을 지속해야 할 것인가? 어쨌든 조피는 다음 달에 해야 할 일을 알고 있었다. 여대생들은 여성으로서 공부할 수 있는 특권을 부여받는 대신 방학 동안에 군수공장에서 일을 해야만 했다.

오빠와 오빠의 친구들이 전선으로 떠나고 난 뒤 조피는 뮌헨을 떠나 울름으로 되돌아왔다. 귀향한 조피는 마치 찬물을 덮어쓰듯 또다른 현실의 아픔을 직시해야만 했다. 그녀는 같은 생각을 가진 사람들과 더불어 자유롭고 독립적인 대학생활을 경험했다. 강의나 토론을 통해 정신적인 자극도 받았다. 그런데 울름에서는 막 아버지의 재판이 열리고 있었다. 게다가 그녀는 두 달 동안 군수공장에 투입되어야만 했다. 8월 3일 오랫동안 마음 졸였던 재판이 특별 법정에서 열렸다. 조피의 아버지는 음해 금지법을 위반했다는 이유로 4개월 금고형을 선고받았다. 어머니는 경악했다. 이제껏 다른 사람에게 나쁜 소리 한번 듣지 않고 살아왔던 남편이 몇 마디 무심결에 내뱉은 말 때문에 강도나 살인자와 같이 감옥에 갇혀야 하다니! 어머니는 남편이 구금되지 않게 하려고 백방으로 노력했다. 그녀는 사면을 요구하는 탄원서를 직접 썼으며, 전선에 나가 있는 두 아들에게도 탄원서를 쓰라고 종용했다. 당시에는 전선에 있는 군인이 쓴 탄원서가 훨씬 더 비중 있게 취급되었기 때문이다. 베르너는 러시아 전선에, 그것도 우연히 한스가 복무해야 할 부대 근처에 파견되어 있었다. 한스는 아버지가 실형을 선고받았다는 소식에 격분했다. 한스는 처음 그 소식을 듣고 화가 머리끝까지 치밀어 어떤 경우에도 탄원서를 쓰지 않겠다는 각오를 일기장에 남겼다. 탄원서는 나치에 대한 또다른 굴종으로 여겨졌던 것이다. 그리고 자신은 잘못된 자존심과 진정한 자존심을 분별할 수 있다고 덧붙였다.

선고가 내려진 지 3주가 지나자 로베르트 숄의 형기가 시작되었다. 교도소는 시내 외곽에 있는데 집에서 그리 멀지 않았다. 로베르트 숄이 구금되어 있는 동안은 슈투트가르트 시절의 오랜 친구인 오이겐 그리밍어가 사무실 일을 해결해주었다. 급한 일들을 넘겨받아 처리해주어 조피네 집이 경제적으로 붕괴되지 않도록 도와주었다. 그리밍어는 회계사였지만 정규직으로 취업할 수 없었고 자유 계약직으로 활동하는 것만 가능했다. 그의 아내가 "순수 유대인"이기 때문이었다.

군수공장에 나가게 된 조피는 매일 저녁 녹초가 되어 집으로 돌아왔다. 그녀는 나사를 만드는 페르보어 공장에 배치되어 하루 종일 커다란 기계 앞에서 쉴 틈 없이 같은 동작을 반복했다. 조피는 자신이 옷을 입은 원숭이 같다는 생각이 들었다. 거대한 공장에서 일하는 수많은 사람들을 보면서 그녀는 암울한 기분에 빠졌다. 조피는

"영혼도 없고 생명력도 없는" 끔찍한 일을 하고 있었다. 인간은 기계일 뿐이었다. 게다가 분업의 일부분을 담당하고 있을 뿐이었지만, 결국 그것은 자신이 혐오하는 전쟁을 위해 사용될 것이었다. 기계는 지옥에서나 날 법한 소음을 뿜어댔다. 소음은 조피의 신경을 아주 날카롭게 만들었다. 휴식을 알려주는 사이렌 소리조차도 참기 어려웠다. 이미 블룸베르크에서 그녀는 이런 미친 짓을 위해 외국인 노동자나 전쟁 포로들이 얼마나 고되게 일해야 하는지 목격한 바 있었다. 이곳 울름 역시 러시아 여성들을 강제노동에 투입시켜 야만적으로 노동을 강요하고 있었다. 독일인 작업반장이 조피 옆 기계에서 일하는 어린 러시아 소녀에게 고함을 지르고 주먹으로 위협을 할 때마다, 조피는 가슴이 찢어지는 듯한 고통을 느꼈다. 조피는 신경을 갉아먹는 반복적인 작업 자체보다 끔찍한 작업 환경이 훨씬 더 견디기 힘들었다. 그것은 노예 노동과 별 차이가 없었다. 같은 노동자인 독일인들이 남녀 가릴 것 없이 노예 관리인이라는 왕관을 제 머리에 얹고 있지 않은가!

그즈음 조피는 히틀러가 가동시킨 군비 강화 열병의 본질을 꿰뚫어보고 있었다. 히틀러는 경제를 활성화시킬 목적으로 미친 듯이 군수 산업을 확대하며 인간의 땀방울을 마지막 한 방울까지 짜내기 위해 점점 더 많은 노동 실적을 강요하고 있었다.

조피는 전단에서 촉구했던 것처럼 공장 내에서 태업을 시도했다. 가능한 천천히 작업을 했으며, 최대한 많은 불량품이 나오도록 애썼다. 하지만 발각되어서는 안 될 일이었다. 어머니는 감옥에 있는 아버지와 전쟁터에 있는 두 아들만으로도 이미 충분한 고통을 겪고 있었다. 잉에와 함께 조피가 이 어려운 시기에 집에 같이 있다는 것이 어머니에게는 큰 힘이었다. 그렇기 때문에 조피는 위험을 감수할 처지가 아니었다. 조피는 감옥에서 고생하고 있는 아버지와 러시아 전선에 나가 있는 형제를 위해 기도하는 것으로 자신의 몫을 제한하기로 마음먹었다. 그 사이 프리츠 역시 다시 동부전선으로 투입되었다. 그녀는 매일 저녁 이들을 위해 간절하게 기도를 했다.

주변에서 들려오는 이야기는 온통 전쟁과 앞날에 대한 걱정뿐이었다. 영국군의 강력한 공습이 독일 남부에 이어지고 있었다. 많은 사람들이 곧 종말이 다가오리라고 느꼈다. 세상의 종말에 대한 믿음은 결코 사소한 일이 아니었다. 누구든 자신이 신의 심판을 받게 될지 모른다고 생각할 수밖에 없는 상황이었다. 한날 한시에 폭탄을 맞아 잿더미로 변할지도 모를 일이었다. 그러나 세상의 종말이 온다 해도 죄의 크기는 변하지 않을 것이었다. 조피는 이따금씩 자신이 너무나 허약하고 경솔한 삶을 살아왔다고 자책했다. 나치를 환호했고, 그래서 그들이 권력을 잡는 데 도움을 주었다는 죄의식이 조피를 무겁게 짓눌렀다. 그러나 그보다 더 조피를 힘들게 했던 것은 아버지가 구금되어 있다는 사실이었다. 아버지의 빈자리는 조피로 하여금 더욱더 아버지를 그리워하게 만들었다. 아버지는 그때까지 이렇게 오랫동안 집을 비운 적이 없었다. 면회도 할 수 없었으며 4주에 한 번씩 아버지로부터 편지를 받을 수 있을 뿐이었다. 이쪽에서 보내는 편지 역시 2주에 한 번으로 제한되어 있었다. 조피는 감옥에 있는 아버지의 마음을 조금이라도 편하게 해주고 싶었다. 그래서 아버지에게 보내는 편지에 전쟁터에 있는 친구들 모두가 아버지를 정신적으로 지지하는 든든한 담을 만들어나가고 있다고 썼다. 아버지는 결코 혼자가 아니라는 사실을 강조했다. 조피는 저녁 무렵 이따금씩 교도소 창이 보이는 담 아래에서 플루트를 연주하곤 했는데, 그때 연주한 사상의 자유에 관한 유명한 노래를 편지에 인용하기도 했다. "왜냐하면 우리의 사상은 억압과 장벽을 무너뜨리기 때문이다. 바로 사상이!"

9월 19일은 마침내 군수공장 노동이 끝나는 날이었다. 며칠 후면 리즐도 집으로 돌아올 예정이었다. 자매는 함께 뮌헨으로 갈 계획을 세워놓았다. 그리고 프란츠 요셉 가에 있는 한 건물에 서로 연결된 방 두 개를 구해놓았다. 다음 학기가 시작되기 전 그곳으로 이사를 할 생각이었다. 무트 교수 댁을 방문하고 나면 뵈머발트에서 며칠 동안 휴가를 보낼 예정이었다.

새로 이사를 한다는 것은 너무나 기쁜 일이었다. 그러나 전쟁은 그들이 휴식을 취하도록 내버려두지 않았다. 스탈린그라드 전투가 개시되었으며 프리츠는 그 전투의 최전방에 있었다.

한 달 후 로베르트 숄은 전과가 없고 수감 태도가 좋다는 이유로 형기의 반을 감형받고 석방되었다. 여전히 방학 중이었으므로 조피는 고향으로 돌아왔다. 아버지가 다시 식탁의 상석에 앉자 조피의 마음은 한결 가벼워졌다. 아침에 아버지를 위해 물을 데우고 있자니, 욕실에서 흥얼거리는 목소리가 흘러나왔다. 「깨어나라」라는 노래였는데 음정이며 박자가 모두 아버지식이었다. 다시 하루에 열 번 이상, 반은 책망조로 반은 온화한 어조로 아버지의 주의를 들어야 했다. 물건이 제자리에 없다거나 조심성이 없다는 잔소리가 대부분이었다. 조피는 사소한 일상이 얼마나 큰 기쁨이고 행복인지 깨달을 수 있었다. 아버지가 감옥에서 아무런 마음의 상처 없이 되돌아왔다는 사실도 놀라운 일이었다. 다른 사람들이 자신에게 저질렀던 행위에 대해서 아버지는 증오심이나 복수심은 고사하고 아무런 감정의 찌꺼기조차 갖고 있지 않은 것 같았다. 아버지는 언제나 선한 마음을 가지고 자신에게 해로운 짓을 한 사람들까지도 감싸안았다. 아버지에 대한 감탄과 존경은 이루 형언할 수 없을 정도였다. 조피 자신은 스스로의 나약함을 한탄하느라 바빴는데, 아버지는 옳다고 생각하는 것에 자신을 바칠 준비가 되어 있었다.

11월 초 한스는 동료들과 함께 건강한 모습으로 러시아 전선에서 돌아왔다. 학업을 계속해야 했지만, 아무 일도 없었다는 듯이 개인적인 계획만 세우고 있을 수는 없었다. 그들 모두 전쟁 때문에 불안한 생활을 하고 있었다. 낮이건 밤이건 조피는 전쟁의 그림자가 자신을 짓누르고 있다는 느낌에서 벗어날 수 없었다. 아무런 가치도 없는 일들에 신경을 곤두세우고 아까운 힘을 낭비하지 않아도 되는 날은 언제쯤 올까? 아버지가 고발당한 후 조피는 사람을 믿지 못하게 되었으며 극도로 신중해졌다. 말을 할 때마다, 자신이 하는 말이 악의를 품고 있는 사람들에게 다른 의미로 해석될 여지는 없는지 따져봐야 했다. 무척 피곤하고 우울한 일이었다. 프리츠에게서 소식이 끊긴 지 벌써 오래되었지만 스탈린그라드 전투는 끝날 줄을 몰랐다. 그녀의 걱정은 이만저만이 아니었다.

한스가 슈릭과 함께 집에 돌아온 지 며칠 되지 않아서 좋지 않은 소식이 날아들었다. 정치적으로 신뢰할 수 없다는 이유로 아버지가 직업 수행 금지 처분을 받은 것이다. 그러지 않아도 내심 걱정하고 있던 일이었다. 다행히 단골 고객 30명이 탄원서를 제출한 덕분에 금지 처분만은 면할 수 있었는데 예전처럼 사무실을 운영할 수는 없었다. 다른 사무실에 취직해 일을 봐주는 수밖에 없었다. 그러나 그렇게 해서는 식구들을 먹여 살리고, 아이들의 대학 공부를 뒷바라지하고, 비싼 집세를 내기가 여간 힘들지 않았다. 조피는 공부를 포기해야 하는 것은 아닐까 노심초사했다. 다행히 사정이 그 정도까지 악화되지는 않았다. 아버지는 전쟁이 곧, 어쩌면 올해 안으로 끝날 거라고 확신하고 있었다. 이러한 때를 대비하여 저축해둔 돈도 조금 있었다. 아버지는 살던 집을 지키고 아이들의 학업도 계속 시키겠다고 말했다. 모두가 허리띠를 졸라매고 생활한다면 어려움을 헤쳐나갈 수 있을 거라고 믿었다. 조피는 아버지의 결정에 감사했다. 프리츠도 그녀에게 경제적인 도움을 줄 수 있을 것이다. 그는 전에 조피에게 그런 제안을 한 적이 있었다.

모든 독일인에게

12월 초 뮌헨 대학의 겨울 학기가 시작되었다. 다들 캠퍼스에서 다시 만났다. 빌리는 슈바빙에 있는 전에 조피가 살던 방으로 이사를 했다. 다음해 1월 초 신입생으로 들어온 빌리의 여동생, 안넬리제도 함께 살게 되었다. 크라우헨비스 출신의 기젤라도 뮌헨 대학으로 편입을 했다. 그녀는 린트부름 가에 있는 한스의 빈방으로 이사를 했다. 조피와 기젤라는 거의 매일 점심 약속을 했고 오후든 저녁이든 틈나는 대로 만났다. 함께 연주회에도 갔다.

두 사람은 체계적으로 철학을 배우기 위해 후버 교수의 강의를 들었다. 한스와 후버 교수의 만남과 토론도 다시 시작되었다. 학생들은 여름 학기의 모임 활동을 계속 이어나갔다.

한스, 슈릭, 크리스틀 그리고 빌리는 러시아에서 대부분의 시간을 같이 보냈다. 그들은 나치에 대한 저항에 관해서 종종 이야기를 나누었다. 하지만 차분하게 미래를 설계하기에는 상황이 좋지 못했다. 전쟁터에서는 하루하루 살아남는 일이 급선무였다. 뮌헨에 돌아오자 사정이 달라졌다. 간혹 공습경보가 울릴 때를 제외하면 일상생활이 다시 자리를 잡아가고 있었다. 그들은 새로운 계획을 세우기 시작했다. 한스와 슈릭은 이제 모든 일을 보다 큰 틀에서 시작하려 했다. 빌리도 동참 의사를 밝혔다. 크리스틀은 적극적으로 참여할 수 없게 되었다. 인스부르크로 이사를 가야 했기 때문이다.

한스의 여자친구인 트라우테는 함부르크의 집에 머물고 있었다. 트라우테는 그곳에서 뮌헨에서와 유사한 모임에 참여하고 있었다. 그녀는 백장미의 전단 두 가지를 함부르크로 가져갔다. 그리고 함부르크의 친구들이 전단을 북독일 지역에도 배포하고 싶어한다고 전해왔다. 이와 유사한 방식으로 많은 대학에서 저항의 횃불에 불을 붙이려는 시도가 생겨나고 있었다.

독일의 모든 대학에서 지하 학생 조직을 만들어 동시에 동일한 전단을 배포할 수 있다면 큰 성과를 거둘 수 있을 터였다. 베를린의 저항단체 본부와 연계를 하고 나아가 외국의 지원 세력과도 협력할 수 있지 않을까? 슈릭의 여자친구를 통해 팔크 하르나크와 연락을 취하기도 했다. 하르나크는 동생 아르베트를 통해 '붉은 예배당'이라는 단체의 공산주의 저항운동가들과 접촉하고 있었고, 처남 디트리히 본회퍼(행동하는 영성과 자기 희생으로 기독교인은 물론 많은 사람들에게 감동을 준 독일 교백교회의 목사·신학자. 1945년 4월 프로센부르크의 강제수용소에서 처형됨—옮긴이)를 통해 고백교회와도 밀접

한 관계를 유지하고 있던 인물이었다. 한스와 슈릭은 12월에 쳄니츠에서 본회퍼를 처음으로 만났다. 그러나 그 자리에서 저항운동의 목표나 방법에 관한 토론까지 하지는 못했다.

백장미 전단에 대해 지지하는 목소리만 들린 것은 아니었다. 몇몇 사람들은 백장미의 전단이 너무 엘리트적이라고 지적했다. 일반인들은 그것을 읽을 수도 이해할 수도 없다는 것이다! 그런 견해를 갖고 있는 사람들은 백장미가 엘리트 층만을 염두에 둔 것이 아니라면, 뭔가 다른 방식의 호소문을 작성해야 한다고 주장했다. 한스와 동료들은 평소 히틀러의 몰락에 대해 명확한 입장을 밝혀온 후버 교수를 떠올렸다. 그는 강한 메시지를 전달하는 언어를 구사했으며 문체 또한 감동적이었다. 한번은 후버 교수가 학교에서 못다한 대화를 계속하기 위해 한스를 집으로 초대했다. 한스는 이 기회를 이용해, 자신들의 전단 배포 활동과 앞으로의 계획에 관하여 이야기하며 도움을 청했다. 열띤 토론 끝에 결국 후버 교수는 그들을 돕겠다는 약속을 했다.

그러나 대규모 저항운동을 현실화하기 위해서는 함께 싸울 새로운 동료말고도 종이, 등사기, 편지봉투 그리고 우표를 구입할 돈이 필요했다. 한스와 조피는 의사를 타진해볼 만한 사람들을 머릿속에 떠올려보았다. 아버지의 친구인 오이겐 그리밍어라면 괜찮을 듯싶었다. 그는 아버지가 울름 교도소에 있을 때 아버지 사무실 일을 돌보아준 사람이었다. 그 역시 나치를 혐오했기 때문에 그들을 도와줄 것 같았다. 한스 남매와 슈릭은 슈투트가르트로 그리밍어를 찾아갔다. 한스와 슈릭이 그리밍어와 산책을 나간 동안 조피는 슈투트가르트 음대에서 공부하고 있던 오래된 친구 주제를 만났다. 주제를 백장미 활동에 참여시키기 위해서였다. 그러나 주제를 설득하는 데는 실패했다. 두 청년도 빈손으로 슈투트가르트에서 돌아왔다. 그러나 일주일 후 그리밍어는 한스 앞으로 500마르크짜리 수표를 보내주었다. 이는 당시 상황에서 굉장한 액수의 기부금이었다.

　크리스마스 휴가 동안 그들은 잠시 활동을 중단하고 집으로 돌아갔다. 빌리 혼자 남아 활동을 계속했다. 그는 이 기간 동안 서부 지역으로 저항운동을 전파하고 가톨릭 청년운동을 하고 있던 친구들 가운데서 새로운 동참자를 물색했다. 물론 많은 사람들이 회의적인 시선과 유보적인 입장을 취했다. 전단의 제작과 배포는 너무나 위험한 일이었다. 빌리가 제안한 일은 현행법에 따르면 국가반역죄에 해당했으며, 발각되면 사형 선고를 받을 만한 행동이었다. 당시 독일에서는 민족법원(권력을 장악한 후, 히틀러가 1934년에 설치한 정치범 전담 특별 재판소. 롤란트 프라이슬러는 1942년부터 이 법원의 재판장을 지냈다. 민족법원이 선고한 사형판결 총수는 나치 패망 직전 두 달 동안의 기록은 포함되지 않은 상태에서 5,191건에 이르렀다. 3년 가까운 프라이슬러의 재임 기간 동안 4,951건의 사형 판결이 이루어졌다. 민족법원은 법원의 형식을 갖춘 정치범 도살장이나 다름없었다—옮긴이) 책임판사인 롤란트 프라이슬러의 주도 아래 독일 전역에서 공개 재판이 열리고 있었다. 프라이슬러를 비롯한 많은 판사들은 사형 선고를 남발했으며, 일사천리로 형이 집행되었다. 상황이 이러했으니,

전단 배포 활동은 자살 행위나 다름없이 비춰졌을 것이다. 목숨을 걸기란 쉽지 않았다.

친구들은 절박한 심정으로 빌리에게 경고했다. 발각될 염려가 없다고 생각하는 것은 너무나 안이한 태도이다. 사방에 게슈타포의 눈과 귀가 깔려 있다. 게슈타포의 스파이들 앞에서는 어느 누구도 안전하지 않다. 아직까지 발각되지 않은 것을 천만다행으로 생각해야 한다. 앞으로 그런 일을 지속한다면 무사하지 못할 것이다. 발각된다면 무슨 일이 닥칠지 모른단 말인가? 나치가 정치적 반대 세력들을 얼마나 잔혹하게 다루는지는 우리 모두가 잘 알고 있지 않은가? 두려움이 없단 말인가? 게다가 전단의 영향력이란 근본적으로 하찮은 것이다. 전단을 읽는다고 독일 국민들이 봉기하여 히틀러를 쫓아낼 수 있으리라고 기대한다는 것이 도대체 가당한 일인가? 대부분의 사람들은 우연히 전단지를 보게 되더라도 빨리 없애버리려고 할 것이다. 간혹 친구들에게 전해주는 사람도 있을 수 있지만, 대부분은 잔뜩 겁에 질려 경찰서로 가져갈 것이다. 그러한 일에 목숨을 걸 필요가 있는 것인가? 그보다는 전쟁이 끝나기를 기다리는 편이 훨씬 낫다. 전쟁이 끝나면 범죄 정권은 무너질 것이고 그러면 지도력과 순수한 가슴을 가진 활동가들이 필요하게 될 것이다. 전망 없는 행위에 목숨을 바칠 것이 아니라, 목숨을 보전해야 할 것이다. 그래야 전쟁이 끝난 후 정의로운 새 국가를 건설하는 데 기여할 수 있을 것이다.

빌리, 한스, 슈릭 그리고 크리스틀은 이미 오래 전에 유사한 경고를 여러 번 들은 적이 있었다. 그러나 이미 생각에 생각을 거듭했고, 자신들에게 무슨 일이 닥치든 행동하기로 결심을 굳힌 상태였다. 그들은 자신들의 결정이 옳다는 것을 다른 사람들에게 납득시키고자 했다. 자신들의 견해에 반대하는 사람은 동참하지 않으면 그만이었다. 나치에 동조하는 것과 마찬가지로 저항하는 일도 선택적 사안이었다. 그들은 여러 정황을 면밀하게 따져본 뒤 나치에 동조할 수밖에 없는 사람들은 모두 고려 대상에서 제외시켰다. 그런 가운데서도 빌리는 백장미를 도와줄 준비가 되어 있는 친구들을 몇몇 발견하였다.

동지를 확보하려고 노력한 사람은 빌리만이 아니었다. 한스도 울름에서 저항운동에 참여할 사람들을 구하려고 시도했다. 그는 잉에와 리즐에게 조심스럽게 얘기를 꺼냈다. 나치 정권에 대해 분명하고 눈에 띄는 방법으로 저항을 해야 하지 않겠느냐는 것이 한스의 주장이었다. 잉에는 왜 하필이면 한스가 나서야 하느냐고 물었다. 이미 신분이 노출되어 있다는 것이었다. 드러나지 않은 사람들이 그 일을 할 수는 없는 것인가? 한스는 화제를 바꾸고 말았다.

스탈린그라드에서 제6군단이 포위되어 고립 상태에 빠졌다는 보도가 전해지면서 독일 전역의 크리스마스 축제는 침울한 분위기 속으로 가라앉았다. 신문에서도 개전 후 네번째 맞이하는 크리스마스는 조용한 축제가 되었다고 보도했다. "그 동안 큰 성과를 거두기 위해 애썼던 사람들은 사흘 동안 주어진 휴식에 감사했으며, 절약 차원에서 크리스마스 선물은 생략되었지만 주부들은 식료품 특별 배급 덕분에 좋은 음식을 식탁에 올릴 수 있게 되어 기뻐했다"는 기사가 실렸다. 그리고 "아버지, 아들, 남편 혹은 형제의 영웅적인 죽음으로 인해 가슴에 깊은 상처를 입은 많은 가정에서는 비통함과 슬픔에 젖어 크리스마스 트리 아래로 모여들었다"고 보도했다.

조피는 아직도 총탄이 오가는 스탈린그라드에서 전투에 참여하고 있는 프리츠와 역시 러시아 전선에 배치되어 집으로 돌아오지 못하고 있는 동생 베르너에 대한 걱정을 떨칠 수 없었다.

새해가 되자마자 한스는 뮌헨으로 돌아왔다. 조피는 몸 상태가 좋지 않아서 집에 일주일 더 머물렀다.

크리스마스 휴가를 마치고 뮌헨으로 돌아온 친구들이 곧 다시 모였다. 그들은 한스의 집에 모여 지난 활동에 대한 평가를 했다. 저항운동을 확산시키는 일은 그들이 애초에 기대했던 것만큼 진척되지 않았다. 시간만 끌고 있을 뿐이었다. 스탈린그라드에서는 독일군 제6군단이 전멸했다. 다른 사람들이 더 동참하기만 기다리고 있을 수가 없었다. 이제 행동해야 할 때였다. 그들은 계획을 수정하여 곧바로 새로운 전단을 제작하기로 결정했다. 이번에는 제대로 하고 싶었다. 다른 도시에 새로운 그룹을 만들어내는 데 너무 많은 시간이 걸린다면 우선 저항 세력이 존재하는 곳에 국한하여 행동을 개시하면 될 터였다. 어차피 그 지역에 있는 주소로 전단을 부치기만 하면 되는 일이었다. 그렇게만 해도 남부 독일 전체에 수천 장의 전단을 배포할 수 있었다.

한스와 슈릭은 즉시 새로운 전단의 초안을 작성했다. 둘은 각각 서로 다른 글을 썼다. 그런 다음 새로운 동지인 후버 교수를 찾아갔다. 후버 교수는 한스가 작성한 초안에서 몇 군데 오류를 지적했으나 한스가 작성한 초안을 채택했다. 후버 교수는 책상에 앉아서 한스의 초안을 토대로 전단의 원고를 썼다. 이 전단은 지난번 전단과는 달리 엘리트 층만이 아니라, 모든 독일 국민을 대상으로 삼았다. '독일 저항운동의 전단'이라는 제목을 단 것은 히틀러 정권에 반대하는 사람들이 전국적인 동맹 단체를 결성했다는 추측을 불러일으키기 위해서였다. 야만적인 국가사회주의자들과의 결별을 촉구하는 내용은 달라지지 않았지만, 이번 전단의 문장은 훨씬 짧고 명료했다. 히틀러는 독일 국민을 몰락으로 이끌고 있다. 전쟁은 패배를 향해 가고 있다. 히틀러는 전쟁에서 승리할 수 없으며 단지 전쟁을 연장하고 있을 뿐이다. "독일인들이여! 당신들과 당신의 자녀들이 유대인과 똑같은 운명을 겪게 하고 싶은가? 여러분들은 당신들을 타락시키는 사람과 동일한 척도로 평가받길 원하는가? 우리 민족이 전세계로부터 증오를 받고 전세계에서 축출되기를 원하는가? 결코 그렇지 않을 것이다! 바로 그렇기 때문에 짐승만도 못한 나치와 결별해야 한다! 당신들이 다른 생각을 하고 있다는 것을 행동을 통해 보여주어야 한다!" 후버 교수는 읽는 이의 마음을 흔들어 소용돌이치게 했다. 마지막 구절에는 새로운 유럽을 위한 토대로서 "표현의 자유, 신념의 자유와 함께 범죄적 폭력 국가의 자의로부터 시민 개인을 보호할 것"을 요구했다.

그 동안 학생들은 방학을 마치고 대학으로 돌아와 있었다. 남학생들은 한스나 그의 친구들처럼 전쟁이 시작되었을 때 징집을 당했다가, 학업을 위해 장기 휴가를 받은 상태였다. 그들은 거의 모두 전선에서 복무한 경험이 있었다. 부상으로 불구의 몸이 되어 현역 복무에서 제외된 학생들도 많이 있었다. 그리고 소수였지만 여대생들도 있었다. 나치즘이 강요하는 여성상의 틀을 과감히 벗어버리고 대학에 입학한 여성들이었다.

한편, 모든 대학생은 루드비히 막시밀리안 대학 창립 470주년 기념식 행사에 참여하라는 통보를 크리스마스 이전에 이미 받아놓은 상태였다. 1943년 1월 13일, 학기 시작 첫 주에 개최될 예정인데, 불참하는 학생들에게는 불이익 조치가 있을 거라고 했다. 불이익 조치란 바로 다음 학기 등록을 어렵게 만들겠다는 것이었다.

이 강압적인 '초대'는 학생들을 흥분시켰다. 학생들은 기념 행사에 참여할 것인지, 참여하지 않을 경우에는 어떤 일이 일어날 것인지를 놓고 토론을 벌였다. 한스와 조피는 행사에 참여하지 않기로 결심했다. 그들은 더 중요한 일을 해야 했다. 그리고 불참한 학생들의 등록을 막을 만큼, 나치의 강제력이 다음 학기까지 지속될 수 있을지도 두고 보아야 할 일이었다. 학생들은 행사장인 독일박물관에서 참석을 증명하는 도장을 학생증에 받도록 되어 있었다. 대부분의 학생들은 실제로 불이익 조치가 취해질 수 있다고 생각하지 않았다. 기념 행사가 시작되기도 전부터 장내는 술렁거리기 시작했다.

여느 때와 다름없는 환영 인사가 끝나고, 나치의 뮌헨 대관구(大管區) 지도관인 기슬러가 연단에 등장했다. 그는 학생들에게 지금 아무런 걱정 없이 공부할 수 있는 것에 대해 감사해야 한다고 말했다. 이 모든 것이 전방에서 싸우고 있는 동료들 덕분이며 대학 재정 또한 독일 노동자들의 세금으로 운영되고 있다고 열변을 토했다. 학생들은 대부분 군복 차림으로 강당에 앉아 있었다. 그들 자신이 건강한 신체를 조국에 맡긴 군인들임을 상기하도록 하기 위한 조치였다. 학생들은 아무 반응도 보이지 않고 침묵을 지켰다.

기슬러의 연설은 학생들에게 별다른 감흥을 주지 못했다. 그는 여학생들 이야기를 꺼내기 시작했다. 기슬러는 여자들은 대학에서 빈둥거리느니 차라리 지도자에게 아기를 선물하는 편이 나을 거라고 말했다. 그리고 여대생들은 해마다 성적표 대신 아들을 하나씩 낳아서 제출하면 되지 않겠냐고 했다. 강당이 웅성거리기 시작했다. 기슬러는 개의치 않고 말을 이어나갔다. 얼굴이 예쁘지 않아 남자친구를 구하는 데 어려움을 느끼는 여학생이라면, 자기 부관들을 한 명씩 배당하겠다는 말도 안 되는 소리를 늘어놓기까지 했다. 자기 부관들은 여학생들을 절대 실망시키지 않고 즐겁게 해줄 거라며 너스레를 떨었다. 강당의 위쪽 관람석에 앉아 있던 여학생들은 이 낯뜨거운 연설에 큰소리로 항의했다. 기슬러의 언행은 저질스런 술자리에서나 어울릴 법한 수준이었다. 흥분한 여학생들은 분통을 터뜨리면서 자리를 박차고 일어났다. 더 이상 말 같지도 않은 조롱을 참고 있을 수 없었던 것이다. 그들은 강당 문을 밀치고 나가버렸으며, 복도에서 야유를 보내며 연설을 방해했다. 마침내 친위대원들이 나타나서 여학생들을 위협하자 여학생들은 분을 삭이며 자리로 돌아갔다.

기슬러의 연설이 끝난 후 다른 대학생들은 별 탈없이 강당을 빠져나갔지만 위쪽 관람석의 여학생들은 친위대원들이 가로막는 바람에 자리를 뜨지 못하고 있었다. 밖에 있던 학생들이 여학생들을 내보내라고 외치기 시작했다. 결국 친위대는 길을 내주었다. 여학생들은 팔짱을 끼고 노래를 부르며 자리를 떴다. 대규모 시위를 예상해 경찰 특별기동대가 출동했지만, 학생들은 몇 명씩 짝을 지어 팔짱을 끼고 대학 건물을 향하여 행진했다.

트라우테와 안넬리제는 그날 강당에 있었다. 두 사람은 흥분하여 친구들에게 그들이 겪은 충격적인 체험을 이야기해주었다. 대학생들이 집단적으로 당에 저항한 것은 이번이 처음이었다. 그날 이후 크고 작은 소요 사태가 대학 내에서 계속 일어났다.[*]

한스 남매와 친구들은 전율했다. 드러나진 않았지만 히틀러에 반대하는 학생들이 많이 있을 거라고 추측해왔었는데 과연 그것은 사실이었다. 이제 그들의 힘을 결집시켜 적극적인 행동으로 옮길 수 있도록 이끌기만 하면 되었다. 학생들의 저항의식을 고조시키기 위해 이제까지 했던 일들에 좀더 박차를 가해야 했다. '모든 독일인에게'라는 전단의 원고는 완성되어 있었다. 이미 등사지에 타이프를 친 상태였기 때문에 최근의 새로운 움직임을 덧붙일 겨를이 없었다. 완성된 전단을 빠른 시간 내에 등사해서 배포해 나치 정권을 더욱 불안하게 만들고 저항의 영향력을 증폭시켜야만 했다.

[*] 심지어 기슬러는 두번째 회합에서 자신의 탈선에 대해 사과를 해야만 했다. Preis 1980. S.191

물론 그 일을 하기 위해서는 비밀스런 장소가 필요했다. 등사기에서 나는 소음과 지독한 알코올 냄새 때문에 안전하고 은밀한 공간이 확보되어야 했다. 이번에는 5천 부 이상의 전단을 제작할 계획이고 그러자면 시간도 꽤 걸릴 것이다. 한스가 멋진 생각을 해냈다. 아이케마이어의 아틀리에에 딸린 지하실을 이용하자는 것이었다. 아이케마이어는 며칠 뒤 다시 폴란드로 떠날 예정이었다. 그러나 그가 없으면, 문이 잠겨져 있어 지하실을 사용할 수 없었다. 한스와 조피는 아이케마이어와 가이어를 서로 소개시켜주었다. 가이어는 뮌헨의 교회 창문을 꾸미는 일을 맡아서 작업할 공간을 찾던 중이었다. 아이케마이어의 배려로 가이어는 주중에 아틀리에를 주거 및 작업 공간으로 사용하게 되었다. 가이어는 주중에만 뮌헨에 있고, 주말이 되면 늘 울름의 집으로 돌아갔다.

아틀리에에는 석탄이며 물감을 보관하는 지하 창고가 딸려 있었다. 그곳은 언제나 물감과 먼지 냄새가 진동해서 등사 작업을 하기에는 안성맞춤이었다. 가이어가 없는 주말이면 아무런 방해도 받지 않고 등사 작업을 할 수 있게 되었고 일이 끝나면 지하실 구석에 작업 도구를 숨겨놓았다. 가이어에겐 그들이 벌이고 있는 일에 대해서 알리지 말아야 했다. 가이어는 대가족을 부양하고 있었기 때문에 이 일은 모르고 있는 편이 낫다고 생각했던 것이다. 주말에 가이어로부터 아틀리에 열쇠를 넘겨받을 때는 그가 눈치채지 못하도록 핑곗거리를 둘러댔다. 한스는 친구들이 가이어의 그림에 관심이 있다고 말했다. 그러면서 그림 몇 점을 아틀리에에 전시해놓는 것이 어떻겠느냐고 제안했다. 친구들은 주말말고는 그림을 보러 올 시간이 없으며 그중 누군가가 그림을 사줄지도 모른다며 말이다. 가이어는 순순히 이 제안을 받아들였고, 울름으로 떠나기 전 열쇠를 넘겨주었다. .

　나이 차가 많이 났지만 조피는 가이어와 친구처럼 지낼 수 있는 게 좋았다. 그는 조피가 하는 은밀한 활동을 전혀 모르고 있었다. 최근 들어 조피가 백장미 활동에 할애하는 시간은 점점 늘어났다. 조피는 자금 관리말고도 시내 곳곳을 돌아다니며 편지봉투와 우표를 구입하는 임무를 맡았다. 의심을 받지 않으려고 시내 전역의 문방구와 우체국을 돌아다니며 소량씩 구입했다. 전단을 돌릴 때는 더 많은 주의가 필요했다. 우편 발송말고도 다양한 방법이 동원되었는데 공중전화 부스에 전단을 놓아두거나 주차된 차에 전단을 끼워놓는 식이었다. 눈에 띄지 않으려고 가슴을 졸이며 주위를 살펴야 했다. 초긴장 상태에서 일을 마치고 집에 돌아왔을 때, 가이어가 찾아오면 큰 위안이 되었다. 저항운동이 긴박하게 돌아가는 와중에도 이따금씩 알 수 없는 공허함이나 적막감이 깊은 슬픔과 함께 엄습할 때도 있었다. 그럴 때면 자신의 행동에 대해 깊은 회의가 들었다. 이 모든 것이 다른 사람들의 눈을 의식한 것은 아닐까? 달리기 경주를 하는 것처럼 훌륭한 오빠를 따라잡고 싶은 마음에서 하는 행동은 아닐까? 특히 몸이 아플 때는 온통 뿌연 세상 한가운데에서 혼자 허우적거리고 있는 듯한 느낌이었다.

　그러나 회의는 잠깐이었다. 조피는 주말이면 아틀리에로 가서 밤 늦게까지 전단을 인쇄하고 준비해둔 봉투에 전단을 넣었다. 전단은 모두 6천 부였다. 조피는 수첩에 수입과 지출을 꼼꼼히 기록했고 독일 남부 여러 도시의 주소도 챙겨놓았다. 지난번처럼 봉투에는 타자기로 주소를 썼다. 발송은 대량광고용 우편을 이용했다. 우편요금이 8페니히밖에 들지 않았기 때문이다. 치밀하게 준비한 계획에 따라 일을 진행시켰다. 전단을 작성한 주체가 여러 지역에서 활동 중인 대규모 조직이라는 인상을 주려고도 노력했다. 게슈타포의 추적을 어렵게 하려는 의도였다. 나치의 감시 기관들이 헷갈려 할 것을 생각하면 힘든 가운데에서도 기분이 좋아졌다.

조피는 한스 히르첼에게 전달할 전단 2천 부를 들고 울름으로 갔다. 한스 히르첼은 울름과 슈투트가르트 지역 배포 책임자였다. 도중에 아우그스부르크에 내려 그 지역에 배포할 전단은 직접 부쳤다.

슈릭은 잘츠부르크, 린츠, 빈으로 갔다. 슈릭은 프랑크푸르트 지역에 보낼 전단도 맡았다. 빌리는 자르브뤼켄, 쾰른, 슈트라스부르크, 프라이부르크 지역을 담당하기 위해 그보다 며칠 일찍 떠났다. 그 밖에도 그들은 두 번이나 뮌헨의 밤거리로 나가 전단을 뿌렸다. 물론 이것은 극도로 위험한 행동이었다. 거리가 어둡기는 해도 사람을 구분할 수 없는 정도는 아니었다. 지나가던 사람들이 우연히 보고 신고할 수도 있었다. 역이나 기차에서는 수시로 불심검문을 실시했다. 그 때문에 전단이 든 배낭은 항상 다른 기차 칸에 두었다. 발각되더라도 최소한 배낭과 무관하다고 주장할 수 있기 때문이었다.

전단이 뿌려지자 나치 정부는 크게 당황했다. 주동자를 색출하기 위해 곧바로 게슈타포가 투입되었다. 전체주의 국가가 이런 강력한 지하조직 활동을 내버려둘 리 만무했다.

　게다가 스탈린그라드의 전황으로 인해 여론이 불안한 상태였다. 독일군 30만 명이 적에게 포위된 채 고립되어 있었다. 백병전과 시가전 등 매우 어려운 전투를 치르고 있으며 굶주림과 추위까지 겹쳐서 고전 중이라는 소식이 전해졌다. 마침내 1943년 2월 3일, 제6군단은 "마지막 순간까지 충성 서약을 지켰으나 (……) 우세한 적군과 불리한 여건 탓에 패배하고 말았다"는 특별 뉴스가 라디오 방송에서 흘러나왔다.

　리즐은 그 주에 뮌헨에 있는 한스와 조피를 찾아왔다. 조피는 프리츠 때문에 내내 안절부절못하고 있었다. 1월 중순에 프리츠에게서 마지막 편지를 받았는데 그 편지에는 소속된 대대가 거의 전멸했으며 자신도 포로 신세가 되거나 죽을지도 모른다고 씌어 있었다. 일주일 동안 밤낮으로 영하 30도까지 떨어지는 날씨가 계속됐기 때문에 손이며 발이 동상에 걸렸다고도 했다. 그런데 특별 뉴스가 전파를 타기 하루 전날, 조피는 고향집에서 걸려온 전화를 받았다. 프리츠가 스탈리노의 야전병원에 있다는 소식이었다. 동상이 심해 수술을 해야 할지 모르는 상황이라고 했다. 천만다행인 것은 살아서 스탈린그라드의 지옥에서 벗어났다는 사실이었다.

　숄 남매는 스탈린그라드 전투가 끝나기를 오래 전부터 고대하고 있었고 러시아가 승리를 거두기를 바라고 있었다. 그렇게 되면 얼마 지나지 않아 전쟁도 끝나리라 생각했다. 이제 모든 독일인들은 그동안 나치가 벌인 미친 짓들을 알게 되리라. 특별 뉴스는 오후에 방송되었다. 기분이 좋아진 한스는 그날 저녁식사 자리에서 학교를 졸업하면 산부인과를 개원하겠노라고 말했다. 포도주를 구해 축하 파티를 열자는 이야기가 나왔다. 포도주를 비롯한 기호식품은 오래 전부터 엄격히 배급제를 시행하고 있어서 구하기가 쉽지 않았지만 근처에 사는 암거래상을 통하면 구입할 수 있었다. 마침 슈릭이 찾아와서 한스와 함께 포도주를 구하러 밖으로 나갔다. 잠시 뒤 빌리가 나타났고 리즐은 한스와 슈릭이 병원에 가고 없다고 너스레를 떨었다. 두 사람이 포도주를 구해서 돌아오자 다들 다가온 승리를 기뻐하며 축배를 들었다.

다음날 아침 삼남매는 함께 후버 교수의 강의를 듣기 위해 학교로 향했다. 루드비히 가를 지나는데 군데군데 나붙은 하얀 종이가 눈에 띄었다. 종이에는 "히틀러 타도"라는 글귀 아래, 갈고리 십자가 위로 굵은 초록색 가위표가 쳐져 있었다.

청소부 아주머니가 학교 정문 오른쪽 벽을 지우고 있었다. 누군가 지난밤에 커다란 글씨로 "자유, 자유"라고 써놓았던 것이다. 한스와 그의 동료들이 간밤에 한 일이었다.

후버 교수는 강의 내내 스탈린그라드 전투의 패배에 대해 놀라움을 감추지 못했다. 기쁨이 더 컸지만, 한편으로 같은 민족의 패배에 대한 아픔 또한 숨기지 못했다. 뮌헨 대관구 지도관인 기슬러의 파렴치한 연설 직후 한스는 후버 교수를 찾아가 학생들의 분노를 담은 전단을 부탁했다. 후버 교수는 서재에 파묻혀 나치 정권을 신랄하게 비판하는 글을 쓰기 시작했다. 그 글은 제목에서부터 특별히 뮌헨의 대학생들을 염두에 두고 있었다.

글의 서두에는 스탈린그라드 전투가 던진 신선한 충격이 언급되었다. 후버 교수는 나치의 교육이 젊은이들의 "자유로운 의사 표현을 짓밟고 있다"고 비판했고, "음란한 농담으로" 여학생들의 명예를 더럽힌 기슬러의 행동을 거론하면서 "당에 반대하는 투쟁을 전개하자!"고 촉구했다. 그는 "학문과 정신의 자유"보다 더 소중한 것은 없다고 덧붙였다. "독일 국민들은 대학생들에게 희망을 걸고 있다. 1813년 나폴레옹 테러를 분쇄한 것도 대학생들이다. 1943년 오늘 바로 이들 대학생이 정신의 힘으로 나치의 테러를 분쇄할 것이다!" 그리고 나폴레옹에 반대하여 자유를 위해 역사적 투쟁을 전개했던 한 시인의 말을 인용하여 "동포들이여, 분연히 일어서라! 곧 횃불이 타오를 것이다!"라고 외쳤다.

후버 교수는 대학생들이 민중 봉기 같은 전면적인 투쟁을 이끌 수 있을 것이라 믿었으며, 그리하여 궁극적으로 범죄 정권을 몰락시킬 수 있기를 희망했다. 그는 가능한 한 빨리 인쇄할 수 있도록 서둘러 전단을 넘겨주었다.

사흘 후 조피는 울름으로 떠나야 했다. 스탈린그라드의 전세가 악화일로에 있었던 1월 말 독일 정부는 16세에서 45세 사이의 여성들을 조사하여 보고하라는 명령을 내렸다. 여대생들에게 어떤 일이 닥칠지 아무도 몰랐다. 군수공장에 배치될 수도 있었다. 그러나 조피의 주변 사람들은 모두 전쟁이 머지않아 끝날 거라고 믿고 있었다. 이러한 상황이 더 오래 지속될 수는 없을 거라고 확신하고 있었다.

조피는 일주일 내내 집에 머물렀다. 잉에와 어머니가 장염을 앓고 있었다. 게다가 다섯 달 전부터 집안의 지인인 한 젊은 여성이 같이 살고 있었는데 그녀가 며칠 전에 출산을 한 터였다. 아기는 돌아오는 일요일에 세례를 받기로 되어 있었다.

조피는 집에 남아 환자를 돌보고 집안일을 해야 했다. 아기가 세례를 받자마자 조피는 다시 뮌헨으로 돌아왔다. 다른 사람들이 주말 동안 인쇄 작업을 마쳐놓은 상태였다. 때맞춰 도착한 조피는 주소를 쓰고 전단을 봉투에 넣는 일을 도왔다. 이번에는 후버 교수가 제공해준 졸업생들 명부에서 주소를 골라냈다.

자정 직전에야 우표 붙이는 일이 끝났다. 천 통 정도 되는 편지를 들고 역 근처 우체국으로 갔다. 서류가방과 작은 여행가방말고도 물감, 등사지, 철필도 챙겼다. 이미 지난 월요일 밤 한스와 친구들은 주택의 벽과 인도에 구호를 적어 넣는 일을 했다. 우체국에서 돌아오는 길에도 구호를 썼다. 망을 보는 일은 빌리가 맡았다.

남은 전단은 한스와 조피의 집에 보관했다. 지난번 전단도 일부 남아 있었다. 등사 도구들은 여느 때처럼 아틀리에의 지하 석탄 창고에 숨겨두었다.

5

| 다시 태어나도 똑같이 행동할 거야 |

1943.2.18~22

전단을 뿌리다

그 주말이 지난 후 며칠 동안 조피는 보통 때와 다름없는 생활을 계속했다. 강의를 들었고 그 무렵 한스와 사귀기 시작한 기젤라를 만났고 친구들과 몇 번 약속을 했다. 그리고 매일 우편함으로 달려가 프리츠에게서 온 편지가 있는지 살펴보곤 했다. 아직 2월이었지만 남독일에는 전형적인 4월의 날씨가 이어졌고, 조피는 친구에게 보낸 편지에 "마치 다시 어린아이가 된 듯한 느낌이 든다"고 썼다. 눈이 날리는가 싶더니 금방 해가 쨍쨍 나는 변덕스러운 날씨였다. 조피의 마음도 갈팡질팡했다. 이제 얼마 후면 전쟁이 끝나리라. 그 동안 가슴을 옥죄어오던 끔찍한 현실의 압박이 미래에 대한 희망으로 바뀌고 있었다.

아침과 저녁식사 때가 되면 가이어가 건너오곤 했다. 2월 17일 저녁에는 집 근처 테아티너 가에 있는 이탈리아 레스토랑에서 가이어를 만났다. 다음날 슈투트가르트로 떠나기로 되어 있었기 때문이다. 저녁식사 후 조피는 연주회에 갔다. 연주회는 휴식과 기분전환을 위해 공식적으로 허락된 유일한 것이었다.

그 다음날인 1943년 2월 18일 목요일에 한스와 조피는 늦잠을 잤다. 가이어는 여느 때와 달리 아침식사 때에 오지 않았다. 다들 피곤에 지쳐 있었던 것이다. 목요일이면 늘 그랬던 것처럼 오전 열시에는 후버 교수의 강의가 있었다. 친구들과 만날 수 있는 시간이었다. 그러나 그날 강의에 참석한 사람은 트라우테와 빌리뿐이었다. 한스와 조피는 강의를 들으러 가지 않았다. 시간에 맞춰 강의실에 도착하려면 정신없이 서둘러야 한다는 것을 알았지만 천천히 아침식사를 하며 이야기를 나누었다. 지난 사흘 동안 침대 밑 여행가방에 넣어둔 전단을 어떻게 해야 할지 아직 결론을 내리지 못하고 있었다. 한스는 전단을 학교에 뿌리자고 제안했다. 전단의 내용이 대학생을 대상으로 한 호소문이었기 때문이다. 그러나 쉬운 일이 아니었다.

그렇다고 집 안에 전단지를 계속 보관하는 것도 매우 위험한 일이었다. 게슈타포가 언제 들이닥칠지 몰랐다. 전단지를 가지고 있었다는 사실만으로도 사형에 처해질 수 있었다.

그러다가 지금 서둘러 학교로 가면 전단을 뿌리기도 용이하고 효과도 극대화할 수 있을 것 같았다. 강의가 끝난 직후 교수와 학생들이 바로 전단을 발견할 수 있을 테니 말이다. 강의는 항상 제시간에 끝났고, 다음 강의는 십오 분 후에 시작되었다. 그 사이 학생들은 강

318

의실을 찾아 이동하게 마련이다. 강의 시간에 대강의동 계단에는 사람이 거의 없다. 시계를 보니 열시 삼십분쯤이었다. 학교까지는 멀지 않았다. 지금 떠나면 조용한 시간을 이용하여 전단을 뿌릴 수 있을 것이다.

갑자기 결정이 내려지자, 한스와 조피 남매는 여행가방을 들고 레오폴드 가 서쪽의 조그만 골목을 이용하여 학교로 갔다. 열한시 십오 분 전 두 사람은 강의실이 위치한 대강의동에 도착했다. 그들은 어두운 복도와 안뜰로 나 있는 계단 여기저기에 재빨리 전단을 뿌렸다. 거의 모든 곳에 빠짐없이 뿌리고 난 후 다시 길 쪽으로 나왔다. 그 순간 가방을 다 비우고 집에 가야 한다는 생각이 들었다. 더 이상 아무 생각도 나지 않았다. 그들은 그 자리에서 몸을 돌려 대학 건물 이층까지 올라갔다. 그리고는 나머지 전단 100여 장을 순식간에 난간 너머로 뿌렸다. 그런데 한스와 조피는 시간을 계산하지 못하고 있었다. 그때가 바로 열한시로, 강의실의 문이 열리고 학생들이 밖으로 쏟아져 나오고 있었던 것이다.

그리곤 모든 상황이 빠르게 진행되었다. 수위가 계단을 뛰어 올라와 한스를 붙잡고는 범인을 잡았다고 소리쳤다. 한스와 조피는 얌전하게 가만히 있었다. 아무런 저항도 하지 않고 수위가 이끄는 대로 따라 내려갔다. 두 사람은 총장 앞으로 끌려갔고 총장은 게슈타포에 연락을 취했다. 학교 건물은 곧바로 폐쇄되었고 출입이 통제되었다. 학생들에 대한 수색이 시작되었다. 전단을 모아서 여행가방에 들어가는지 확인했다. 조피와 한스는 게슈타포 본부인 비텔스바흐 궁으로 호송되었고, 심문이 시작되었다. 조피는 처음에 모든 것을 부인했다. 울름으로 가는 중이었으며, 가서 신생아와 어머니에게 작별 인사를 하려 했다고 진술했다. 가방에 아무것도 들어 있지 않은 이유는 집에서 깨끗한 옷을 가져오기 위해서였다고 말했다. 처음 심문을 담당했던 취조관은 그녀의 말을 믿는 눈치였다. 그러나 숄 남매의 집을 수색하자 우표가 다량 발견되었고 그로 인해 혐의가 더욱 짙어졌다. 게다가 국가반역죄에 해당하는 내용을 담은 전단 초안인, 깨알같은 글씨가 빽빽하게 적힌 종이쪽지가 한스의 재킷 주머니에서 발견되었다. 게슈타포는 필체를 대조해보고 그 종이쪽지의 글씨가 한스의 친구인 크리스토프 프롭스트의 것임을 알아냈다.

그들은 될 수 있는 대로 크리스토프를 이 사건에 개입시키지 않으려고 노력했었다. 친구들 중에서 유일하게 기혼이었고 바로 얼마 전에 세번째 아이가 태어났기 때문이다. 게다가 지난 학기에는 인스부르크에 계속 머물렀기 때문에 자주 만날 수도 없었다. 그러나 크리스틀 역시 스탈린그라드에서의 경험으로 인해 깊은 충격을 받은 뒤 이 일에 헌신적으로 참여하고 있었다. 그는 전단 원고를 직접 작성하기까지 했다. 지난번 한스를 방문했을 때 문제의 종이쪽지를 건네주었으며 한스는 나중에 조용히 읽어보려고 주머니에 넣어두었던 것이다. 급하게 집을 나오느라 한스는 종이쪽지가 있는지도 모르고 무심코 재킷을 걸쳤다. 대학총장의 사무실로 끌려갔을 때야 비로소 종이쪽지가 주머니 속에 들어 있다는 사실이 떠올랐다. 황급히 손을 주머니에 넣어 종이를 찢었지만 꺼내서 버리지는 못했고 결국 친구를 불행에 빠뜨리고 말았다. 크리스틀은 곧바로 인스부르크에서 체 포되어 뮌헨으로 이송되었다.

심문 도중 조피는 오빠가 진실을 밝히기로 결심했다는 말을 전해 들었다. 그후 조피의 진술 태도도 바뀌었다. 이 일은 전적으로 자신 의 책임이며 "80장에서 100장 정도의 전단을 대학 건물 이층에 올 라가 뿌렸다"고 말했다. 범행 동기에 대해서는 다음과 같이 밝혔다. "우리는 이 전쟁에서 독일이 패배했다고 확신한다. 그리고 패배한 전쟁을 위하여 죽어간 사람들은 모두 헛된 희생을 치른 것이라고 생 각한다. 특히 스탈린그라드에서의 그 많은 희생을 보고 우리는 아무 런 의미 없이 피를 흘리는 상황을 멈추게 하기 위해서 무언가를 해 야겠다고 결심했다."

히틀러 시절 이전부터 형사로 일해온 담당 취조관은 조피의 진술 을 믿지 않았다. 그는 누가 그들 둘을 도와주었는지, 자금은 얼마이 고, 어디에서 나왔는지 끈질기게 추궁했다. 조피는 굽히지 않았고 슈릭과 빌리에 대해서는 입을 닫았다. 가능한 한 모든 일의 책임을 혼자서 떠맡으려고 했다. 조피는 "자신의 행동에 현재의 국가 체제 를 전복시키고자 하는 의도가 있었고 (……) 전단 살포를 통하여 보 다 많은 국민에게 이러한 목표를 알리고자 했음을" 시인했다. 조피 는 "적절한 방식으로 계속 활동하고" "최소한 남들보다 먼저 활동" 하려는 의도가 있었다고 말했다. 그렇지만 "다른 사람들을 끌어들 여 적극적인 협조를 얻으려" 할 생각은 없었다고 진술했다. "왜냐하 면 이 일이 너무 위험한 것으로 여겨졌기 때문이다." 취조관은 다음날 아침 조사를 마치면서 자신의 행동이 아직도 옳다고 생각하느냐고 물었다. 이에 조피는 아무런 주저 없이 "그렇다"고 대답했다.

긴 심문이 끝나고 난 뒤 비로소 조피는 휴식을 취할 수 있었다. 조피는 시설이 좋은 특별 감방에 수감되었다. 그 방에는 정치범 엘제 게벨이 수감되어 있었다. 짧게 몇 마디 주고받은 뒤 조피는 침대에 누워 금방 잠이 들었다. 조피는 지친 듯 보였지만 기가 꺾인 것 같지는 않았다. 잠깐의 휴식 시간이 지나자 오후에 다시 심문이 시작되었다. 조피는 가능한 한 한스의 죄를 덜어주고자 노력했다. 같은 순간 한스도 조피의 죄를 덜어주려고 애쓰고 있었다. 조피는 제목 글씨에 색깔을 넣자는 아이디어도 자신이 생각해낸 것이라고 주장했다. 그리고 수첩에 전단 제작에 들어간 비용을 계산해놓았으며 어림잡아 8백 마르크에서 천 마르크 정도의 비용이 들어갔다고 진술했다. 그러나 크리스틀이 작성한 전단에 대해서는 전혀 아는 바가 없고 취조관이 내놓은 '국가사회주의 10년'이라는 제목의 전단에 대해서도 전혀 아는 바가 없다고 진술했다.

게슈타포의 심문이 늘 그렇듯이 조피와 한스에 대한 심문 역시 잔인한 고문이 이어지는 가운데 목요일에서 토요일까지 진행되었다. 취조관은 마치 주문을 걸듯이 계속해서 질문을 반복했다. 너희들의 행동은 지금과 같은 전쟁 상황에서는 민족 공동체에 대한 반역이 아닌가. 부활절에도 쉬지 못하고 힘겹게 싸우고 있는 독일군에 대한 배신이 아닌가. 이런 질문에 대해 긍정적인 답변을 했더라면 조피는 좀더 관대한 처벌을 받았을지도 모른다. 그러나 조피는 단 한번의 흔들림도 없이 결연하게 대답할 뿐이었다. "나는 그렇지 않다고 생각한다. 나는 언제나 한결같이, 내 행동이 지금 우리 민족을 위한 최선이었다고 확신한다. 내가 한 행동에 한 점 후회도 없으며, 따라서 모든 책임을 질 것이다." 심지어 조피는 취조관과 개인적으로 대화를 나눌 때에도 잘못된 생각에서 벗어나야 한다고 설득했다고 한다.

체포된 지 사흘이 지난 일요일 조피는 판사에게 소환되었다. 국가 반역죄와 이적 행위 혐의로 공식 체포영장이 나왔고 바로 그날 검사에 의해 기소되었다. 감방으로 돌아왔을 때 조피의 손은 떨리고 있었다. 더 이상 피할 수 있는 방법은 없었다. 그녀의 행위는 사형감이었고 나치는 스탈린그라드에서의 패배 이후 더 이상 우물쭈물할 여유가 없었다. 조피는 재판 통지문을 읽는 둥 마는 둥 하고 옆으로 치워두었다. 그리고 쇠창살이 쳐진 창문 너머로 밖을 내다보았다. 밖에는 때 이른 봄볕이 따스하게 내리쬐고 있었다.

구름 한 점 없는 화창한 날이었다. "이제 그만 가야 해." 조피는 나직하게 혼잣말을 했다. 그리고는 오늘도 처참한 전선에서 많은 사람이 죽어가고 있다는 사실로 위안을 삼았다. 오빠와 자신은 전단을 통해 수천 명의 마음을 흔들어놓을 수 있지 않았는가? 대학생들은 항거를 일으킬 것이다. 우리의 죽음은 의미 있는 죽음이 될 것이다.

엘제는 조피에게 조금이라도 희망을 주기 위해 노력했다. 그러나 조피는 다음날 바로 재판이 열릴 것을 알고 있었다. 이렇게 서두르는 것은 뭔가 불길한 징조였다. 게다가 민족법원의 책임판사는 롤란트 프라이슬러였는데, 그는 냉혹한 재판 진행과 가차없는 사형 선고로 악명이 높았다.

조피는 소녀단 시절부터 자제력을 길러왔고 몸가짐에 엄격함이 배도록 노력해왔다. 조피에게는 전체 사회를 휩쓸었던 기본적 규범으로서의 영웅적 이상이 여전히 남아 있었고, 그런 만큼 영웅들이 보여준 고귀한 희생정신은 여전히 중요한 가치였다. 조피는 순종적이거나 나약하지 않았고 울보도 아니었다. 최근에 단 한번 마음의 평정을 잃은 적이 있었다. 크리스틀이 체포되었다는 소식을 전해들었을 때였다. 그러나 이제는 현실을 강하고 냉정하게 직시하는 것밖에 다른 길이 없었다. 두려움과 불안의 시간은 지나갔다. 그들은 투쟁을 위해 일어섰고 정당한 목표를 위하여 전력을 다했다.

국선 변호인이 조피를 면회했을 때 조피는 다음과 같은 질문을 해 변호사를 깜짝 놀라게 했다. 조피는 한스는 군인이니 총살형을 요구할 권리가 있느냐고 물었다. 총살형은 교수형이나 참수형보다 훨씬 더 명예스러운 죽음이라고 생각했기 때문이다. 변호사는 당장 확실한 대답을 해줄 수 없었다. 그러나 더 당혹스러웠던 것은 이어지는 질문이었다. 조피는 자신이 공개석상에서 교수형에 처해지는지, 아니면 단두대에 서게 되는지를 물은 것이다. 변호사는 차마 대답하지 못하고 서둘러 감방을 나왔다고 한다.

감방엔 계속 불이 켜져 있었다. 조피가 자살을 할까 우려했기 때문이다. 그러나 조피는 깊이 잠들어 있었다. 다음날 아침 생애 마지막 꿈을 꾸고 일어나면서, 조피는 환한 행복감을 맛보았다. 꿈속에서 조피는 길고 하얀 세례 예복을 입은 어린아이를 안고 있었다. 높은 산으로 이어진 길을 따라가니 교회가 있었다. 조피는 아이를 놓치지 않으려고 꼭 안고 있었는데 갑자기 눈앞에서 땅이 갈라지기 시작했다. 아득한 낭떠러지 아래로 추락하기 직전, 조피는 아이를 안전한 곳으로 올려놓을 수 있었다. 조피는 엘제에게 꿈 이야기를 해주면서 다음과 같은 해석을 곁들였다. 꿈속의 어린아이는 바로 그들이 공유하고 있는 히틀러에 대한 저항정신을 상징한다. 그렇기 때문에 어떤 어려움이 닥치더라도 반드시 그 정신을 관철시켜야만 한다. 저항정신의 개척자로서, 저항하다가 목숨을 버리는 것은 마땅한 일이다.

이 꿈은 조피의 일상생활을 반영하는 것이기도 했다. 지난주 일요일 유아 세례식에 참석했기 때문이다. 그러나 그 꿈에는 좀더 깊은 차원의 깨달음이 담겨 있었다. 조피가 그날 아침 느낀 행복감은 바로 그 깨달음 때문이었다. 엘제는 조피가 행복해하는 모습을 놀라운 심정으로 지켜보았다. 조피는 자신의 영혼을 순결하게 하기 위해 거의 절망에 가까운 심정으로 싸워왔다. 잔혹한 범죄를 저지르는 정권이 세력을 확대하는 일에 일조했다고 고백하기도 했으며, 그것 때문에 너무나 괴로워했다. 그리고 자신의 죽음을 목전에 두고 있는 이 순간, 조피는 꿈을 통해 순결한 영혼을 가진 아이가 되어 영원한 안식이 있는 하느님의 집으로 구원을 받은 것이다.

그날 아침 취조관이 조피를 찾아와 가까운 사람에게 보낼 작별 편지를 쓰라고 했다. 재판이 끝나고 난 뒤에는 그럴 시간이 없기 때문이었다. 조피는 부모님께 보내는 편지에서 너그러움과 사랑을 베풀어주어 고맙다고 썼다. 그리고 고통을 안겨주게 되어 죄송하다며 용서를 구했다.

편지를 쓰고 나자 곧바로 재판이 시작되었다. 재판정에서 한스와 크리스틀을 만날 수 있었다. 재판정은 국가사회주의자들로 가득 차 있었다. 재판은 어설프게 짜놓은 서툰 연극에 불과했다. 프라이슬러는 세 피고인에게 잇달아 거친 비난을 퍼부었다. 사형 선고는 재판 전에 이미 확정되어 있었다. 조피는 대쪽같이 곧은 인상을 심어주었고 판사에게 정면으로 도전했다. "많은 사람들이 우리의 말과 글을 기억할 것이다. 지금은 용기가 없을 뿐이다. 우리는 전쟁에서 졌다. 이미 모든 사람들이 그 사실을 알고 있다. 다만 사실을 직시할 용기가 없을 뿐이다."

부모님은 선고 직전 재판정 안으로 들어왔다. 아버지는 자식들을 위해 변호를 하려고 했으나 정리들한테 이끌려 퇴장당하고 말았다. 아버지는 밖으로 끌려나가면서 이 재판정의 판결과는 다른 정의가 존재하며 자신의 자식들은 역사에 기록될 것이라고 외쳤다. 롤란트 프라이슬러 판사는 세 명의 피고인에게 국가반역죄와 국가사회주의 체제 전복 기도죄를 적용하여 사형을 선고했다. 재판정을 떠나면서 한스는 큰소리로 외쳤다. "오늘은 너희들이 우리를 처형하지만 내일은 너희들 차례가 될 것이다." 세 사람은 사형장이 있는 슈타델하임으로 곧바로 이송되었다.

조피의 부모님은 자식들을 마지막으로 볼 수 있는 기회를 얻었다. 한스를 먼저 면회한 후 조피를 만났다. 조피는 부모님이 보내준 옷을 입고 차가운 기운이 감도는 면회실로 들어섰다. 조피는 부모님이 가져온 과자를 보고 웃으면서 좋아했다. 한스는 과자를 받지 않았다. 어머니 눈에 조피는 전보다 약간 야위어 보였다. 그러나 피부에 윤기가 흐르고 표정은 밝았다. 조피는 패배자가 아니라 승리자의 모습을 하고 있었다. 마치 승리의 나팔을 불고 있는 듯했다. 조피는 자신이 모든 것을 받아들였다는 것에 대해 긍지를 느끼고 있었고 자신의 죽음이 저항의 물결을 불러일으키리라고 확신하고 있었다. 조피는 어머니를 위로하면서 꼭 다시 만날 수 있을 거라고 말했다. 예수님을 생각하라는 어머니의 부탁에 반드시 그렇게 하겠다고 대답했다.

부모님이 돌아가자 조피는 비로소 울음을 터뜨렸다. 취조관은 조피가 울음을 그치고 마음을 진정하려고 안간힘을 쓰는 것을 우연히 목격했다. 형 집행 시간을 얼마 남기지 않고 교도소 소속 신부가 조피를 찾아왔다. 조피는 이미 몸을 추스르고 마음을 가라앉힌 상태였다. 신부와 함께 기도를 마친 후 저녁식사를 했다. 그러고는 형장으로 인도되었다. 한스와 크리스틀처럼 조피 역시 이 순간에도 자제력을 잃지 않았다. 세 명의 사형수에게 깊은 감동을 받은 간수가 규정을 어기면서까지 세 사람이 다시 한번 만날 수 있도록 해주었다. 세 사람은 담배 한 대를 피우는 시간 동안 나란히 서 있었다. 그 뒤 조피는 형장으로 끌려갔다.

조피는 몸을 꼿꼿이 세우고 머리를 쳐들었다. 40미터 정도를 걸어서 안뜰을 지나니 단두대가 설치된 작은 건물이 나타났다. 조피는 한치의 망설임 없이 단두대 위에 머리를 올려놓았다. 1943년 2월 22일 오후 다섯시, 조피 숄은 처형되었다. 한스 숄과 크리스토프 프롭스트도 몇 분 후에 처형되었다.

그후

　그들이 처형된 지 이틀 후 가족들은 퍼라흐 공동묘지에 시신을 묻으라는 통고를 받았다. 동생 베르너는 선고 직전 러시아 전선에서 휴가를 받아 집으로 돌아왔다. 부모님, 잉에, 리즐, 베르너, 트라우테, 교도소 신부가 장례식에 참석한 사람들 전부였다. 울름으로 돌아온 지 닷새 후 가족 전원은 아무런 이유 없이 체포되었다. 군인이었던 베르너만 체포되지 않았다. 곧바로 전선으로 귀환해야 했던 베르너는 전선에서 행방불명이 되었다. 그는 러시아인을 도와주기 위하여 약을 가지고 갔고 그후로 가족은 베르너의 생사조차 확인할 수 없었다.

　감옥에서 병에 걸린 리즐은 두 달 만에 조기 석방되었다. 어머니와 잉에는 넉 달 동안 구금되어 있었다. 잉에는 같은 감방을 쓰던 동료에게 전염되어 병을 얻었다. 감옥에서 나온 후에도 몇 달이 지나서야 병상에서 일어날 수 있었다. 아버지는 아홉 달을 감옥에서 보냈다. 그들 모두는 단파 라디오 소지죄로 재판에 회부되었고 아버지에게는 2년형이 선고되었다.

조피의 소망과는 달리 다른 친구들도 무사하지 못했다. 그들의 재판이 있기 전에 이미 빌리가 게슈타포에게 끌려간 상태였다. 얼마 지나지 않아서 피해 다니던 슈릭도 붙잡혔다. 심문 결과만 가지고도 일련의 공범 몇 명을 더 체포할 수 있었다. 1943년 4월 19일, 전단 사건으로 인한 두번째 국가반역죄 재판이 열렸을 때 피고인은 총 14명에 이르렀다. 본명이 알렉산더 슈모렐인 슈릭, 빌리 그라프와 후버 교수, 한스 히르첼과 여동생 주잔네 히르첼, 한스 히르첼을 도와주었던 울름 시절의 동급생인 프란츠 밀러와 하인리히 구터, 그리고 아버지의 친구이자 활동자금을 대준 그리밍거, 빌리와 접촉이 있었던 프라이부르크 태생의 하인리히 볼링거와 헬무트 바우어, 이들과 여러 번 만났던 팔크 하르나크, 조피의 친구이자 최근 몇 달 한스의 여자친구였던 기젤라 쉐르틀링, 예전에 한스의 여자친구였던 트라우테 라프렌츠, 후버 교수 밑에서 박사 과정을 다니던 카타리나 쉬데코프. 그중에서 슈릭, 빌리, 후버 교수는 사형을 언도받았다. 다른 사람들은 금고형을 받았다. 팔크 하르나크는 무죄로 석방되었다. 그리밍거 부인은 유대인이었지만 아리아인과 결혼한 덕분에 그때까지 살아남을 수 있었는데 남편의 유죄가 선고된 후 강제수용소로 끌려갔고 그곳에서 살해되었다.

아돌프 히틀러의 살인 정권에 대해 분노했으며 사악한 지배 체제에 저항하려 했던 이들은 결국 재판을 통해 폭력적이고 부당한 방법으로 짓밟히고 희생되었다. 그러나 숄 가의 형제들과 친구들은 결단력과 용기를 보여주었으며 그들의 정신을 지배한 도덕적인 힘은 너무나 고귀한 것이었다. 바로 그렇기 때문에 압도적인 권력 기구의 힘조차 그들을 이길 수 없었다.

조피와 한스가 기대했던 "반란의 물결"은 소망과는 달리 일어나지 않았다. 독일인들이 이 사건에 대해 알게 된 것은 외국 언론을 통해서였다. 토마스 만은 1943년 6월, 영국의 BBC 방송의 한 프로그램에 출연해 "독일인과 나치는 동일하다"는 일반적인 통념은 옳지 않다며, 이들의 처형 사건을 예로 들었다.

그리고 전쟁이 끝난 후, 수많은 독일인들 역시 동일한 의미에서 숄 남매의 행위를 평가했다. 숄 남매는 독일에 사악한 국가사회주의자들만 있었던 것이 아니라 선량한 저항운동가들도 존재했다는 사실을 증명해주었다.

백장미단의 외침은 다른 특별한 의미도 지닌다. 청소년 혹은 어린이들이야말로 국가사회주의 교육을 직접 받았고 그런 의미에서 그들 속에는 국가사회주의가 강력하게 체화될 수도 있었다. 그러나 그들은 자신들을 교육한 국가사회주의를 더 이상 지지하지 않았다. 아니, 온몸으로 저항했다. 백장미단 사건은 그 최초의 뚜렷한 징후였다.

그러나 이러한 저항과 희생에도 불구하고, 패전과 함께 나치가 완전히 붕괴되기까지는 2년이란 시간을 더 기다려야 했다.

감사의 말

엘리자베스 하르트나겔(리즐, 조피 숄의 한 살 위 언니)과 그의 남편 프리츠(조피의 예전 남자 친구)가 필자와의 깊은 대화를 거부했다면, 이 책은 쓰여지지 않았을 것이다. 엘리자베스 하르트나겔은 이 책의 초고를 읽고 조언을 아끼지 않았다. 말로 다 표현하지 못할 친절과 인내심을 보여주고, 편지에 답해주고, 기꺼이 도움을 주고자 애를 써준 모든 이들에게 이 자리를 빌려서 감사드린다.

조피 숄의 친구들이자 울름 히틀러 청년단에서 소녀단 간부로 같이 활동했던 주잔네 히르첼 첼러, 이름가르트 후첼 박사, 이름가르트 케슬러, 안네리제 로스코, 에리카 슈미트 박사를 만날 수 있었던 것도 엘리자베스 하르트나겔의 주선이 없었더라면 불가능했을 것이다. 과거에 대한 기억이 쓰라린 아픔을 주었을 텐데, 그들은 자신들의 어린 시절에 대하여 기꺼이 이야기해주었다. 필자는 이들과의 대화로 말미암아 울름의 소녀단 생활, 특히 여행과 야영을 하는 동안 대원들이 함께했던 공동의 경험을 속속들이 들여다볼 수 있었다. 이들 모두에게 이 자리를 빌려서 깊은 감사를 드린다. 포르흐텐베르크에서의 어린 시절에 관해서는, 로펜 파스가 상세하게 답해주었다. 크라우헨비스와 블룸베르크 시절에 대하여 전화로 상세한 정보들을 알려준 힐데가르트 마우스, 그리고 조피의 생활을 소녀단의 관점에서 조명해준 에바 아만에게도 감사를 드리고 싶다.

여러 가지 도움을 받은 연구 기관에도 감사를 드린다. 뮌헨 백장미재단 대표인 프란츠 요세프 뮐러는 필자에게 아주 요긴한 주소를 건네주었다. 오버러 쿠베르크 협회 문서보관센터에 근무하는 미라 아담스 역시 여러 번에 걸쳐 도움을 주었고, 같은 기관의 실베스터 레히너는 나치 시기 울름의 전반적인 상황을 잘 이해할 수 있도록 도움을 아끼지 않았다. 당시의 신문인 『울르머 타게스블라트』를 복사하도록 허락해준 것에 대해 울름 시 문서보관소에도 감사드린다. 지그마링엔의 문화 문서보관청에 근무하는 에드윈 베버는 조피 숄에 대한 자신의 논문을 필자에게 보내주었다. 울름의 한스 조피 숄 고등학교가 발행한 기념 논문집과 주소록도 많은 도움이 되었다. 포르흐텐베르크 시의 투펜트잠머 시장은 필자가 요청한 자료를 흔쾌히 보내주었을 뿐만 아니라 로레 파스와 연락할 수 있도록 도움을 주었다. 블룸베르크 시의 호히슬레 시장도 여러 가지 요긴한 정보를 제공했고 힐데가르트 마우스와 만날 수 있도록 주선해주었다. 베를린의 독일연방 문서보관소, 뒤셀도르프의 노르트라인 – 베스트팔렌

주 수도 문서보관소, 로티스의 숄 문서보관소는 여태까지 공개되지 않은 자료를 인용할 수 있도록 허락해주었다. 이 자리를 빌려서 깊은 감사를 드린다.

마지막으로 두 명의 친구에게도 특별히 감사의 말을 전하고 싶다.

로미에게 감사를 드린다. 당신은 젊은 여성으로서, 나치 시절을 체험했다. 그 시절을 회상할 때마다 엄청난 아픔을 견뎌내야만 했을 텐데, 그럼에도 불구하고 나와 오랜 시간 대화를 나누는 것을 마다하지 않았다. 당신이 보여준 안타까움과 분노는 당신보다 늦게 태어난 독일인인 나에게 소중한 경험을 하게 했다.

벤첼에게 감사를 드린다. 당신은 때와 장소에 구애받지 않고 내 이야기에 귀를 기울여주었다. 젊은 시절 히틀러 청년단에 열광하지 않았던 남성으로서, 자신의 관점을 말해준 데 대해 이 자리를 빌려서 감사의 말을 전하고자 한다.

1999년 10월, 루츠호른에서

바바라 라이스너

옮긴이의 말

조피 숄은 그녀의 오빠인 한스 숄과 함께 나치 체제에 대한 저항 단체인 백장미단의 일원으로 '악의 독재'에 반대하는 전단을 뮌헨 대학에서 뿌린 뒤 체포되어 사형 선고를 받았다. 강고해 보이기만 했던 나치 체제가 막 동요하기 시작한 1943년 2월 22일, 조피는 오빠 한스와 함께 뮌헨의 한 감옥에서 참수형에 처해짐으로써 갓 스물한 살을 넘긴 생을 마감했다.

나치에 저항하는 조피 숄의 영웅적 삶은 우리에게도 『아무도 미워하지 않는 자의 죽음』이라는 책을 통해 이미 오래 전에 소개된 바 있다. 1970년대 말에서 1980년대에 대학을 다닌 사람이라면 백장미단의 활동을 그린 그 책이 던진 호소력을 쉽게 떠올릴 수 있을 것이다.

조피 숄은 제2차 세계대전 이후 독일의 지도자들이 독일 민족 전체가 나치주의자는 아니었으며 반나치 운동에 목숨을 헌신한 투쟁가들이 존재했음을 알릴 수 있는 하나의 영웅적 증거였다. 나아가 미래의 독일 사회를 짊어질 청소년들이 마땅히 본받아야 할 인물로서 모든 교과서에서 다루고 있는 모범적 독일인이다. 수많은 학교, 거리, 광장의 명칭이 한스와 조피 숄을 기리며 생겨났다. 백장미단과 단원들에 대한 수많은 종류의 영화와 책이 출간되었다.

이 책의 저자인 바바라 라이스너는 이러한 사회적 분위기에서 조피 숄을 비롯한 백장미단원들이 박제된 영웅으로 전락할 위험을 감지했다. 그리하여 저자는 이 책에서 보통 사람들처럼 고민하고 갈등하는 인간 조피 숄을 재발견하여 다소는 우상화되고 신비화되기까지 한 조피의 삶을 모든 사람들이 나눌 수 있는 인간적 경험의 자리로 귀환시키고자 노력한다.

그러기 위해 저자는 백장미단의 일원으로 활동했던 투쟁적 시기의 조피 숄에게만 초점을 맞추지 않고 열성적인 나치의 지지자로 성장했던 울름에서의 학창 시절까지 시야를 넓힌다. 그렇게 해서 조피가 점차 국가사회주의에 대해 환멸을 느끼고 비판적 견해를 발전시켜나가는 과정을 그녀의 일상적 경험 속에서 세밀하게 그려낸다.

저자는 이 책의 서술을 위해 기존의 사료를 새롭게 평가했을 뿐만 아니라 1989년에야 비로소 공개된 심문 기록을 참조했다. 그 밖에도 조피 숄의 어릴 적 친구를 비롯해 수많은 동시대인들과 인터뷰를 진행했다. 이와 같이 일상사적, 구술사적 연구를 접목함으로써 라이스너는 자칫 건조해질 수 있는 조피 숄의 일대기에 생생한 활기를 불어넣는 데 성공했다. 또한 전개 방식 자체가 이야기식 서술을 따르고 있어 독자들은 마치 한 권의 소설을 읽는 듯한 느낌도 가질 수 있을 것이다.

조피 숄은 광기의 시대에 맞서 목숨을 걸고 싸운 영웅이자 투사였지만, 동시에 어느 시대 어느 곳에서나 만나볼 수 있는 평범한 소녀였다는 사실, 이 사실의 확인이야말로 이 책의 가장 큰 미덕일 것이다.

2005년 2월
최대희

● **숄 가족**

막달레네 숄 어머니. 결혼 전의 성은 뮐러, 1881년 5월 5일~1958년 3월 31일

로베르트 숄 아버지. 1891년 4월 13일~1975년 10월 25일

잉에 숄 큰언니. 1917년 8월 11일~1998년 9월 4일

한스 숄 오빠. 1918년 9월 22일~1943년 2월 22일

엘리자베스 숄(애칭 리즐) 둘째언니. 1920년 2월 27일생

조피 숄 1921년 5월 9일~1943년 2월 22일

베르너 숄 남동생. 1922년 11월 13일~1944년 6월

틸데 숄 여동생. 1925년~1926년

에른스트 그뤼엘레 숄 가의 양자

● **친구와 지인**

기젤라 쉐르틀링 크라우헨비스에서 노역 봉사를 할 때 만난 조피의 친구. 뮌헨
　　대학도 같이 다니고 나중에 한스 숄의 여자친구가 됨.

로레 포르흐텐베르크 시절 엘리자베스 숄의 친구.

리자 어릴 적부터 사귄 조피의 가장 절친한 친구. 한때 한스의 여자친구.

막스 폰 노이베크 울름에서 한스 숄이 청년단 활동을 할 때 바로 위의 상관.

만프레드 아이케마이어 건축가. 나치가 폴란드에서 저지른 만행에 대하여 한스 숄에게 처음으로 이야기해준 사람.

빌리 그라프 한스 숄의 친구. 2차 백장미 사건 재판에 회부되어 사형을 선고받음.

빌헬름 가이어 울름의 화가. 숄 남매가 자주 그의 아틀리에를 방문. 뮌헨에서 백장미단 활동을 할 때 아틀리에 열쇠를 조피에게 건네주어 그의 아틀리에에서 전단을 제작.

카를로 조피가 속했던 최초의 그룹을 이끌었던 울름 소녀단 간부. 조피의 소녀 시절 우상. 숄 자매의 친구.

슈릭 알렉산더 슈모렐. 한스 숄의 절친한 친구이자 대학 동기. 2차 백장미 사건 재판에 회부되어 사형을 선고받음.

에른스트 레덴 한스와 베르너의 소년단 시절 선배. 단체 결성 음모죄로 숄 형제와 함께 기소되어 3개월 형을 선고받고, 석방 후에는 강제 수용소로 보내짐.

에리카 숄 자매의 친구. 조피와 함께 울름 학교에 소묘를 배우러 다님.

엘제 게벨 조피의 뮌헨 교도소 감방 동기.

오이겐 그리밍어 회계사. 슈투트가르트 시절 아버지 로베르트 숄의 친구. 로베르트가 음해 금지법 위반으로 수감되었을 때 사무실 일을 도와주었으며 백장미단의 전단 제작에 필요한 자금을 지원하여 재판에 회부됨.

오틀 오토 아이허. 베르너 숄의 동급생. 나중에 조피네 남매 모두와 친해짐. 잉에 숄과 결혼.

요세프 푸르트마이어 한스 숄의 뮌헨 시절 친구. '철학자'라는 애칭으로 불림.

이름 숄 자매의 친구로 미헬스베르크 시절 옆집에 살았음. 소녀단에도 같이 다님.

주제 울름 시절 조피의 친구. 조피와 동일한 시기에 소녀단 간부를 지냈고 프뢰벨 전문학교에 같이 입학.

지기스문트 폰 라데키 작가이자 문화비평가. 카를 무트 교수의 친구. 한스, 조피와 함께 독서 모임을 가짐.

카를 무트 가톨릭 월간지인 『호흐란트』의 편집장. 뮌헨 시절 한스 숄의 스승.

카타리나 쉬데코프 뮌헨 시절 숄 남매의 친구. 2차 백장미 사건 재판에 회부됨.

쿠르트 후버 뮌헨 대학 철학과 교수. 2차 백장미 사건 재판에 회부되어 사형을 선고받음.

크리스틀 크리스토프 프롭스트. 한스 숄의 절친한 친구이자 의과대학 동기. 조피, 한스와 함께 기소되어 처형됨.

테오도어 해커 문화철학자. 카를 무트 교수의 친구. 그의 저서 『인간이란 무엇인가?』는 오틀과 조피를 비롯한 동료들에게 깊은 공감을 불러일으킴.

트라우테 라프렌츠 뮌헨 대학 시절 한스 숄의 여자친구이자 동급생. 나중에 숄 자매와도 가까워짐. 2차 백장미 사건 재판에 회부됨.

팔크 하르나크 저항조직 '붉은 예배당'에 참가한 혐의로 처형된 아르베트 하르나크의 남동생. 2차 백장미 사건 재판에 회부됨.

프란츠 뮐러 한스 히르첼의 친구. 2차 백장미 사건 재판에 회부됨.

프리츠 하르트나겔 1937년 이래 조피 숄의 남자 친구. 엘리자베스 숄과 결혼함.

하인리히 구터 한스 히르첼의 친구. 2차 백장미 사건 재판에 회부됨.

하인리히 볼링어 빌리 그라프의 친구. 2차 백장미 사건 재판에 회부됨.

한스 히르첼 조피의 친구. 주제의 남동생. 전단을 뿌리는 데 협조함. 2차 백장미 사건 재판에 회부됨.

헤르타 프롭스트 크리스틀의 아내. 뮌헨 시절 조피는 주말마다 헤르타를 방문하곤 했다. 그때 크리스틀과 헤르타는 이미 두 아이의 부모였다.

헬무트 바우어 빌리 그라프의 친구. 2차 백장미 사건 재판에 회부됨.

힐데 크라우헨비스에서의 노역 봉사 시절 조피의 친구. 함께 성당에 가서 오르 간을 연주하곤 했다.

| 출전과 참고 문헌 |

나는 이 책을 쓰기 위해 많은 동시대인들과 대화를 나누면서 그 대화 내용들을 기록했다. 그러나 일정한 틀을 갖고 대화를 하지는 않았다. 필자가 던진 질문에 대화 상대자가 떠올리는 기억들을 연대기 순으로 정리했을 뿐이다. 녹취록은 필자와 대화 상대자가 각각 보관하고 있다. 녹취록은 출전과 이름을 짧게 인용했다. 그 밖에 필자가 이용한 문서보관소들을 문서의 종류에 따라 정리했다.

녹취록

Amann, Eva, Ulm. Telefongespräch am 16. 6. 1999

Faas, Lore, Forchtenberg. Gespräch am 27. 1. 1999 und Brief vom 25. 2. 1999

Hartnagel, Elisabeth und Fritz, Stuttgart. Gespräch am 25./26.1. 1999 und ergänzende Briefe, besonders Brief vom 30.8. 1199

Hirzel-Zeller, Susanne, Stuttgart. Gespräch zusammen mit E. und F. Hartnagel am 26. 1. 1999 und ergänzende Briefe

Huzel, Dr. Irmgard, Ulm. Gespräch am:23. 1. 1999

Kessler, Irmgard, Heidenheim. Telefongespräche am 17./18.2. 1999 und briefliche Ergänzungen vom 4. 3. 1999

Maus, Hildegard, Blumberg. Telefongespräch am 4. 2. 1999

Roscoe, Anneliese, Ulm. Gespräch am 21. 1. 1999

Schmidt, Dr. Erika, Stuttgart. Telefongespräch am 30. 6. 1999

개인 소장 편지

Scholl; Sophie: Briefe von 1937-1943 (zum Teil unveröffentlicht). In Kopie
bei Elisabeth Hartnagel

Brief der Schwester von Sepp und Karl (Freunde von Hans Scholl) vom 11.2.
1973. Besitz von Elisabeth Hartnagel

문서보관소

베를린 달렘 연방자료실

Graf, Willi: Verhörprotokoll 19.2.-23.3. 1943. NJ 1407 Bd. 8

Harnack, Falk: Verhörprotokoll 7 .3.-18.3. 1943 NJ 1704 Bd. 9

Huber, Prof. Kurt: Verhörprotokoll 27.2.-19.3. 1943. NJ 1704 Bd.7

Lafrenz, Traute: Verhörprotokoll 26. 2.-12.4. 1943. NJ 1704 Bd. 6

Schmorell, Alexander, u.a.:Anklageschrift. VGH/Z Sch 264

베를린 호페가르텐 연방자료실

Hirzel, Susanne: Verhöre 1.3.-10. 3. 1943 ZC 14116 Bd.2

Hirzel, Susanne: »Mein politischer Lebenslauf« vom 8. 3. 1943. ZC 14116 Bd.2

Hirzel, Hans: Verhöre 29.1.-23.3. 1943. ZC 14116 Bd.1

Scholl, Sophie: Verhöre 18. 2.-20. 2. 1943. ZC 13267 Bd. 3

노르트라인-베스트팔렌 주 자료실, 슐로스 칼쿰 부자료실, 뒤셀도르프

Anklageschrift Düsseldorf 7.5. 1938. Prozeß gegen Zwiauer u.a., Gerichte
Rep. 17 Nr.292-295. (Veröffentlicht in: Jungenschaft, Nr.1 (1990), Paulus
Buscher, Bündischer Arbeitskreis Burg Waldeck.)

Urteil des Sondergerichtes für den Oberlandesgerichtsbezirk Stuttgart vom 2.
6. 1938. Rep. 17/294

울름 시 자료실

Bauer, Ernst: Ulmer Chronik der letzten 50 Jahre zusammengestellt aus
Zeitungen. R 1/596 Maschinenschriftliches Manuskript

Neubeck, Hans von:»Anordnungen für die Führer im Stamm Ulm-West.«
August 1935. Maschinenschriftliches Schreiben. In: H Lauser 27

Ulmer Tageblatt. Mikrofilm

Ulmer Tageblatt/Ulmer Sturm. Mikrofilm

Zeitungsartikel aus der Zeitungsausschilittsammlung Scholl G 2:

-*Neue Ulmer Zeitung* (NUZ) vom 13. 2. 1993: Rolf Johannsen, »Vom Pimpf zum
Widerstandskämpfer«

-*Süddeutsche Zeitung* Nr. 17, 1948, S. 3. Artikel über Robert Scholl

-*Südwestpresse* Nr.70, 25.3. 1983: »Zeitzeugen erinnern sich an Hans und
Sophie Scholl«

-*Südwestpresse* Nr. 41, 1. 5. 1991 »Sie beschäftigen mich mehr als früher«

-*Südwestpresse* Nr.l06, 8.5. 1991: Das Mädchen mit dem Herrenschnitt

울름 오베러 쿠베르크 문서보관소

Eickemeyer, Manfred: Gespräch vom 9: 7. 1964. R1/126

Galen, Graf von: Predigt vom 31. 8. 1941. Flugblatt. R 1/600 Nachlaß
Brenner

Grote, Almut: Sophie Scholl in der Literatur. Ulm 1992. Maschinenschrift-
liches Manuskript. R1/125

-*Neue Ulmer Zeitung* 20. 3. 1948, S. 4: Robert Scholl. R1/124

-*Schwäbische Zeitung*, 2.4. 1994 Nr. 76: Auf dem Reißbrett entstehtam Rande
des Schwarzwalds ein Mini-Ruhrgebiet. R1/124

Windisch, Hans: Aussageprotokoll vom 15.1. 1993. R1/125

- *Der Widerstandskämpfer*, Nr.6, 2. Jg. Deutsche Ausgabe, Nov./Dez. 1954, S. 15.

Interview mit Robert Scholl. R 1/124

포르흐텐베르크 박물관

Beschriftungstexte der Ausstellungsvitrine Scholl

영상 자료

Tiedemann, Sibylle; Badura, Ute: Kinderland ist abgebrannt. Film mit Interviews von Ulmer Oberrealschülerinnen der Jahrgänge um 1920. Berlin 1998. (Verleih: Ventura Film, Rosenthaler Str. 38, 10178 Berlin.)

문헌

150 Jahre. Vom Institut für Töchter zum Hans-und-Sophie-Scholl-Gymnasium. Ulm 1834-1984. Festschrift. Hg.: Hans-und-Sophie-Scholl-Gymnasium. Ulm 1984.

Aicher, Manuel: Die Vorfahren von Hans und Sophie Scholl. In: *Genealogie*, 29 Bd.15. Jg. (Juni 1980), H.6, S.161-169.

Aicher, Otl: Innenseiten des Kriegs. Frankfurt (S. Fischer Verlag) 1985.

Aicher-Scholl, Inge (Hg.): Sippenhaft, Nachrichten und Botschaften der Familie in der Gestapo-Haft nach der Hinrichtung von Hansund Sophie Scholl. Frankfurt (S. Fischer Verlag) 1993.

Aleff, Eberhard: Das Dritte Reich. Hannover (Edition Zeitgeschehen, Fackelträger Verlag) 1970.

Almanach Schwarzwald-Baar-Kieis, Bd. 1,1977, S. 27

Almanach Scbwarzwald-Baar-Kreis, Bd. 9,1985, S. 221-224

Brenner, Heinz A.: Dagegen. Widerstand Ulmer Schüler gegen die deutsche Nazi-Diktatur. Leutkirch o.J. (1992)

Breyvogel, Willi (Hg.): Piraten, Swings und Junge Garde. Jugendwiderstand im Nationalsozialismus. Bonn (Dietz Verlag) 1991.

Buscher, Paulus: Aus der Erfahrung des Jugendwiderstandes: dj. 1.11. (1936-1945) In: Siefken/Vieregg 1993, S. 127-163.

Der Schwarzwald-Baar-Kreis. Hg.: Rainer Gutknecht. Stuttgart/Aalen 1977, S. 273 f.

Deutsche Singfibel, o.O. und o. J. (im Besitz der Verfasserin).

Faas, Lore: Die Geschwister Scholl. Ms. 1998 (im Besitz der Verfasserin).

Fallada, Hans: Kleiner Mann-was nun? Hamburg (Rowohlt Taschenbuch Verlag) 1950.

Geschichtswerkstatt:»Die Region Ulm in der NS-Zeit« (Hg.): Die Hitlerjugend am Beispiel der Region Ulm/Neu-Ulm. Dokumentationszentrum Oberer Kuhberg, Manuskripte 1. Ulm 1998, 5. Auflage.

Graf, Willi: Briefe und Aufzeichnungen. Hrsg. v. Anneliese Knoop-Graf und Inge Jens. Frankfurt a.M. (Fischer Taschenbuch Verlag) 1994.

Haecker, Theodor: Was ist der Mensch? München (Kösel-Verlag) o.J.

Hahn, Gernot von; Horn, Friedhelm: Ludwigsburg. Stadt der Schlösser und Gärten; Hamburg(Medieq-Verlag Schubert) 1998.

Hanser, Richard: Deutschland zuliebe: Leben und Sterben der Geschwister Scholl: Die Geschichte der Weißen Rose. München (Deutscher Taschenbuch Verlag) 1984, 2. Aufl.

Heinen-Tenrich, Jürgen: Die Entwicklung Ludwigsburgs zur multifunktionalen Mittelstadt (1860-1914). Ein Beitrag zur Untersuchung des Wandels der Stadt im 19. Jahrhunden. Stuttgan (W. Kohlhammer Verlag) 1976, besonders Stadtplan von 1906.

Hirzel, Hans: Das große Mißverständnis. Warum die Mehrzahl der Deutschen sich Hitler unterordnete. Aus: Siefken 1991, S.147-182.

Hirzel, Hans: Die Flugblätter der Weißen Rose in Ulm und Stuttgart. Aus: Lill

1993, S. 89-120.

Hirzel, Susanne: Vom ja zum nein. Eine schwäbische Jugend 1933-1945.
Tübingen (Verlag Klöpfer und Meyer) 1998.

Hofer, Walter (Hg.): Der Nationalsozialismus. Dokumente 1933-1945.
Kommentiert. Frankfurt (Fischer Bücherei) 1957.

Kershaw, Ian: Der Hitler-Mythos. Volksmeinung und Propaganda im Dritten
Reich. Stuttgart (Deutsche Verlags Anstalt) 1980.

Kinz, Gabriele: Der Bund Deutscher Mädel. Ein Beitrag zur außerschulischen
Mädchenerziehung im Nationalsozialismus. Frankfurt (Peter Lang Verlag)
1990.

Klönne, Arno: Jugend im Dritten Reich. Die Hitlerjugend und ihre Gegner.
München (Deutscher Taschenbuch Verlag) 1990.

Knoop-Graf, Anneliese; Jens, Inge (Hg.): Willi Graf. Briefe und
Aufzeichnungen. Frankfun (S. Fischer Verlag) 1994.

Kock, Lisa: »Man war bestätigt, und man konnte was!« Der BDM im Spiegel
der Erinnerungen ehemaliger Mädelführerinnen. Münster (Waxmann
Verlag) 1994.

Kunst und Kultur in Ulm 1933-1945: Hg. Ulmer Museum/Brigitte Reinhardt.
Tübingen (Silberburg Verlag) 1993.

Lechner, Silvester: Das KZ Oberer Kuhberg und die NS-Zeit in der Region
Ulm/Neu-Ulm, Stuttgart (Silberburg-Verlag) 1988.

Lechner, Silvester:Ulm im Nationalsozialismus. Stadtführer. Ulm (Doku-
mentationszentrum Oberer Kuhberg Ulm) 1997.

Lehberger, Reiner; de Lorent, Hans-Peter (Hg.): »Die Fahne hoch«.
Schulpolitik und Schulalltag unterm Hakenkreuz. Hamburg (Ergebnisse
Verlag) 1986.

Lill, Rudolf (Hg.): Hochverrat? Die weiße Rose und ihr Umfeld. Konstanz
(Universitätsverlag) 1993.

Müller, Franz Josef u.a.: Die Weiße Rose. Der Widerstand von Studenten gegen Hitler. München 1942/43. München (Weiße Rose Stiftung) 1991, überarb. Auflage 1995.

Paul, Wolfgang: Das Feldlager. Jugend zwischen Langemarck und Stalingrad. Esslingen (Bechtle Verlag) 1978.

Petry, Christian: Studenten aufs Schafott, Die Weiße Rose und ihr Scheitern. München (Piper Verlag) 1968, 2. Aufl. 1979.

Preis, Kurt: München unterm Hakenkreuz. Die Hauptstadt der Bewegung: Zwischen Pracht und Trümmern. München (Ehrenwirth Verlag) 1980.

Rauser, Jürgen Hermann: Forchtenberger Heimatbuch. Aus der Ortsgeschichte der Altgemeinden Forchtenberg, Sindringen, Ernsbach, Muthof und Wohlmuthausen. Forchtenberg 1983.

Reese, Dagmar: Straff, aber nicht stramm-herb, aber nicht derb. Zur Vergesellschaftung von Mädchen durch den BDM im sozialkulturellen Vergleich zweier Milieus. Weinheim (Beltz und Gelberg Verlag) 1985.

Rilke, Rainer Maria: Gedichte und Prosa, Köln (Parkland Verlag) 1993.

Schneider, Michael; Süß, Winfried: Keine Volksgenossen. Studentischer Widerstand in der Weißen Rose. München (Ludwig-Maximilians-Universität) 1993.

Scholl, Hans; Scholl, Sophie: Briefe und Aufzeichnungen. Hg. von Inge Jens, Frankfurt (Fischer Taschenbuch Verlag), durchges. Ausg. 1995

Scholl, Inge: Die Weiße Rose, Erweiterte Neuausgabe. Frankfurt a. M. (Fischer Taschenbuch Verlag) Neuausgabe 1993, Auflage 1997.

Scholl, Robert: Rechenschaftsbericht. Gegeben von Stadtschultheib Scholl, Forchtenberg in der Wahlversammlung in der Turnhalle am 15. Dez. l929. In: *Oehringer Tageblatt* vom 16.12. 1929.

Scholl, Sophie: Kleine und große Feste. Hausarbeit für die Schule Ulm 1937. Kopie des Manuskripts bei Elisabeth Hartnagel.

Schwarzwälder Bote, 15.11. 1991: »Sophie-Scholl-Kindergarten«.

Siefken, Hinrich (Hg.): Die Weiße Rose Student resistance to National Socialism 1942/43. Forschungseigebnisse und Erfahrungsberichte. Nottingham (University of Nottingham) 1991.

Siefken, Hinrich; Vieregg, Hildegard (Hg.): Resistance to National Socialism. Arbeiter, Christen, Jugentliche, Eliten. Forschungsergebnisse und Erfahrungsberichte. Nottingham (University Printing Unit) 1993.

Sonnenwald, Kerstin: »Mit aller Liebe«. Die Beziehungen der Lisa Remppis zu Sophie und Hans Scholl. Aus: Dürr, Renate (Hg.): Nonne, Magd oder Ratsfrau. Frauenleben aus vier Jahrhunderten. Leonberg (Beitrag zur Stadtgeschichte Leonberg) 1998. S.215-227.

Specker, Eugen (Hg.): Ulm im Zweiten Weltkrieg. Stuttgart (Kohlhammer Verlag) 1995 (Forschungen zur Geschichte der Stadt Ulm:Reihe Dokumentation Bd. 6).

Steffahn, Harald: Die Weiße Rose. Mit Selbstzeugnissen und Bilddokumenten. Reinbek bei Hamburg (Rowohlt Verlag) 1993.

Turrey, Christian: Das »Buabamädle« und die Weiße Rose. In: *Katholisches Sonntagsblatt*, Nr. 25, 23. 6. 1996. *Kirchenzeitung für die Diözese Rottenburg*, Stuttgart. Stadtarchiv Ulm Bestand G 2 Scholl.

Ulmer Adressbuch von 1933. Ulm (Verlag Dr. Karl Höhn) 1933.

Ulmer Bilderchronik: Bd.4. Hg. Dr. Karl Höhn. Jahre 1915-1926, 1933-1934. Ulm a. D. (Verlag Dr. K. Höhn) 1937.

Ulmer Bilderchronik: Bd. 5 a beschreibend die Zeit vom Jahr 1933 bis 1938, bearbeitet von Hildegard Sander. Ulm a. D. (Verlag Dr. Karl Höhn) 1988.

Ulmer Bilderchronik: Bd. 5 b beschreibend die Zeit vom Jahr 1939 bis 1945. Ulm (Verlag Dr. Karl Höhn KG) 1989.

Verhoeven, Michael: Der Film »Die weiße Rose«. Das komplette Drehbuch zum Film. Karlsruhe (Loeper Verlag) 1982.

Verhoeven, Michael; Krebs, Mario: Die Weiße Rose. Der Widerstand Münchner Studenten gegen Hitler. Informationen zum Film. Miteinem Geleitwort von Helmut Gollwitzer. Frankfurt (Fischer Taschenbuch Verlag) 1982.

Vinke, Hermann: Das kurze Leben der Sophie Scholl. Mit einem Nachwort von Ilse Aichinger. Ravensburg (Ravensburger Buchverlag) 1997.

Walb, Lore: Ich, die Alte-Ich, die Junge. Konfrontation mit meinen Tagebüchern 1933-1945. Berlin (Aufbau Verlag) 1997.

Weber, Edwin Ernst: Sophie Scholl und das weibliche Reichsarbeitsdienstlager Krauchenwies. In: *Zeitschrift für Hohenzollerische Geschichte*, Bd. 34, 1998, S. 207-224.

Wilhelm, Julius:Französische Gegenwartsliteratur. Stuttgart (Kohlhammer Verlag) 1974.

조피 숄 평전
-백장미, 아무도 미워하지 않는 자의 죽음

초판 발행 2005년 3월 2일

지은이 바바라 라이스너
옮긴이 최대회
펴낸이 정홍수
펴낸곳 (주)도서출판 강
출판등록 2000년 8월 9일(제2000-185호)

주소 (121-842) 서울시 마포구 서교동 482-38
이메일 gangpub@hanmail.net

전화 325-9566~7
팩시밀리 325-8486

값 13,000원
ISBN 89-8218-058-3 03990
＊잘못 만든 책은 바꿔드립니다.

이 도서의 국립중앙도서관 출판시도서목록(CIP)은 e-CIP 홈페이지(http://www.nl.go.kr/cip.php)에서
이용하실 수 있습니다.(CIP제어번호 : CIP2005000256)